汉语教学：海内外的互动与互补

崔希亮　主编

商务印书馆
2007年·北京

主编：崔希亮

编委（按音序排列）：

  崔希亮　冯胜利　刘乐宁

  宋永波　石　锋　张洪明

  张维佳

目 录

编者的话……………………………………………………… (1)

"十五"期间对外汉语学科建设研究……………… 赵金铭(4)

从交际语言教学到任务型语言教学 ……………… 吴勇毅(24)
控制式操练教学法在不同年级汉语教学中的运用 … 朱永平(34)
对外汉语微型操练课的设计原则与技能 …………… 梁新欣(54)
对外汉语教学语言习得的理论基础 ………………… 温晓虹(83)
对外古代汉语教学平议 ………………… 张洪明 宋晨清(106)

汉语语音教学笔记……………………………… 石 锋(123)
培养猜词技能的教学设计 ……………… 周小兵 吴门吉(139)
汉语虚词教学方法探讨………………………… 李晓琪(155)
高级汉语口语语法与词汇的训练:对汉语非其
　母语学生的教学法研讨……………………… 顾百里(169)
对外汉语语法教学的基本环节与模式…………… 卢福波(185)
对外汉语汉字教学综观………………………… 李 泉(197)
对外汉语成绩测试管窥——兼谈试题编写
　的改进…………………………………………… 崔颂人(222)

论汉语书面语法的形成与模式……………………… 冯胜利(267)

汉语教学与科技的融合——何去何从……………… 李艳惠(310)
高科技手段与高效率教学——浅谈高科技手段在
　　对外汉语教学中的有效融入…………………… 白建华(327)

汉语热的沉思:在学者与匠人之间 ………………… 周质平(344)
试论对外汉语教师的知识和能力…………………… 崔希亮(350)
对外汉语教师必备的汉语史知识…………………… 孙朝奋(368)
对外汉语教师培训——篇章教学…………………… 邢志群(390)
简论对外汉语教师的基本素质……………………… 张和生(414)
对外汉语教材浅谈…………………………………… 何宝璋(425)

编 者 的 话

  2004年12月23日至25日在北京语言大学举行的"新世纪对外汉语教学——海内外的互动与互补"学术交流活动是一次海内外学者的聚会,也是一次规模盛大的语言教学工作坊。这次活动由国家对外汉语教学领导小组办公室主办,由哈佛大学、哥伦比亚大学、北京语言大学、南开大学承办。这是一次集学术演讲、学术讨论与现场演示于一身的学术交流活动,会议邀请了在美国长期负责和从事汉语教学工作的著名学者周质平、孙朝奋、柯传仁、崔颂人、张洪明、李艳慧、梁新欣、白建华、朱永平、顾百里、温晓虹、冯胜利、刘乐宁、邢志群、何宝璋,和国内从事对外汉语教学与研究的学者赵金铭、李晓琪、马燕华、石锋、卢福波、吴勇毅、周小兵、崔希亮等20余人,就第二语言教学的基本技能、基础理论、对外汉语教师的培训等问题进行专题演讲,来自国内90多所高校的300多名对外汉语教师和研究生参加了这一活动。这次活动的主要目的是探讨对外汉语教学的理论与实践问题,重新审视国内外汉语师资培训的原则、策略和方法,寻找国内外互动和互补的渠道。整个活动包括学术演讲、自由讨论、演示演练、观摩辩难四个部分,与会的学者和青年教师均感到受益匪浅。这样一种交流形式在国内外的各种学术活动中还属少见。此次活动的发起人是国家汉办的宋永波教授、哈佛大学的冯胜利教授、哥伦比亚大学的刘乐宁教授、威斯康星大学麦迪逊分校的张洪明教授、南开大学的石锋教授,还有我本人。活动的主题以及名称是由冯胜利教授确定的。

会议结束以后,我们应广大与会者的要求,把专家们的演讲汇编在一起,也希望这次活动的学术成果能够为更多的对外汉语教学工作者所分享。南开大学的石锋教授负责录制了大会的音像资料,北京语言大学的张维佳教授负责全书的统稿和编辑整理。张洪明教授、石锋教授在本书的编辑过程中提出了许多中肯的意见。最后我通读了全部论文。

这次海内外互动与互补实际上只是中美两国专家学者的交流。虽然大家是同行,从事的工作都是汉语教学,但是由于教学环境和教学理念的不同,在国内教汉语和在美国教汉语有很大的不同,因此我们培训的教师到美国去教汉语可能不适应那里的教学环境和教学要求;反过来也一样,美国的教师到我们这里教汉语也会遇到同样的问题。尽管如此,我们发现相同点还是主要的,第二语言教学的目标要求、教学方法、教学手段等基本的要素是相通的,对教师的知识结构和能力结构的要求也是相同的,不同的只是在目的语环境中进行第二语言教学与在母语环境中进行外语教学,课时的安排、课型的设计、教法的要求、课外环境的影响、教材的选择、教学手段的运用等因素会有变化。当然,教师是最重要的因素,同样的环境、同样的课型、同样的教法,不同的人来教效果可能非常不同,所以教师的训练是非常必要的。通过这次交流,国内外的学者有了一次近距离接触的机会,而且打破了以往只说不练的传统做法,真正做到了理论与实践的结合。当然,囿于模拟环境的限制,有些"表演"可能不太成功,但是这并不妨碍活动的整体效果。发表在这里的文章也是各有各的高招,各有各的软肋,我们也不必求全责备,反正文责自负。

　　这样的互动与互补活动对于刚刚入道的教师来说是很有帮助的,在汉语国际推广的新形势下,需要有更多的受过专门培训的青年教师加入到汉语教学的队伍中来。因此我们希望这第一次的互动与互补活动不是空前绝后的。但愿这样的活动能够继续搞下去,这样会使更多的同行有机会在一起切磋和交流。这是功德无量的事。

崔希亮

2006 年 10 月

于北京语言大学

"十五"期间对外汉语学科建设研究

北京语言大学　赵金铭

一　研究背景

考察"十五"期间对外汉语学科建设状况,应把我国对外汉语教学置身于如下大环境与大前提下,予以考虑:

1) 处在全球化背景下的汉语与汉语作为第二语言/外语教学。

2) 已跻身于世界第二语言教学之林的对外汉语教学。

3) 在国家人文社会科学研究总体框架中通盘考虑的对外汉语教学。

4) 作为我国语言教育系统中一个分支的对外汉语教学。

1.1　全球化背景

随着经济全球化的莅临,我国的经济更加稳定、高速地发展,令世界瞩目。于是,汉语在世界上的地位也日显重要。世界上学汉语的人越来越多。在国内,至2003年的最新统计,来华学习汉语的人数已达8.5万人次。[①] 在世界上,已有85个国家2100多所大学在教授中文,学习汉语的总人数已逾3000万人。[②] 由此可见,对外汉语教学已不仅指在中国本土上进行的对外国人的汉语教学,还涵盖国外所有的把汉语作为第二语言/外语的教学。有人称之为"国际汉语教学"。(王路江 2003b)回顾 1982 年,当时提出"对外汉语教学"时,这一名称与其内涵就包含了某种不一致。从名称说,"指对外国人的汉语教学,是一种外语教学。"[③]从学科性质说,它是作为第二语言/外语的汉语教学,在中国境内对外国人的汉语教学只是其中的一个组成部分。

今天,世界经济全球化的图景向我们展示了汉语的国际化趋势,也使对外汉语教学向国际汉语教学的转变成为一种日渐明显的趋势,引起我们深切关注与重新思考。因此,从宏观上,我们必须走"以汉语教学为基础的、开放性的兼容整合之路"。(王路江 2003a)在思想上要具有面向全球的眼光,变对外汉语教学为国际汉语教学。

1.2 世界第二语言教学背景

在中国本土把汉语作为第二语言教给母语非汉语的外国人,汉语习惯上叫"对外汉语",其英译为"Chinese as a Second Language",而在境外把汉语作为外语教给母语非汉语的外国人,是"汉语作为外语",这种汉语教学叫作"Chinese as a Foreign Language"。前者简称为"CSL",后者简称为"CFL"。为了方便起见,我们把二者统称为"对外汉语"。与英语作为第二语言"English as a Second Language"一样,"对外汉语"作为一个学科,也是一个专名,是应用语言学的一门分支学科。

在国外,英语作为第二语言来研究,已有一百多年的历史。语言教学与语言学习的研究,涉猎广泛,成绩斐然。特别是教学法的研究,派别迭出,令人眼花缭乱。我们的对外汉语教学也已有五十多年的历史,延续至今,已初步形成自己的理论框架,并努力结合汉语和汉字特点,形成自己的教学法思路,编出独具特色的对外汉语教材。近年来,结合心理学与认知科学,探讨学习者的学习规律,也颇见成效。虽说,在未来的几十年内,英语在世界的经济、科技与文化交流中,仍将保持并发挥其"通用语"的作用,然而,对外汉语作为第二语言教学与学习,将会越来越受到重视。对外汉语教学,已融入世界第二语言教学之林,必将日显其活力。故我们的研究应与世界同类学科的研究同步。目前虽还不能走在世界的前沿,但决不能落伍。

1.3 国家人文社会科学研究背景

对外汉语教学是一门跨学科的门类。它涉及语言学及应用语言学、心理学、教育学、跨文化交际学及现代教育技术等学科。在《国家哲学社会科学研究"十五"(2001—2005)规划要点》中,在"语言学"门类下,列有"外语教学理论与教学模式研究"、"汉语教学理论与学习理论研究"两项。[④]而近年来,历年的国家社会科学基金项目年度课题指南中,都列有与对外汉语教学研究相关的课题。[⑤]可见国家在社科领域里对对外汉语教学的重视。因而,在考察、回顾与展望对外汉语研究时,应结合贯彻落实《中共中央关于进一步繁荣发展哲学社会科学的意见》,特别是在预测对外汉语教学未来发展趋势时,必须意识到,其研究直接关系到我国的对外政治、经济、文化交流和改革开放事业的发展,必须将之置于国家人文社会科学研究总体框架内通盘考虑,以显其作为一项"国家与民族的事业"的重要性。

1.4 我国语言教育系统背景

对外汉语教学是目前我国存在的四种语言教学中的一支。它与母语教学、外语教学和少数民族地区双语教学共同构成我国语言教育系统。这四种语言教学虽属于不同门类的语言教学,各有其独自的特点和规律,然而也有共同点与共同规律。沟通第一语言教学与第二语言教学之间的研究信息,开展学术交流,可以在不同门类的语言教学的比较与分析中,更加深刻地认识、揭示对外汉语教学的特点和规律,使研究成果更加具有普遍性。

以上可算是展开"十五"期间对外汉语研究讨论的大背景与大前提。

二 本学科"十五"期间重要研究成果及学科建设之进展

对外汉语教学至"十五"期间,已走过了五十多个春秋。汉语作为第二语言教学与英语作为第二语言教学一样,以一个独立学科被世人所认识,它还在发展之中,日趋成熟。这期间在学科建设上有如下进展。

2.1 学科理论建设研究

一个学科发展成熟的标志是出现不同的流派。各流派有自己的理论基础、实证研究和应用研究。在对外汉语教学界,大多数人依然认可对外汉语教学应作为二级学科语言学及应用语言学的一个分支学科。比如,新出版的《对外汉语教学概论》(赵金铭2004)就是基于这样的认识。

对外汉语教学界还存在着另一种不同的看法。比如,有人认为"作为一门学科,对外汉语教学既不属于汉语言文字学,也不属于应用语言学,而只能属于语言教育学中的对外汉语教学"。对于对外汉语教学本体,也存在着不同的观点。论者认为:"对外汉语教育工作者的研究方向和重点是对外汉语教育,而不是汉语本体。因为从对外汉语教育工作者的角度来说,对外汉语教育才是本体。"(吕必松 2002)持此观点的人认为,对外汉语教学"是语言教育学科下的一个分支学科"。这方面的代表著作是《对外汉语教育学引论》。(刘珣 2000)

这两种观点是基于不同的理论基础与研究模式,同是研究对外汉语教学,但因归属的上位学科不同,研究的侧重点也有所不同。无论如何,汉语作为第二语言教学的一门学科,大家依然有共识。我们希望参考世界上其他语言的成功经验,促进把汉语作为第二语言教学的学科建设,加强对外汉语教学的学科理论研究,完善学科体系,积极推进学科建设的开展。

2.2 面向对外汉语教学的本体研究更趋深入

对外汉语教学作为一种汉语教学,对汉语本体的研究,不但十分重要,且有其自己的特点。我们赞成如下观点:

"对外汉语教学本体研究要有一个总的指导思想。这个总的指导思想,我认为应该是:怎么让一个从未学过汉语的外国留学生在最短的时间内能最快、最好地学习好、掌握好汉语。对对外汉语教学学科的本体研究必须紧紧围绕这个指导思想来展开。"(陆俭明 2004)

有人对 1987—2001 年《世界汉语教学》引文作了分析,对被引文作者出现的频次进行了统计,结果发现"排在前位的中国学者大多是现代汉语本体研究领域享有盛誉的专家"。(宋若云 2003)诸如王力、吕叔湘、朱德熙、邢福义、陆俭明等。这说明汉语本体一直是对外汉语研究的主体,也说明语言学界对对外汉语教学的支持与关注。

汉语本体研究中,尤以语法研究突出。这是因为教语言,语法首当其冲。"十五"期间召开了两次国际对外汉语教学语法研讨会,探讨了对外汉语教学语法的理论问题,对教学语法的特点形成共识,即主要侧重对汉语现象的描写与对规律和用法的说明。教学语法应有其规范性,便于教学。对对外汉语教学语法体系也展开了讨论,对语法条目的确立、编排及教学顺序都有新的认识。这期间汉语其他诸要素,如语音、词汇、汉字也都突出了面向对外汉语教学与学习的研究特色。

2.3 教学研究与学习研究呈现多元化特点

对外汉语教学法的研究,走过了引进基于印欧语系诸语言的语言教学法阶段,经消化、融合,充分结合汉语与汉字的特点,经多年的教学实践,逐步形成具有自己特色的对外汉语教学法研究。时至今日,人们已不再追求最佳教学法的研究,而转向教学模式的探索,使教学法更具有针对性,即针对不同学习对象、不同学习环境、不同学习阶段、不同教学内容等,而有不同的教学法。教学法的研究更趋具体、细密,更追求实效。

值得提及的是,此期间探索的重点已由"教"转向"学"。主要研究汉语作为第二语言教学中的学习者的语言,学习过程和学习者的个体因素在学习中的影响等。

对外汉语教学中的学习研究经近几年突飞猛进的发展,已在世界第二语言教学研究中,占有了一席之地。据统计,在1987—2001年《世界汉语教学》引文中,被引文作者被引用频次排在前10位的国外作者如下:

1. Chomsky, N.   乔姆斯基
2. Labov, W.   拉波夫

3. Ellis, Rod　　　　　艾利斯
4. Krashen, S.　　　　克拉申
5. Givón, T.　　　　　盖温
6. Halliday, M. A. K.　韩礼德
7. Saussure, F. D.　　索绪尔
8. Carroll, J. B.　　　凯若
9. Kroch, A.　　　　　柯罗克
10. Laufer, B.　　　　劳弗

从被引用的国外学者排位可显示出，外国语言学家，尤其是应用语言学家在对外汉语教学学科的成熟过程中所起的作用。同时，也可看出我们的研究与国际语言学界和应用语言学界的学术交往。

语言学习是个极复杂的过程，其中有诸多的自变量和因变量。学习研究的突出变化是通过实验法和测量法相结合求得可靠数据后，据此进行深入分析，得出可靠结论。事实上，对外汉语教学界早已认识到，对学习者学习心理情况的了解和掌握的程度越高，在此基础上所设计与研制的教学方法也越有针对性，对学习效率的提高自不待言。

2.4　对外汉语教学基础建设扎扎实实地开展

我们认为，对外汉语教学最重要的是"教什么"，故而基础建设十分重要。1992年前，曾制定一个《汉语水平词汇和汉字等级大纲》（北京语言学院出版社）。1996年，又制定了《汉语水平等级标准与语法等级大纲》（高等教育出版社）。更早的还有1988年的《汉语水平等级标准和等级大纲》（北京语言学院出版社）。再早则有1985年的《现代汉语频率词典》（北京语言学院出版社）。这些

基础建设在教材编写和教学实践中发挥了不可磨灭的作用。然而十几、二十年过去了,语言随着社会的发展发生了很大的变化,教学与学习理论研究也有了新的进展。如果再用这些基础建设项目指导教学和教材编写,显然有些陈旧了。所以《汉语水平等级标准和汉语词汇与汉字等级大纲》的修订,便成了关系到对外汉语教学进一步健康地、大踏步地发展的根本问题。

目前,大纲的修订工作正有条不紊地扎实进行,理论准备相当充分,统计工作稳妥、细致。为我们教什么,怎么教,哪些要反复教,哪些只须一带而过,提供了科学的依据。相信不久的将来,在充分参酌、吸收国内外已有相关成果基础上,基于科学统计、分析,符合对外汉语教学规律的各类大纲必将面世。

2.5 承担了一批重大研究项目

鉴于对外汉语教学在整个国家发展战略中的特殊地位,国家为了给对外汉语教学提供有保障的生长点和充分的发展空间,2000 年建立了教育部人文社会科学百所重点研究基地——北京语言大学对外汉语研究中心。这是一个面向全国、服务于整个对外汉语教学学科乃至向全世界把汉语作为第二语言/外语教学与研究的同行开放的中心。不仅要为国内的汉语作为第二语言教学与研究提供理论支撑,还要置身于世界第二语言教学与研究之中,要在世界上汉语作为第二语言教学的研究中具有一流的水平,使对外汉语教学作为语言学及应用语言学的一个分支进入国际学术领域,并在国际同行的交流中占有席位,处于前沿。

从 2001 年起,对外汉语教学界共承担国家社科基金项目 6 项。现分述如下:

01BYY005　　欧美学生汉语语法学习和认知专题研究

（北京语言大学，崔希亮）
02 BYY019 对外汉语教学使用的现代汉语双音词属性库的创建（北京师范大学，朱志平）
02CYY003 外国留学生汉语语音习得与教学研究（北京语言大学，高立群）
03BYY014 韩国留学生汉语习得规律研究——韩国留学生的中介语（吉林大学，柳英绿）
03CYY003 汉语体貌系统的类型比较研究（北京语言大学，陈前瑞）
04BYY025 现代汉语多义词研究（北京语言大学，张博）

此外，还有两项教育部基地重大项目：
2000ZDXM40007 基于中介语语料库的汉语句法研究（北京语言大学，赵金铭、张旺熹）
2000ZDXM40006 欧美留学生的汉语习得研究（北京语言大学崔希亮、高立群）

上述各种课题研究的涉猎面很宽广，覆盖对外汉语教学的语音、词汇、语法研究，汉语习得研究与教学研究，教学语料库的创建等。选题既有理论建设意义，又有应用价值，具有前沿性，代表着对外汉语研究的较高水平。

三 目前研究状况、存在问题与薄弱环节

"十五"期间，对外汉语教学研究进一步确立了研究框架，拓宽了研究领域，更加重视学科建设。在以面向对外汉语教学的本体

研究为主体研究的基础上,注重学习研究、教学研究以及现代科技手段和现代教育技术与学科建设整合研究。研究范围涉猎更加广泛,角度新,层次多,显示了本学科的成熟程度。

3.1 汉语本体研究依然是对外汉语研究的主体

把汉语作为第二语言进行教学,其汉语本体研究呈现不同于作为母语的汉语研究的特点。要提高教学质量,从本质上说,必须把作为教学内容的汉语现象描写穷尽,分析细密,解释充分。已故前辈学者朱德熙先生说:"根本的问题是汉语研究问题,上课许多问题说不清,是因为基础研究不够。"可以说"离开汉语研究,对外汉语教学就无法前进"。(朱德熙 1989)

从汉语本体教学内容上说,一般认为要包括这样五个方面:语音、汉字、词汇、语法以及与语言形式相关的文化因素。语音、汉字和词汇的研究应侧重汉语语音系统、汉语词汇语义系统以及汉字本身的科学系统,打破声调教学困难之壁垒,着重解决汉语多义词不同义项的句法、语义、语用功能差异,并从汉字的形、音、义系统出发,为汉字分析教学和整体教学提供理论依据。语法研究还应继续体现通过对语法现象和语法规则的具体描写,来指导外国人正确使用汉语。要突出那些对母语者不必讲,而却是外国学习者学习汉语时难于理解和掌握的语言现象。至于与语言形式相关的文化因素,则自始至终,一以贯之。

本着这种精神,汉语本体研究注意语际之间的对比,从学生学习的难点出发,除了显示一般规律之外,注重用法研究。在广泛搜罗学生学习偏误基础上,发掘研究课题,为汉语研究开辟了新的视角,促进了汉语本体的研究。

3.2 学习研究、教学研究凸现新的思路,融进了新的研究手段

长期以来,我们把过多的精力投入在研究"怎样教"上,比较注重教学法的研究,但对学生"如何学"却研究得不够。对外国学习者学习汉语的过程、特点和规律,对学习者学习过程中的语言状况,以及学习环境、个人特点等,都缺乏明确而深入的认识。

这期间教学法的研究已把重心放在结合汉语和汉字特点,吸收基于印欧语系诸种语言教学法的长处,扬弃其不足,改造其不适合汉语和汉字特点之处,创新我们自己的对外汉语教学法。其中特别注重教学实验,以及教学调研等实证性研究。真正做到从汉语实际出发,结合汉字特点,创建具有汉语特点、世界眼光的对外汉语教学法。

至于外国人习得汉语过程和规律的研究,我们无法打开学习者头脑这一"黑箱",于是,只能采用两种研究方法:一种是认知心理学的实验的方法,另一种是教育统计学的量化的方法。取得相关数据,在此基础上缜密分析,得出结论。吕叔湘先生曾引用一位科学家的话说,真正的"科学研究结论最后表现为数字"。学习研究,注重调查与实验,其结果大率表现如是。此期间汉语认知研究与对外汉语教学研究相挂钩,心理学界与对外汉语教学界相携手,两种研究融会贯通,为学习研究开辟了新途径。

3.3 语音教学滑坡,词汇教学研究薄弱

我们曾经有过研究汉语语音教学的传统,但是近年来,语音教学研究被人们忽视了。从总体上看,在华外国留学生整体的语音水平似乎还赶不上七八十年代。究其原因,不外乎:

1) 对外汉语教学大发展,学生骤增,师资队伍膨胀,培训跟不上。不少教师辨音能力不强,正音无方,纠音无法,缺乏口耳之功。

2）教学中大力推行交际法、功能法,听说为主,注重表达,忽视语音语调。求成心切,语音教学阶段缩减,甚或被取消,语音教学缺少足够的时间保证。

3）社会语言环境存在诸多干扰。北京流动人口众多,方言复杂,南腔北调。加之媒体推波助澜,广播电视节目故意说方言,以博取噱头,使学习者产生错觉,以为语音不必标准,能交际即达目的。

《汉语拼音方案》已成为世界汉语教学中不可或缺的拼音工具。国际上公认它"在语音学上是完善的"(联合国第3届地名标准化会议)。所以我们应充分利用《方案》的规范性和优越性,推进语音教学。教师要充分了解《方案》制定的音理依据,了解字母与语音的配置关系、字母与音位及音位变体的关系。遵循并充分运用汉语语音系统,在语音教学中灵活变通,创造出具有汉语语音特点的语音教学法。减少学习者洋腔洋调和不标准的状况,切实提高对外汉语教学中的语音水平。

词汇教学历来是对外汉语教学中的薄弱环节,重语法,轻词汇,一直带有倾向性。以往词汇教学较注重词义,特别是与外语词词义异同对比及义项交叉等方面的研究较多。但是,汉语中相当数量的词是多义词,不同的义项,具有不同的语法功能,于是,也就产生不同的搭配,也就具有不同的用法,使用环境也会不一样。学习汉语,说到底,应该是掌握具体词语的具体用法。这看似无关宏旨,琐细得很,实际上极其重要,不可等闲视之。

3.4 教学模式不够丰富,口语与书面语有脱节现象

对外汉语教学界从50年代初,即进行教学模式的探索,主要围绕着如何处理"语"和"文"的关系上。目前在对外汉语教学界实

施的主要教学模式不外乎以下三种,略显单调,不够丰富多样。1)"讲练—复练"模式;2)"讲练—复练—小四门"模式;3)"分技能教学"模式。由于对外汉语教学界多年来深受听说法的影响,过于强调"听、说领先",注重开口率。虽也强调"读、写跟上",但在教学实施过程中,听、说能力与读、写能力往往不够协调,甚至有脱节现象。坊间口语教材多,书面语教材精品少,即其表现。

冷静思考一下,全世界每年有3000万人学汉语,其中究竟有多少人听、说、读、写、译五样技能俱全呢？退一步讲,多少人能达到"使用"的程度呢？实际上,大多数人学习汉语止于初级水平,难跨中级,遑论高级。一般无阅读能力,书写更加困难。这种现象在欧美学生中尤其突出。这正如德国汉语教师柯彼德所说：

"学习汉语的西方人,尤其是在中国留过学的人,可能汉语口语已经很流利,但是他们很多人是'文盲',不会看书看报,写作能力更是与口语能力有很大的差距。如何解决这一问题是值得中国对外汉语教学界认真考虑的。"(柯彼德2003)

任何一种语言,口语和书面语之间都有些差距,不过,不同的语言口语和书面语的差别并不相同。比如,路透社在1993年的一则报道中就指出,在美国的2.6亿余人口中,估计有4000万人虽上过学,但读不来英文。[6]如果跟印欧系语言相比,汉语口语与书面语之间的差别就更大些。这应引起我们在教学中极大的关注。

汉语口语和书面语是两种不同的语言形式,各自具有自身的特点。它们是在不同的教学阶段,所获得的不同的语言技能。我们应据此编写不同形式的教材,实施不同的教学方法。使学生既具有口头语言表达能力,也能阅读理解,并能进行书面语表达。

四 "十五"期间对外汉语教学的发展趋势和重要研究领域

"十五"期间,汉语作为第二语言教学,将会获得更大的发展。汉语热在全球内还会继续升温,汉语将逐渐发展成为世界各国人民学习的热门语言。汉语的国际化趋势日趋明显,正逐渐跃升为在全球可能仅次于英语的新强势语言。我们应该"通过一系列汉语国际传播的措施,最终可使汉语在国际语言生活中发挥更大的作用。我国不仅要成为经济强国,而且也应当成为语言强国"。[7]

随着对外汉语教学的大发展,对我们的研究工作也提出了更高的要求。目前,总的趋势依然是研究的步伐还跟不上社会的需求与国际形势的发展。在"九五"期间,国家汉办曾邀请在京的语言学家座谈,为对外汉语教学建言献策。事后发表的简报说:"专家们认为:在现阶段,对外汉语教学还没有形成较完整的科学体系,特别是有的单位和教师还未意识到学科建设的重要性,近年来对外汉语教学方面的论文和专著数量不少,但高质量论著尚嫌不多。"[8]

在"九五"期间,在国际上,汉语作为外语教学的地位,也不容乐观。带有普遍性的看法是:"中文教学在国外,无论从教学法、教学语法以及外语习得等方面的理论和研究上,都还是没有完全填补的空白。汉语的对外教学,从理论上说,还没有成为一门独立的学科,尽管在世界范围内第二外语教学的专业在大多数院校设有专门的院系,培养了大批的博士生。可喜的是,今天有志于汉语教学与研究者大有人在,在未来的几年内,我们相信一定能看到理论较健全的对外汉语教学的语法体系,及有关理论专著。"⑨

在"十五"期间,上述情况已发生很大变化。对外汉语教学的学科建设取得相当大的进展。我们相信在"十五"期间,将在如下几方面有所突破:

4.1 以教学模式研究为突破,求得教材的创新

教学模式的改革,意味着寻求从汉语和汉字的特点出发,摆脱以往从国外引进的基于印欧系语言所创建的各种语言教学法,结合汉语作为第二语言教学理论提出具有典型意义的标准化的教学范式。比如,根据普遍语法的推测,第二语言学习者大致遵循着操目的语的本族人学习/习得该语言的过程。那么,外国人学汉语也有理由跟汉族人一样,"先学听说(语文分开),再学认汉字(集中识字),再写汉字(读写分开)。(崔永华 1999)再比如,将目前的综合技能课,重新设计,分为"口语"和"笔语"两门课,并配以"听力课"。进入第二学期以后,"笔语"课发展为"精读",再加上"泛读"课。(鲁健骥 2003)这两种教学模式还只是设想,如付实施,必得有相匹配的教材。按照这些改进的教学模式,当前的教材显然不适合。故教材建设任务十分繁重。尽管如此,为新教学模式服务的教材,必定呈现全新的面貌。

我们认为,一个有特色的全新的教学模式,必定有与之相适应的教材,换言之,一部经科学设计的特定的教材,必定体现了某种教学思想,代表某种教学模式。教学模式的创新,必定带来教材的更新。新的教学实验的成功,必带来面貌一新的教材。

4.2 以汉字研究为突破,加强书面语教学的研究

汉字,从半坡陶文算起,至今已有 6000 年左右的历史。世界上的一切文字,在造字之初,几乎都是以象形为始。后来不少文字

选择了拼音方向。只有汉字是世界上古代许多种表意文字中唯一巩固并流传下来的文字体系。究其原因,最根本的一点就是汉字与汉语能够互相匹配。在对外汉语教学中汉字是面临的最大问题,也是最大的挑战之一。汉字教学是汉语作为外语/第二语言教学与汉语作为母语教学的最大区别之一。

在对外汉语教学中,由于汉字系统的种种复杂性,一个西方人,常要花费若干年的时间才能达到较快地阅读与书写的程度。因此,中途辍学者大有人在。汉字成了继续学习的瓶颈。诚然,也有相反的情况:"汉字对我们西方人有一定的吸引力,是许多人决定学习汉语的先决条件之一。"(柯彼德1985)他们对汉字情有独钟,应该引导和激励这种学习汉字的积极性。

由此可见,我们应该把汉字当成一个独立的系统来研究。什么时候教汉字最合适?先教哪些汉字?初级阶段教多少汉字?"识字"与"写字"的关系如何处理?对汉字是"分解"教学还是"综合"教学等等都值得研究。目前,较流行的汉字教学法有:先独体,后合体;汉字部件教学;偏旁部首教学等,都是分解的教法。还有另一种观点也值得关注。吕叔湘先生说:"有心理学家作过实验,无论汉字或拼音文字,认识的时候都是整个的形体去认识,认识汉字的时候并不逐一辨认它的笔画。"(吕叔湘1983)这是不主张将汉字打散的观点。总之,要通过教学实验,寻求汉字教学的突破口,使书面语教学质量得以大幅度提高。

4.3 汉语水平考试(HSK)研究将获更大发展

汉语水平考试(HSK)是国家级考试,是所有希望进入中国大学读书的外国留学生汉语水平的权威测试,也是求职时汉语水平的权威认证。近年来,汉语水平考试在预测、考前统计分析和分数等值等技术方面,进行了深入研究。在大规模题库建设和试题自动生成系统研制方面取得了长足进展。考生越来越多,国内外考点的分布越来越广。汉语水平考试在世界上的影响越来越深远。为了进一步推广汉语教学,发展 HSK,国家汉办正在开发 HSK 的四项专项考试。即 HSK(旅游)、HSK(商务)、HSK(文秘)、HSK(少儿)。这些考试的性质,都是评估第一语言非汉语者在使用汉语的专业环境中,运用汉语完成工作的语言能力(即交际汉语能力)。这些考试将与国际语言测试相同步,比如"将任务用于测试"(Putting Tasks to the Test)已成为汉语测试的一种新模式。

这些考试,都将在如下方面进行深入考察与研究:考试研究工作的技术路线、需求分析、考试设计、分数体系设计、评估体系(包括考生对试卷的评估)、预测实施、预测定量分析,等等。

可以预见,"十五"期间,汉语水平考试的研究将更趋细致与深入,以保证 HSK 的质量代表国家接近并达到国家公认的标准,成为一流的标准考试。

4.4 数字化对外汉语教学理论、方法及教学模式研究将继续深入发展

随着信息化、国际化的推进,数字化对外汉语教学的理论、方法的研究,将涉及教学模式的设计、教材编写、教学课件的开发、平台与资源建设、师资培训以及学习模式的构建等一系列问题。今后,围绕数字化方向,会在如下几方面深入研究:

1) 以语料库语言学为指导,建立现代汉语语料库、汉外语言对比语料库、汉语中介语语料库,以及汉语教学多媒体素材库和资源库。这些库的建成,不仅可用以辅助教学与研究,并将有力地推动教学与研究的开展。

2) 多媒体教材与教学课件研制的理论与实践研究,其成果将直接用于课堂教学与自学,会给学习带来一场革命,当然也带来极大的方便。

3) 网络(远程)对外汉语教学研究与教材开发,以及现代教育技术在教学与研究中的应用,将改变传统的教学模式,出现课堂上的网络与网络上的课堂的新局面。

我们可以预见,现代教育技术对教学理论、学习理论的研究和实践的指导作用,其影响会日见其深,我们应密切关注。随着电脑网络与宽带技术的日臻完善,会为远程教学的发展提供新的手段。最重要的还是观念的改变。人们会越来越认识到,如果不用计算机辅助教学,漠视多媒体技术在教学中的特殊作用,在未来远程与网络教学成为普遍接受的教学模式时,我们就会跟不上,就会落伍了。当然,与此同时,我们依然注重面授的优势与不可替代性,注重教师在教学中的指导作用。

五 "十五"期间拟重点研究的课题

5.1 对外汉语教学理论和学习理论研究,教学实践与学习状况研究(侧重对外汉语教学模式的改革与创新;突破汉字教学的瓶颈,大力改善汉语书面语教学;汉语和汉字习得与认知过程、规律研究)。

5.2 面向信息处理的对外汉语教学研究(辖各类教学与学习语料库的设计与研制,多媒体教材与多媒体教学设计、网上教材与网上教学的研究与开发)。

5.3 世界范围内的汉语学习需求与教学资源调查研究(可通

过我驻外使、领馆,互联网及国外各教学与研究机构,取得相关材料,不排除实地考察之需要),目的在于了解世界范围内各类学习人员情况、学习目的、学习要求,对教材和教学法的改进意见,以及师资状况、存在问题与改进意见。

附注

① 2003 年 11 月 29 日中央电视台,二频道,经济半小时。
② 2003 年 2 月 13 日《光明日报》,严美华《汉语,迎来世界注目礼》。
③《中国大百科全书》(语言文字卷),中国大百科全书出版社,1988。
④《国家哲学社会科学研究"十五"规划要点》。
⑤ 2001 年至 2004 年,每年《国家社会科学基金项目课题指南》。
⑥ 2002 年,《南洋商报》。
⑦ 2004 年 7 月 28 日,《光明日报》,李宇明《强国的语言与语言强国》。
⑧《对外汉语教学工作简报》1997 年第 4 期。
⑨《语言学年鉴》(1995—1998),语文出版社,2002。

参考文献

崔永华(1999)基础汉语教学模式的改革,《世界汉语教学》第 1 期。
柯彼德(1985)在联邦德国进行初级汉语教学的情况和方法,《第一届国际汉语教学讨论会论文选》,北京语言学院出版社,1986。
——(2003)柯彼德教授访问记,《国外汉语教学动态》第 2 期。
刘　珣(2000)《对外汉语教育学引论》,北京语言文化大学出版社。
鲁健骥(2003)口笔语分科,精泛读并举,《世界汉语教学》第 2 期。
陆俭明(2004)增强学科意识,发展对外汉语教学,《世界汉语教学》第 1 期。
吕必松(2002)《汉语语言学和对外汉语教学论》序,李开著,中国社会科学出版社。
吕叔湘(1983)《吕叔湘语文论集》,商务印书馆。
宋若云(2003)1987—2001 年《世界汉语教学》引文分析,《世界汉语教学》第 4 期。

王路江(2003a)对外汉语学科建设新议,《语言教学与研究》第 2 期。
——(2003b)从对外汉语教学到国际汉语教学——全球化时代的汉语传播趋势,《世界汉语教学》第 3 期。
谢天蔚(2003)美国中文远程教学的问题与探索,《国外汉语教学动态》第 3 期。
赵金铭(2000)"九五"期间对外汉语教学研究,《世界汉语教学》第 3 期。
——(2001)对外汉语研究基本框架,《世界汉语教学》第 3 期。
赵金铭、张 博、程 娟(2003)关于修订"汉语水平词汇等级大纲"的若干意见,《世界汉语教学》第 3 期。
赵金铭主编(2004)《对外汉语教学概论》,商务印书馆。
朱德熙(1989)在纪念《语言教学与研究》创刊十周年座谈会上的发言,《语言教学与研究》第 3 期。

从交际语言教学到任务型语言教学

华东师范大学　吴勇毅

一　交际语言教学与任务型语言教学

交际语言教学(Communicative Language Teaching,CLT)或称交际教学法(Communicative Approach,CA)产生于20世纪70年代,是以语言的功能和意念为纲,着力培养学习者交际能力的一种教学方法。交际语言教学的包容性很大,现在的第二语言教学或外语教学,不管是什么样的,都愿意冠以"交际"的称号。

任务型语言教学(Task-Based Language Teaching,TBLT)或称任务(型)教学法(Task-Based Approaches,TBA;Task-Based Instruction,TBI)产生于20世纪80年代,至今仍然处在发展之中。学术界对这种教学法有许多不同的看法和理解,比如什么是"任务"。龚亚夫、罗少茜(2003)认为:任务就是人们在日常生活、工作、娱乐活动中所从事的各种各样的有目的的活动,任务型语言教学的核心思想是要模拟人们在社会、学校生活中运用语言所从事的各类活动,把语言学习与学习者在今后日常生活中的语言应用结合起来。任务型语言教学把人们在社会生活中所做的事情分为若干非常具体的"任务",并把培养学生具备完成这些任务的能力作为教学目标。这个定义并非没有可以争议的地方,比如"模拟",夏纪梅、孔宪辉(1998)就认为,以任务为本的学习是一种"干中学",而且不仅仅局限于语言的实践。通过任务学习,而不是靠一套教材和书本练习,可以让学生体验人是如何用语言做事或处理矛盾的。

1.1 通常认为,任务型语言教学是诸多交际教学途径中的一种(龚亚夫、罗少茜 2003),或者说是在交际教学法基础上发展起来的一套教学新途径、新方法(岳守国 2001;URWIN & DU2003;韦建辉 2003)。但也有人认为,任务教学法的兴起与交际法在外语课堂受挫是分不开的,任务教学法是兼容交际法和传统教学理念的折衷主义教学。(阮周林 2001)笔者以为,尽管我们可以把任务型语言教学视为交际语言教学的一种,但事实上,两者之间存在着许多差异。

交际语言教学或交际教学法带给我们两个最重要的财富,一个是培养交际能力的教学思想和教学途径,另一个就是功能—意念大纲。前者的理论基础是社会语言学家 Hymes(1971)的关于交际能力的学说和 Halliday 的语言功能理论,后者是在 Wilkins(1972)意念大纲的基础上发展起来的。首先在这两点上,任务型语言教学就有别于交际语言教学。

1.2 Hymes 认为语言能力(语法知识)只是交际能力的一部分,交际能力是由四个部分组成的:(1)合乎语法性(语法的),某种说法是否(以及在什么程度上)从形式上来讲是可能的;(2)可行性(心理的),某种说法是否(以及在什么程度上)是可行的;(3)得体性(社会的),某种说法是否(以及在什么程度上)是得体的;(4)实际操作性(概率的),某种说法是否(以及在什么程度上)实际出现/

实现了。于是,培养学生运用语言进行交际的能力,即语言交际能力成为了交际语言教学,也是第二语言教学的目标。

Canale 和 Swain(1980)把 Hymes 的理论具体化了,他们认为,交际能力具体包括:(1)语法能力;(2)社会语言能力;(3)语篇能力;(4)策略能力。这为第二语言教学设定了一个具体的框架和目标,同时也深化了交际能力的学说。

任务型语言教学或任务(型)教学法承认培养语言交际能力是其目标,但在这方面更进了一步,具体说,培养语言交际能力只是其目标之一。因为,任务型语言教学的特点就是让学生用所学语言——目的语去完成各种类型的"任务","以任务为本"。但完成任务所需要的不仅仅是"(语言)交际能力",还要有发现问题、分析问题、解决问题的逻辑思维能力和认知能力。"语言学习的目标不是单纯学语言,而是把语言作为工具来发展人的认知能力";"'任务教学法'把语言能力目标与工作能力目标紧密联系起来,每一个任务都是一个整体计划,包含各种机会和接触面。学生在这些过程中发展了认知潜能,一种有明确目的的生成、转换、应用语言知识和交际知识和技能的潜能"。(夏纪梅、孔宪辉 1998)普通语言学常说,语言是人类最重要的交际工具和思维工具。交际法突出了前一方面,而任务法则在后一方面有所发展。

所以实际上,我们认为,任务型语言教学至少有两个目标,一个是培养学生的语言交际能力,另一个是发展学生的发现问题、分析问题和解决问题(完成任务)的能力。前一种能力为后一种能力服务,目的语是发展后一种能力的工具。用目的语去完成任务,去分析问题、解决问题,这就更加突出了语言的"工具性",这是任务型语言教学的一个重要特点。这跟为掌握语言而学习语言的其他教学法都不同。例如,情景法和交际法都强调要利用环境练习、学习语言,而任务型教学法则强调在环境中用语言去解决问题、完成任务,学生在解决问题、完成任务的过程中提高自己的语言水平。

传统的语言教学以学生掌握语言本身(语法规则、句型、词汇项目等)为目标,至于学生是否会在具体的交际活动中使用语言项目;是否会在有上下文的语境中恰当地选择语言项目,比如句型、词语,就只能让学生在今后的日常生活中自己慢慢体会、慢慢摸索了,那是课堂以外的事儿,是学生自己今后的事儿。交际法试图突破这一点,要培养学生用语言进行交际的能力,尤其是在"得体性"方面,但它的目标仍然局限在语言本身,比如掌握语言功能和意念的表达方式,并能在不同的语境中恰当地选择不同的表达方式等。任务型教学法则走得更远,它强调的是"完成任务优先"(task completion has some priority)。(Skehan 1998)从学习过程的角度看,任务型教学法是把"学生在今后的日常生活中自己慢慢体会、慢慢摸索"的事儿,包括用语言完成日常工作中的任务,解决日常生活中的问题,"提前"到了学习过程、学习阶段了。

1.3 交际语言教学带给我们的另一个财富是功能—意念大纲,以 van EK(1975)的 Threshold level English 为代表。传统的语法大纲或者说结构大纲跟功能—意念大纲的最大区别在于大纲所提供的内容不同,给我们的清单不同。前者提供的是语言形式:语法项目、句型等。这些语法项目、句型是按所谓的难易程度,以循序渐进的方式排列的。后者提供的是语言意义或者说内容:功能项目(功能是使用语言的目的/交际的目的)、意念(意念是语言表达的概念意义,如时间、空间、数量、频率等),功能、意念本身很难按难易程度排列。语法大纲和功能—意念大纲都有一个共同的假设,即学生应该照列出的项目清单学习,一旦掌握了这些(抽象的、孤立的)清单上的项目,也就等于掌握了语言。因此,从某种意义上讲,它们是一路货。它们注重的都是学生要达到的最终的目的状态或者说终端产品。所以第二语言教学大纲的设计者把它们都归为"产品式大纲"(product syllabus)。"因为这两种大纲都着重学习的结果状态,大纲内容主要是对语法知识项目或功能意念项目的列举。至于如何达到目标状态,大纲不作具体说明。"(束定芳、庄智象 1996)也就是说"产品式大纲"对学习的"过程"不加考虑。

而任务型语言教学,尽管也关心学习的结果状态,但其着重点却在学习和使用语言的过程(本身),在达到最终目的状态的所需进行的一系列行动、活动、任务。所以任务型教学法被视为"过程式大纲"(process/procedural syllabus)的产物。"过程式大纲"提供的是学习任务。"产品式大纲"与"过程式大纲"的区别在于,前者的重心考虑的是"学什么"(What is to be learnt),强调学习语言的内容(subject);后者考虑的则是"怎么学的"(How is it to be learnt),强调学习和掌握语言的过程(process)。(夏纪梅、孔宪辉 1998)注重过程性是任务型语言教学的另一个重要特点。

1.4 同交际法相比,任务法还有许多不同之处。比如,交际法以意义为中心,重流利而轻准确,任务法则强调以形式为中心(form-focused);交际法认为语言的四种技能可以分开训练,任务法则更强调在完成任务中综合运用语言技能,等等。

二 任务型教学法在对外汉语教学中

我国的英语教学界对任务型教学的研究始于上个世纪 90 年代末,并且成为目前英语教学界研究和实践的热点。作为其研究的重要成果之一,就是在中华人民共和国教育部制定的新的普通高级中学的"英语课程标准"(2001)中提出了要进行任务型的英语教学。该"标准"的第四部分第三条实施建议是:"倡导'任务型'的教学途径,培养学生综合语言运用能力"。它指出:

"本《标准》以学生'能做某事'的描述方式设定各级目标要求。教师应该避免单纯传授语言知识的教学方法,尽量采用'任务型'的教学途径。

教师应该根据课程的总体目标并结合教学内容,创造性地设计贴近学生实际的教学活动,吸引和组织他们积极参与。学生通过思考、调查、讨论、交流和合作等方式,学习和使用英语,完成学习任务。

在设计'任务型'教学活动时,教师应注意以下几点:

(1) 活动要有明确的目的并具有可操作性;

(2) 活动要以学生的生活经验和兴趣为出发点,内容和方式要尽量真实;

(3) 活动要有利于学生学习英语知识、发展语言技能,从而提高实际语言运用能力;

(4) 活动应积极促进英语学科和其他学科间的互相渗透和联系,使学生的思维和想象力、审美情趣和艺术感受、协作和创新精神等综合素质得到发展;

(5) 活动要能够促进学生获取、处理和使用信息,用英语与他人交流,发展用英语解决实际问题的能力;

(6) 活动不应该仅限于课堂教学,而要延伸到课堂之外的学习和生活之中。"

这段话体现了任务型教学法的思想和精神,值得我们细细体会。

2.1 对外汉语教学界开始注意并且研究任务型教学法也始于 90 年代末,不过从发表文章的时间来看比英语教学界略晚一点。但是迄今为止,英语教学界已经发表了大量的研究和实践文章,而对外汉语教学界只有区区几篇(马箭飞 2000、2001;吴中伟 2004a、2004b 等)。可见,英语教学界和对外汉语教学界对任务型教学法的注意和重视程度有明显不同。

2.2 2000 年马箭飞发表了题为《以"交际任务"为基础的汉语短期教学新模式》的文章,这可以说是任务型教学法在国内对外汉语教学中的第一次尝试。其研究成果是国家汉办编制的"高等学校外国留学生汉语教学大纲(短期强化)"(2002)中的附件"汉语交际任务项目表"。这个项目表在某种程度上可以说是一种任务型大纲(Task-based syllabus),跟以往对外汉语教学界使用的语法大纲,无论是在内容上,还是在描述方式上都完全不同,是尝试性的、开创性的。但注意过它的人可能不多。

2.3 对外汉语教学界目前对任务型教学法的研究还处于初始阶段,主要在口语教学、教材编写、短期教学模式、形式与意义的关系等方面进行探讨。作为一种方兴未艾的第二语言教学法,对它的研究亟须加强。

参考文献

龚亚夫、罗少茜(2003)《任务型语言教学》,人民教育出版社。

国家对外汉语教学领导小组办公室编(2002)《高等学校外国留学生汉语教学大纲》(短期强化),北京语言文化大学出版社。

马箭飞(2000)以"交际任务"为基础的汉语短期教学新模式,《世界汉语教学》第 4 期。

——(2001)以"交际任务"为基础的汉语短期强化教学教材设计,《对外汉语教学与教材研究论文集》,华语教学出版社。

邱艺鸿(2001)试论"任务教学法"在英语专业综合英语课教学中的应用,《鹭江职业大学学报》第 2 期。

阮周林(2001)任务前期准备对 EFL 写作的影响,《外语与外语教学》第 4 期。

束定芳、庄智象(1996)《现代外语教学——理论、实践与方法》,上海外语教育出版社。

韦建辉(2003)任务教学法在大学英语阅读教学中的运用,《高教论坛》第 5 期。

吴中伟(2004a)浅谈基于交际任务的教学法——兼谈口语教学的新思路,《第七届国际汉语教学讨论会论文选》,北京大学出版社。

——(2004b)语言教学中形式与意义的平衡——任务教学法研究之二,对外汉语研究学术讨论会,北京语言文化大学。

夏纪梅(2001)任务教学法给大学英语教学带来的效益,《中国大学教学》第 6 期。

夏纪梅、孔宪辉(1998)"难题教学法"与"任务教学法"的理论依据及其模式比较,《外语界》第 4 期。

徐 强(2000)《交际法英语教学和考试评估》,上海外语教育出版社。

于 勇(2000)"以形式为中心"的任务教学法与我国外语语法教学,《沈阳师范学院学报》(社会科学版)第 3 期。

岳守国(2002)任务语言教学法:概要、理据及运用,《外语教学与研究》(外国语文双月刊)第 5 期。

中华人民共和国教育部制定(2001)《英语课程标准》(全日制义务教育,普通高级中学),北京师范大学出版社。

祝畹瑾 编(1985)《社会语言学译文集》,北京大学出版社。

Canale, M. (1983) From communicative competence to communicative language pedagogy. Richards, J. and Schmidt, R. (eds.) *Language and communication*. Longman.

Canale, M. and Swain, M (1980) Theoretical bases of communicative approaches to second language teaching and testing. *Applied Linguistics*, 1/1.

Fotos, S. and Ellis, R. (1991) Communicating about grammar: a task-based approach. TESOL Quarterly (4).

Fotos, S. (1998) Shifting the form from forms to form in the EFL classroom. ELT(4).

Hymes, D. (1971) *On communicative competence*, Philadelphia, University of Pennsylvania Press.

Long, M. (1985) A role for instruction in second language acquisition: task-based language trainning, in Hyltenstam, K. & Pienemann, M. (eds.) *Modeling and Assessing Second Language Acquisition*, Clevedon, Avon, Multilingual Matters, 77-99.

—— (1988) Focus on form: a design feature in language teaching methodology, in K, De Bot *et al* (eds.) *Foreign Language Research in Cross-Cultural Perspectives*, Amsterdam: John Benjamins.

Prabhu, N. (1983) Procedural syllabuses. Paper presented at the RELC Seminar. Singapore.

—— (1987) *Second Language Pedagogy: A perspective*. Oxford University Press.

Skehan, P. (1998) *A Cognitive Approach to Language Learning* (语言学习认知法)。上海外语教育出版社,1999。

Urwin, J. & Du, L, (2003) Task-based approaches to second language pedagogy and the design of Chinese textbooks at tertiary level.《世界汉语教学》,第 3 期。

Wilkins, D. A. (1972) Grammatical, situational and notional syllabuses, *Proceedings of the Third International Congress of Applied Linguistics*, Copenhagen 1972.

—— (1974) *Notional syllabuses and the concept of a minimum adequate grammar*, in Corder and Roulet (eds.) 1974.

Wilkins, D. A. (1976) *Notional Syllabuses*, Oxford University Press.
Willis, J. (1996) *A Framework for Task-based Learning*. London: Longman.
Yalden, J. (1987) *The Communicative Syllabus: evaluation, design and implementation*. Prentice-Hall Internationa.

控制式操练教学法在不同年级汉语教学中的运用[*]

美国威斯康星大学——麦迪逊校区 朱永平

第二语言习得的研究历史并不长,可是有关第二语言的教学方法却是百花纷争。教学法之所以在第二语言习得的领域里获得重视是因为第二语言习得异于第一语言的习得。第一语言可以在生活场景中自然获得,方法无足轻重;而第二语言却主要是在教室里获得。如何有效地利用课堂时间,使学生在教室里最大限度地获得第二语言知识,课堂教学方法就显得非常重要。可是由于教学理念的相左,不同的教学方法便随之产生。换一句话说,第二语言教学法的丰富多彩实际上反映了教学理念的多样性。尽管不同的教学法满足了特定学生的要求,各有其长处,但本文所要论证的是小班操练课[①]如何采用一种比较切实可行并且行之有效的教学法。由于控制式操练法具有易于操作[②]、减少学生错误、使学生有更多的时间练习语言的好处,此法应为小班操练课的优先选择。为此,本文将从两个方面来论述控制操练法在不同年级小班课上

---

[*] 本文成稿之时,承蒙李亚非教授指点,受益匪浅,诚致谢意。若文中仍有错误,则为本人之责。

的技巧和方法。第一部分将主要论证控制式操练法的理论基础；第二部分探讨操练法的基本技巧以及低年级和高年级在操练方法上的一些不同特点。

一 控制式操练法的理论基础

任何一种教学法都有其理论依据。之所以说控制式操练法在小班课上具有实用性，是因为此法与当代语言学研究和第二语言习得的研究有相吻合之处。以下四个部分将要论述为什么要采用控制式操练法。

1.1 语言习得的假设模式

目前人们对语言习得的研究都还处在一个摸索的阶段。由于人脑是个黑匣子，我们还不能确切知道人类是怎样获得语言，也不知道人类是如何处理所输入的语言信息。但根据对语言习得的观察和研究，语言学家们构拟出了比较合理的语言习得模式。归纳现在对语言习得的研究，大致可以得出这样一个对语言习得的假设模式：

(1) 输入 → 信息处理 → 输出
　　［语音］　　　［认知系统］　　　［语音］
　　［语义］　　　［推理系统］　　　［语义］
　　［句法］　　　［记忆系统］　　　［句法］
　　［语用］　　　　　　　　　　　　［语用］

无论是输入一个词、词组、句子或语段，都包括语音、语义、句法结构和语用部分。语音是语言的物质外壳，语义是语言的内涵，结构是词组或句子组成的方法，而语用是语言在实际场景中的交际功能。这种综合性的输入是一个很复杂的程序,由受到专业语言训练的老师来进行方能取得彰显的效果。当学生通过大脑处理了输入的信息后而输出时,老师最高的期望是学生能够输出语音、语义、句法和语用正确的句子。可是实际情形却往往不是这样。老师教授给学生的是正确的句子,然而学生常常是张口就有错音、错句。为什么输入的是正确的句子而输出的句子会或多或少出现错误呢?症结显然出在中间的环节,即我们还不能确切地知道人脑是怎样处理所输入的语言的。由于对习得者怎样处理语言的理解不同,对教学法就有不同的侧重。帮助习得者建立起正确的第二语言的语法体系,这是共识。但用什么方法建立,则见解有仁有智。以为输入大量正确的句子,学生便可以自动接受而自然输出,教学上就会偏爱以老师为主;相信语言为交际的工具,在情景中习得语言最为有效,着眼点在输出上,教学上则奉行以学生为中心。理念不同,教学方法便会庞杂。但循其法而溯其源,大概可以将目前较为流行的对外汉语教学法归纳为以下几类:

第一种方法是以教师为主。比较常见的是学业性教学法(the academic style)。该法的依据是第二语言的习得者多为成人,他们已经具有了第一语言的知识,故教师需要通过对比分析帮助学生理解第一和第二语言的同与异。其理论基础是结构主义。故教学上偏重于结构分析,课堂重点是语法解释和翻译练习,目的是使学生形成并掌握第二语言的知识和能力。这样,教师在课堂上的分量便会很重。据 Craig Chaudron (1988)和 Werner Hullen (1989)的统计,以教师为主的方法在课堂上占用的时间从 61% 到 77% 不等(Cook 2000:121)。美国一些大学的大班课大多采取此种方法。由于这种方法注重了"输入"的程序而忽略了"输出"的重要性，很多学校便设立小班课让学生多练习来补偿大课这种老师占主导地位而学生练习太少的不足。

第二种方法是以学生为主。功能主义看到了以教师为主的缺陷，转而重视语言的交际性，强调让学生说话。这种方法注重通过配对练习、小组会话、游戏活动、角色扮演等形式让学生在设置的场景中了解语言的交际功能。老师在课堂上常常起一个引导的作用，说话不用太多。据统计，课堂管理时间少于 10%(Cook 2000：125)。一减一加，学生的开口率便会大大增加。然而这种方法也有其局限性，一是虚拟的场景不够真实，有时会出现滑稽可笑的情况；二是学生对学生的练习常常会造出错误的句子，互相之间受到错误句子的影响，而老师却无暇一一纠正。

两种教学法各有其千秋，也各有所需。将来想用第二语言进行学术研究的，便偏重于第一法；而想今后去所学语言的国家旅游，掌握简单会话技能即可的学生，则喜欢第二法。虽然学生的学习目的不尽相同，但老师教他们掌握所学语言的宗旨却并无二致。兼顾学生所需，又要使学生能很快地学会目标语，本文主张采用下面第三种方法。

第三种方法是老师控制下的以学生为主。此法重视输入的程序，重视老师在课堂上的作用。强调由老师控制输入语法正确的句子，诱导学生输出语音正确并合于句法的句子[3]。

本文之所以建议采纳在老师控制之下的以学生为主的方法，是因为此法不但能有效地利用课堂时间，并能由简入难，一步一步帮助习得者掌握所学语言，而且在理论和实践上，有第一语言习得经验和研究的支持。

1.2 控制式操练法的依据

毋庸讳言,第二语言习得的研究没有第一语言的研究那么深入。在第二语言研究方面我们可以参考第一语言研究的成果。

通过对第一语言习得的观察,越来越多的人意识到人类有一个与生俱来的语言机制。操不同语言的人可以学会另外一种语言,但动物学不会人类的语言。就好像猴子不可以说人类的语言一样。可是这个语言机制包括的规则和原则一定要被激活才能形成语言能力。正如印度狼孩子由于没有适当的语言刺激失去了语言能力一样。观察第一语言的习得过程,可以看出人类语言机制的激活有两种方式:

第一种方式是肯定性的刺激,也就是合乎语法句子的输入。儿童接受到大量的语法正确的句子,激活他们固有的语言机制,使他们具有生成语言的能力。

第二种是否定性的刺激。这其中又有两种:1)儿童从没有听到过。比如,说英文的儿童在一般句子中没听到过没有主语的句子④,所以他们很少犯一般句子没主语的错误。2)改错。当孩子根据已有的规则而造出错误的句子时常常会得到成人的改正。比如有些孩子会根据名词多数后面加 s 的特点,而造出"孩子们"children 的复数形式:* childs;根据过去时动词后面加-ed 的规则而造出"跑"run 的过去式:* runed。经过不断地改正,孩子会记住这些不规则的规则⑤(Cook 2000:154)。

控制式操练法便是参照对第一语言习得的研究和观察,相信人类语言中有一个普遍语法(Universal grammar),语言原理(principle)相同,不同的只是参数(parameter)。为了激活习得者的语言原理,让其建立起正确的参数系统,控制式操练法采用第一语言的激活方式,在输入的层面上给予肯定的刺激,由老师大量地给学生输入语法正确的句子,避免学生自己受第一语言的影响生成错误的句子。在输出的层面上,诱导学生说出正确的句子并严格改错。一旦学生生成错误的句子,老师便马上改正。肯定与否定这两种方法的综合作用是为了激活习得者的普遍语言机制,熟悉目标语的参数设定。

1.3 控制法的原则和指导思想

由于学生是学语言的主体,所以控制法的原则是把课堂时间尽量给学生,让学生能够最大限度地发挥其认知及习得语言的特点。为达此目的,控制法的指导思想是:以句法结构为纲,口语练习为主,情景应用为辅。

1.3.1 为什么要以句法结构为纲?

众所周知,第二语言习得的一个重要因素是词汇的学习,而词汇只有在句子中才会有意义。吕叔湘先生曾指出:"词、短语,包括主谓短语,都是语言的静态单位,备用单位;而句子则是语言的动态单位、使用单位"(吕 1984:500)。如果脱离了句子,单纯地问某个词是什么意思,怎么使用,很难说清。比如动词"送",我们不知道它是"送东西"的意思(如例(2))还是"送人"的意思(如例(3))。只有到了句子里,我们才知道这个词意思的具体用法。如:

(2) 我送他一本书。("送"后是双宾语)

(3) 我到机场送他。("送"前是一个介词短语)

在不同的句子结构里我们便知道了"送"的意思,也知道了它的用法。所以词汇练习一定不能离开句型的练习。

以句法结构为纲的另一个原因和人们的认知特点有很大的关系。第二语言教学的对象主要是成人,他们都具有成熟和完善的理性思维,有很强的推理能力。在推理的方法中,类比(analogy)

的方法比较普遍。这从语言的变化、小孩在习得过程中的错误可以看出[6]。本文作者曾做过一个试验,把英文的 learn(学习)的过去式写为 learnt,30 岁以上的美国研究生和教授们大都不改这个字,可是 30 岁以下的研究生都改成 learned。甚至一个美国研究生(27-28 岁)说他从来没见过 learnt 的形式,由此可见类比的影响力。这种类比的能力在语言习得上的影响力也很大。受第一语言的影响,习得者常常根据母语的句法来类推第二语言的句法。如受英文的影响:I study in the library,说英语的汉语习得者常会类推出这样的句子:*我学习在图书馆。这种类比常常是依据规则而推衍,句型练习就是帮助学生建立目标语的规则。

在规则建立的同时,再把词汇分类地加入句型练习中。这是因为在推理思维中,分类归纳法在成人的思维中占很重要的地位。如看到下面的算式,受过训练的成年人会用归纳法很快得出答案,因为他可以把成为十的两组数字放在一起,如:$8+2,9+1,4+6$ 等归纳在一起:

(4) $8+6+9+4+7+1+2+3+5 = 45$

作为一个教师来说,为节省时间,可把上式杂乱的排序分类归纳如下式,便于很快地得出答案:

(5) $1+9+2+8+3+7+4+6+5 = 45$

比较(4)(5)式,显然(5)式更有助于运算。利用人类共有的分类归纳法,在句型中操练词汇时,把词汇分类也就可以事半功倍了。不仅如此,把词汇分类归属并嵌入句型中操练还会易于学生掌握理解,同时也会帮助他们记忆。

学者们常常困惑不解为什么人类可以记住复杂和精细的语言。对此,语言学家索绪尔曾做过一个有名的假设:"我们的记忆常保存着各种类型的句段,有的复杂些,有的不很复杂,不管是什么种类或长度如何,使用时就让各种联想集合参加进来①,以便决定我们的选择"(Saussure 1959 [1916]:130;汉译 1985:179-180)⑧。由这段话可知,索绪尔认为语言系统是建立在两个轴上:组合关系和聚合关系。这两种关系可以简化如下表:

(6) 语言系统的组合关系与聚合关系

Syntagmatic axis (组合关系)

```
    A      B       C        D
1   My     car     is       new.
2   His    house   was      big.
3   Your   coat    becomes  red.
```

Paradigmatic axis (聚合关系)

根据索绪尔的假设,人们记忆中常有的是组合关系,即结构关系,也就是上表中横轴的 A、B、C、D 之间的关系。竖轴的聚合关系是同类词的相合,如 B 组中,尽管词义不同,但它们同属于名词。在实际语言交际时,人们会按照记忆中的组合关系,在聚合关系的词汇中挑选合适的词来合成句子。索绪尔的假设与前面所提到的人类认知特点相吻合,并能合理地解说人们如何在交际中较为自由地运用语言。这个假设对第二语言习得的指导意义是:在句型的框架下,分类练习词汇有助于记忆。

从理论上讲,记忆的容量是无限的,可是在实际操作上,记忆是有限的。为了避免学生受第一语言影响造出错误的句子,同时兼顾到记忆的有限性,控制法的操练程序是由词到短语再到句子。在每一个练习阶段,当学生较为熟练掌握所练的词句以后,再进入高一级的层次。从记忆的层面来说,控制式操练法强调的是强化短期记忆,巩固长期记忆。在经过大量的练习,巩固了对所学的词句记忆以后,可以移往一个更高更大的范围。

综上所述,由于以句型为纲这一提法参照了人类特有的类比推理、分类归纳能力和记忆特点,故在句型的框架下练习词汇,会得到事半功倍的效用。

1.3.2 为什么要以口语练习为主?

教学的成功取决于习得者的输出。而在输出中,说的能力则首当其冲,这是因为语言的最初和最主要的功能是语言交际。如果我们把语言学习分成听、说、读、写四个部分,听和读的部分是一个被动的过程,而说和写的部分是再创造的过程,也是最难的部分。但写作占用的时间较长,如在课堂上进行太浪费时间,可在课下练习。同样,听和读的也可以放在课下进行,由学生自己练习。而说话练习最好不要放在课下进行,一旦学生养成坏的发音习惯,再改起来,就会事倍功半。换句话说,在课堂上,最需要老师参与、改正和帮助的就是说话练习了。说话练习不能只是知识的传授,而是大量的口语操练。由于人类具有相同的发音器官,语音的输入和输出都较少地动用人类的认知系统,主要是肌肉的运动。当学生在大课上已经学到了所学的知识之后,小课上就没有传授知识的任务,主要任务就是让发音器官和肌肉熟悉所学的语言。这就需要很多的机械性练习,所以控制法强调大量的口语练习。

1.3.3 为什么要以情景练习为辅?

情景练习可以帮助学生了解语言具体使用的交际性。让学生掌握并能在实际交际中正确使用所学语言是语言教师的终极目标,但这个目标的实现必须是建立在坚固的语音、词汇和句法基础之上的。如果把交际作为课堂教学的唯一重点,会忽视语言整体的重要性,因为除了语言以外,手势、表情等超语言手段都可以完成交际任务。即便是用语言交际,也不一定用完整的句子,词或词组都可以完成交际任务。如果把教学的目的仅限于让学生完成交际任务,学生在课堂上就会满足于词或词组的学习,从而会忽略对句子的掌控。今后当他们向高层次学习时就会遇到很大的障碍。再说,频繁地布置课堂活动和角色扮演,在宣布活动和游戏规则时,又要占用跟词句练习无关的时间。就有效利用课堂时间这一方面来看,不够经济。所以,要想达到用语言来完成交际任务的最好途径是当学生在语音、词汇和结构上掌握了所学的句子以后,通过一些精选的图片和简练的情境设定来让学生熟悉所学过的语言在实际生活中的交际功能。这些情景、游戏规则以能用两三句话就能解释清楚的为最好,而且这些场景练习都必得在教师的监控之下。一旦发现学生的错误,立即改正并带领全班在句型的框架下进行操练。换言之,课堂的情景练习是句型练习的辅助手段。唯于此,所学的语言才能更好地用于交际;反之,在语音还不准确、句法还没掌握的情况下,习得者在实际交际生活中就会错误百出,如句子残缺不全、语音洋腔洋调等,结果说者听者都要靠猜测进行一种似懂非懂的所谓交际。

以上从三个方面说明了为何要采用控制法教学的原则和原因,下面将要具体阐释控制教学法的技巧。

二 如何控制课堂的教学

2.1 课堂活动的三要素:启动(Initiation)、回应(response)、反馈(feedback)

控制法主要是通过课堂活动的三个要素完成对时间和节奏的控制。课堂上的活动基本是老师跟学生的互动,这种互动可以大致归纳为三个步骤:启动、回应、反馈(Sinclair and Coulthard,1975,Cook 2000:121)。老师对课堂的控制主要是通过启动这一程序来完成的。启动主要是通过问问题和提出要求以得到学生的回应,并诱导学生说出正确的句子。老师对学生的回应要给以反馈,反馈一定要简单明了。常用的词语可以是"对"、"很好"、"好极了",或者"不对"、"错了"等等。在上述三个要素中,启动是尤为关键的一个环节。课堂是否活泼有趣,学生有无学习热情和积极性,都与启动这一环节密切相关。老师主要是通过对时间和节奏的控制来使启动这一程序有声有色,使课堂教学活动趣味、效用并佳。

2.2 时间的控制

控制法最重要的原则是有效地使用课堂时间,把课堂时间给学生。可以采用以下几种控制时间的方法:

1. **课前准备** 在课堂教学中,预测学生的难点格外重要。时间有限,不能面面俱到,必要有所取舍。难易不同,不能平均使用力量。比如:用句尾升调来表示疑问是一个普遍语法现象,如:"真的?""really?"这种疑问形式不用练[③]。上课以前,黑板上写好今天所要练习的句型。上课时可不看或少看讲稿,以黑板上的句型为提醒。

2. **手势的运用** 有时用手势比用语言更简洁明白。教学时两手伸开,掌心向上。让某个学生回答或集体练习,手势一定要清楚利落。

3. **问句的选择** 尽量不用是否问句而大量采用 WH 问句(why,what,where,which,and how)。要做到老师的问句比学生的答句短。在低年级的教学中,还要注意问题的难易程度。问出问题时,要让学生有话可说。在教高年级时,要有三岁孩子的好奇,六十岁老人的耳顺。老师不能是百事通,而要做到知而不言,鼓励学生说话。在讨论或辩论问题时,要永远站在学生的对立面。如学生说到台湾应该独立,老师应该问"台湾为什么可以独立呢?"如学生说台湾不应该独立,老师可以问"台湾为什么不能独立呢?"总之,一个语言教师的任务是教授学生运用语言的能力,而不是改造学生的思想。

4. 替换练习 老师只给出特定的词让学生完成句子。如教"越来越+形容词"的句型,当带领学生练好范句"我们的屋子越来越乱"以后,老师便可以给出一些词像"桌子"、"教室"、"床"等词让学生替换句中的词"屋子"。

5. 完成句子 一种方法是老师说出前半句,学生完成句子。比如:练"既然……就……"的句型,老师说出:"既然番茄很小",等待学生说出:"就不用切了。"

第二种方法是情景式完成句子:

(7) A. 老师:我想吃龙虾,可是没钱,怎么办?

　　B. 学生:既然你没有钱,就别吃龙虾了。

6. 情景式填空 做把书放在桌子上的动作并问:"老师把什么放在桌子上?"让学生说出"老师把书放在桌子上了。"然后依次再放咖啡、笔等,引导学生说。

7. 直接给出词语 比如句型:"A 跟 B 相比,就……来说……"老师先说:"飞机跟汽车相比,"然后说:"速度。"待学生说出:"飞机跟汽车相比,就速度来说,飞机比汽车快"后,老师再给出:大小、快慢、舒服……让学生轮流说出所练句型。

8. 简短地使用习得者的母语　第一种方法可以是翻译法,老师说英语的词,由学生说汉语。比如教句型:A 比 B 严重。老师先问:"中国的什么比美国的严重?"学生可能不知道怎么回答。老师用英文提示他们学过的词"pollution(污染)",让学生说出句子:"中国的污染比美国的严重。"第二种方法可以用简短的英文引导学生。如一年级的学生很难主动说出问句,所以在练完陈述句后,老师可以用英文给出指令让学生转换句型。如:给出"question"让学生把肯定句转成问句,用"negative"让学生把问句转成否定句,也可用"affirmative"把否定句转成肯定句。

9. 句型转换法　用句型转换练习的方法让学生掌握不同句型的用法并加深记忆。如在练句型"A 强迫 B……"时,对比练习句型"B 被迫……"老师可以说出句子:"老师强迫学生学中文",让学生说:"学生被迫学中文",或老师说后一句型,让学生说出前一句型的句子。通过这种练习,不但让学生知道两种句型的意思不同并且懂得后一句型的施事者不出现。

10. 情景图片法　选择一些有趣并能结合刚学过的内容的图片进行情景会话练习。用这些图片让学生看图说话,也可以让学生一问一答,做配对情景练习。

以上总结的是课堂教学中几种非常基本的方法。但掌握了这几种方法并不能保证教学的成功,因为节奏是课堂教学中另一个重要的环节。

2.3　节奏的控制

一堂课的成功决定于是否能够引起学生的注意力。如果老师在整堂课只是一个节奏,就会成为一支催眠曲,或者可能成为声嘶力竭的闹音。这些都会影响学生的注意力。一堂完美的课应该像一出高潮迭起的好戏,跌宕有序,张弛相间,起伏错落。所以控制式教学法强调通过节奏的调配来吸引学生的注意力,并通过以下几种方法完成对节奏的控制。以一出剧为参照模式,一堂课的程序可以简括为以下几个步骤:

1. 序幕　选择十几张本课要学的重要生词卡片,跟学生一起快速齐读。卡片的最后一张应跟老师所要建立的范句有联系。比如:范句为"王朋是一个美国大学生",最后一张卡片应该是"学生"。

2. 铺垫　通过问句向小高潮的过渡进行铺垫。如老师问:"你是学生吗?"学生回答:"我是学生。"再问这个学生或别的学生:"你是美国学生吗?"直到引出范句:"我是一个美国大学生。"

3. 小高潮　当引出范句后,通过领读词、词组到句子的过程建立金字塔,其过程如下:

(8)　　　　　　　　学生

　　　　　　　　　大学生

　　　　　　　　美国大学生

　　　　　　　一个美国大学生

　　　　　　是一个美国大学生

　　　　　我是一个美国大学生

范句建立以后,引导大家一起咏唱几遍。齐读的方法不但可以唤醒大家的注意力,有助于记忆及纠错,还可以使课堂气氛热烈,起到一个高潮的作用。

4. 舒缓/铺垫　齐读完后,通过点读、转换、替换练习、提问的方法来舒缓节奏并为下个高潮的出现进行铺垫。

1) 点读　选几个学生再重复范句,以此检查学生的发音和句子的正确性。

2) 提问　问某个学生:"你是不是一个美国大学生?"等那个学生回答完后,再转问另一个学生:"你呢"(不要再重复问:"你是不是一个大学生")。若学生回答出了教师心中的范句:"我<u>也</u>是一个美国大学生",老师带领大家再齐唱。用大家齐唱方法来显示这个范句告一段落,提醒学生将要进入到一个新的句型。

5. 大高潮　经过前几个小高潮的铺垫,选择一个比较精彩的范句,主要通过合唱法,并用加快节奏、提高声音的方法以激发学生的热情来达到高潮。

6. 尾声　通过情景练习和简短讨论来舒缓节奏。

1) 情景练习　选一些有意思的图片让学生用所学过的句型说出句子,或配对让学生根据图片一问一答,以此加强学生对语言交际性的认识。

2) 简短讨论　当学生具有了一定的语言能力之后,让学生进行简短的讨论和小组讨论以加深对课文的理解与运用语言的能力。

在学生做情景和讨论练习时,一旦发现错误,老师要改正错句,并带领大家齐读学生创造出的好句子。整节课应在一种热烈的气氛中戛然而止,让学生产生一种余意未竟的感觉。

除了以上几种引起学生注意力的方法以外,还可以采用一些技术性的方法。如:把桌子摆成圆圈,老师站在中间,照顾到每个学生;老师看着学生的脸和眼睛说话,用眼神期待学生回答;通过有趣的问题,有意思的图片来吸引学生的注意力。学生的注意力一旦集中,课堂效果便会显著提高。

2.4 高年级的教学

以上方法的基本原则适用于高年级的教学,但侧重点会有所不同。机械性的操练会减少,而语言的应用能力则大大地加强。由于三、四年级的教材基本上来自报刊和文学作品,因此高级词汇大量增加。这些词语很难在口语中自然说出。老师要创造场景让学生来练习这些高级词汇。除了以上一些基本方法外,高年级教学还可以采用下面几种方法:

1. 转述法 用所学过词复述课文。老师可以把一些含有语法点的卡片和一些重要的卡片贴在黑板上,让学生分段复述课文。

2. 句型练习 在高年级教学中,还可以练习一些特定的句型,像一些带有虚词的句子。这些句子的难度都比较大,老师可以给出情景和特定的语词并列出具体的句型,让学生掌握并表述这些句子。如下面的句子:

(9) 她以每天 0.5 元的出租费租给了班上的同学。

(10) 中国吸烟的人数以每年 4.5% 的速度增加。

老师可先写出句型:

(11) S+以+每+N+NO.+MW+N+VP

老师再给出口语中常说的句子,如:

(12) a. 中国每年新出生一千万人口。

(13) a. 我们每天学 50 个生词。

(14) a. 我的房租是一个月 500 块钱。

然后让学生把上面的句子转换成像句型(9)的句子:

(12) b. 中国以每年一千万人口的速度增加。

(13) b. 我们以每天 50 个的速度学生词。

(14) b. 我以每月 500 块钱的租金付房租。

通过这样的练习,让学生了解口语和书面语及正式用语的不同,更好地了解书面语,最终更深地理解课文。

3. 书面语→口语转化法　把课文中的书面语转换成口语。如在鲁迅的《故乡》里,有很多书面语形式,有些在现代口语中已不出现了,如:

(15) 在海边种地的人,<u>终日</u>吹着海风,<u>大抵</u>是这样的。

可以让学生用"整天"和"大概"分别替代比较书面的"终日"和"大抵"。

4. 口语→书面语转换法　主要通过写作文,让学生把一段对话改写成比较正式的作文。也可以提供特定的书面语词,让学生在作文中使用。

5. 翻译法　给出较正式的英文文章,翻译成中文。这种方法最好不在课堂进行,主要通过作业布置来练习。

6. 角色扮演/情景练习法　由于一些词是特定的人物在特定的场合下说出的,这就需要用一些角色扮演的方法让学生练习某些词汇。为了充分利用课堂时间,把角色扮演的要求和所要练习的词汇提前发给学生,让学生做好准备。如在小说《二十万辆菲亚特》中,有很多描写和对话是在市长和局长们中进行的。有些词汇必须得具有特定身份的人才能说出,如"加宽街道"、"货源短缺"、"超过指标"等,要练这些词语,用角色扮演和情景设置法会比较自然和有效一些。让学生用市长或局长、市民或学者的口气来讨论和争辩由于汽车的增加而产生的交通问题更适宜一些。

7. 引导讨论法　站在学生的反面,鼓励学生与自己争论;或引用与学生观点不同的反例,启迪学生思维。如报刊上的一篇文章《老夫少妻为何增多》中有这样的一句话:"大家觉得嫁什么人完全是个人的事,跟别人是没有关系的。"当老师引申问:"婚姻是不是个人的事?"很多学生都认为是个人的事。老师就可以反问大家:"既然婚姻是个人的事,为什么美国高等法院禁止同性恋结婚?"这样就会引发大家的讨论进而加深对婚姻、社会、家庭等问题的理解。

8. 演讲口头报告　让学生定期作口头报告,这有助于综合提高学生的写作、口语和演讲能力。但一定先要做好前期准备工作。先让学生写好口头报告,鼓励学生用所学过的虚词和高级词汇;然后老师改好,再让学生背过,最后才是学生在台上演讲。学生演讲时,记下学生的错误,结束后帮学生改正错误。

9. 辩论　给出辩论题目,分好小组。可采用两种方式进行辩论练习。一是用给出的特定词语辩论,也就是在辩论时一定要用某些特定的词语;二是比较自由的辩论。由于题目比较正式,所以学生在辩论时不可避免地要使用较高级的词汇。在学生辩论时,老师还是要记下学生的错误,当堂或辩论完后改正。作为一个语言老师,应不在乎学生的观点是否正确,要注重学生的语法和发音。

以上大略讲了低年级和高年级的几种方法。其实这些方法并不是平行独立的,而是在老师的控制之下有机地综合运用。因此控制式操练教学法对老师的要求特别高。老师要做很多课前准备工作,课上不但要精神饱满,还要知道下个问题是什么,这样才可以让课堂时间紧凑有效,在一定的时间内产生最大的习得效果。一个好的语言教员一定是能够自如控制课堂时间和节奏的大师,也是能唤起学生注意力和调节课堂气氛的操练手。从这个意义上说,控制式操练法为小班操练课提供了一个很好的模式。加之此法易于上手,有迹可循,有理可据,故值得大力提倡。

附注

① 美国大部分的大学把语言课分成两种课型,一为大课或称大班课(lecture),学生人数较多;另一为小课或称为小班课,或称为操练课(drill),学生人数较少。

② 控制式操练法跟 The audiolingual style (Lado,1964; see Cook,2000:179-184),The mainstream EFL style (see Cook,2000:195-198)有相似之处,但不尽相同。控制式操练法的理论基础是行为主义(参见 Skinner,1957)和认知行为主义(参见 John Anderson,1983),但也有相左之处。相关文章可看 McLaughlin,1983,1987。

③ 此法虽大班课和小班课都可采用,但本文只谈小班课,故不对大班课置喙。

④ 这儿所说的一般句子不包括祈使句。

⑤ 据李亚非教授指出:有的研究证明,儿童的语法错误是在一定年龄阶段必然产生的,是不可改正的。过了一定时间,那些语法错误会自然消失。这还有待更多的研究。

⑥ Saussure 曾指出过:"Changes in interpretation, no matter how they start, always become apparent through the existence of analogical forms." (1959 [1916]: 170)。

⑦ 索绪尔所说的联想集合(associative)也就是后来所说的聚合关系(paradigmatic group)。

⑧ Saussure 的原文为:"Our memory holds in reserve all the more or less complex types of syntagms regardless of their class or length, and we bring in the associative group to fix our choice when the time of using them arrives" (1959 [1916]: 130)。

⑨ 关于如何预测学生的难点,可参看:朱,2004。

参考文献

吕叔湘(1984)汉语语法分析问题,《汉语语法论文集》,商务印书馆。
索绪尔(1985)《普通语言学教程》,商务印书馆。
朱永平(2004)第二语言习得难度的预测及教学策略,《语言教学与研究》第 4 期。

Anderson, John. (1983) The Architecture of Cognition. Cambridge: Harvard University Press.

Cook, V. J. (2000) Second Language Learning and Language Teaching. Beijing: Foreign Language Teaching and Research Press.

Chaudron, C. (1988) Second Language Classroom: Research on Teaching and Learning. Cambridge: Cambridge University Press.

Hullen, W. (1989) Investigations into classroom discourse. In Dechert, H. (ed.) (1989) Current trends in European second language acquisition research. Clevedon: Multilingual Matters.

Lado, R. (1964) Language Teaching: A Scientific Approach. New York: McGraw-Hill.

McLaughlin, B. (1987) Theories of Second-Language Learning. London: Edward Arnold.

McLaughlin, B., Rossman, R. and McLeod, B. (1983) Second language learning: an information-processing perspective. Language Learning 33, 135-158.

Sinclair, J., Coulthhard, M. (1975) Towards an Analysis of Discourse. Oxford: Oxford University Press.

Skinner, B. F. (1957) Verbal Behavior. New York: Appleton-Century-Crofts.

Saussure, Ferdinand De. (1959) Course in General Linguistics. New York: Philosophical Library.

对外汉语微型操练课的设计
原则与技能*

美国弗吉尼亚大学　梁新欣

　　本文将要探讨的微型操练课教学就是一般所说的"单班课"、"一对一教学"和"个别谈话课"。在美国的对外汉语教学课程或美国在中国的密集课程设计中，单班课，就教材内容而言，并不是一门独立于其他课型的（如说明语法为主的大班课、句型操练课、二三人的小组讨论课），或只强调一种语言功能（如听、说、读、写、语法）的课型。单班课与其他课型共用一种阅读教材，所不同的只是学生人数和侧重点。在本人所熟悉的对外汉语教学项目中，这种课型一般安排在文法讲解、熟悉课文内容的大班课（Lecture class）、句型操练课（Drill class）之后。因此，当学生走进教室和教师进行一对一的微型操练前，他应当已经熟悉了课文内容，练习过课文里的重要生词和句型，基本掌握了所有应该掌握的技能。在微型操练课中，学生在教师的引导下进行一种类似真实交谈的

---

* 所提微型操练课的各课单设计原则详细步骤曾发表于梁（2004）《从师生互动谈如何上好单班课》一文，故在本文中仅略述，而重点将偏重于微型操练课的课堂实际操练和技能部分。华东师范大学叶军教授在百忙中对原稿文字做了修改，本人特别要向他致谢。当然，文中如有任何错误，均由作者本人承担。

课堂活动。其目的在于把纯属课本内的语言知识通过这种特殊课堂操练,促使学生逐渐吸收掌握,使学生最终能自如地把所学的语言运用到实际交流之中。这种课型能帮助学生对所学课文知识作一个总复习、总消化,并将所学的知识融入学生的长期记忆中去。

由于时间、人力的投入较大,在人力不足的情况下(如一名教师必须负责50名学生的语言课,又没有助教帮忙),微型操练课平时不可能列为正常课时的一部分,只能在课时之外,教师与学生另排时间进行。不过在密集班(暑期强化班)则可能安排教师以单班课或个别谈话课或辅导课的方式进行。

本文欲从沟通式教学理论的角度来探讨如何帮助教师以课文内容为基础,利用精心设计的备课单来具体达到教学目标。文章将先介绍沟通式教学理论,然后以"相关性"为准则,设计结合语言功能与语言形式的备课单,第三节中说明课堂实际教学的步骤,最后归纳出几种在师生课堂实际交流时应当留意的平衡关系。

一 沟通式教学理论、共同认识,与教师课堂实际面临的困难

1.1 教学理论

沟通式教学理论(communicative approach)强调,学习外语的最终目的是人际交流,而达到最终人际交流技能的掌握又必须通过交流互动本身的不断练习,因此师生互动成为课堂教学活动中的主要方式,同时也是教学的最终目标。如何达到有效的师生互动是成功的语言课必备的条件。Brown(1994)在论及课堂师

生互动时列出以下几项互动原则[①]，即：
- 真正的交流只重信息的传递而不受制于文法[②]
- 激发学生内在交流的动机与积极性
- 必须使用策略达到交流的目的
- 不怕出错
- 语言与文化之间的关系密切
- 教师的及时反馈对学生的语言习得极为重要
- 人际交流中语法、语篇、社会语言学、实用性、交流策略都极为重要，必须顾及这些要素才能真正地达到交流目的

互动原则在任何课型都能实行，而微型操练课最能让教师有效发挥，因为微型操练课就是一般所指的"单班课"、"一对一教学"或"个别谈话课"，是一位教师和一个学生的交流。教师的角色在这种课型中尤显重要。因为

- 教师给学生提供了 Krashen（1985）所说的"能理解的目的语言"(comprehensible input)，用以鼓励，激发学生的交流意愿，促使学生一吐为快
- 教师主导交流，在语言形式上做到引导、控制、调整、提升，使语言形式突出
- 教师使学生的语言习得过程在有意义的学习（meaningful learning）中进行，使语言知识能储存在长期记忆中（long-term memory）
- 教师鼓励学生使用不同的策略，解释（explain）、表达（express）、协商（negotiate）语义来达到交流的目的
- 教师在学生出错时能及时反馈、纠错，做到及时解难
- 教师就是说母语的人，其自身即是语言、文化的自然结合

以上六点显示,教师对微型操练课的成败具有决定性的作用。教师的教学表现有可能使学生从短短的一节课里获得相当大的成就感,反之也可能带来极大的挫败感。

1.2 对微型操练课的共同认识

微型操练课的课堂活动多种多样,从最机械的学生朗读课文、教师领读生词、发音练习、生词句型操练,到具有严肃主题的实质交流讨论,各种形式都曾见诸讨论[3],但本文仅针对以沟通式教学理论为基础的微型操练课来进行探讨。诚然,这种教学理论强调人际交流的重要性,但是我们发现,成功有效的交际必须建立在健全的文法知识、句型运用、不同场景中语言的恰当使用等等必备条件之上。"功能"与"形式"应是同等重要,缺一不可的。因此"说得流利"、"谈得投机有趣"固然可喜,但不应该是微型操练课的最终目的,更重要的是在师生交流中有意识地使用目标语言形式来提升学生的交际能力,这才应是语言教师追求的目标。因此我们总结出如下几点对微型操练课的共同认识:

- 微型操练课不是天南海北的闲聊,而是有主题、有目的的交谈
- 微型操练课不把宝贵的课堂师生交流时间用在诸如念课文、读生词、机械的句型操练这类不具交流互动实质的课堂活动上,而是环绕主题,引导学生利用语言形式、句型、新旧词汇,帮助学生练习阐明、表达、协商语义这三种语言功能
- 微型操练课是师生做有针对性的交流,但内容因人而异
- 教师能有系统、有针对性地纠正学生个人的错误
- 课堂进行得"有趣""投机"绝不等于达到特定的教学目标

有了以上对微型操练课的共识,就为语言教师树立了该课型的教学目标。归纳起来,微型课在功能上是围绕与课文内容相关主题的师生互动的教学活动,在语言形式上是有意识地使用课文中所学,以提升学生的语言能力。换句话说,微型操练课是为学生提供了另一种结合语言"功能"和"形式"的同步练习的课型,但较其他课型更具个人化的特点。虽然教学目标很清楚,但微型操练课在实行时教师与学生都可能面临一些困难与挑战。

1.3 微型操练课中面临的实际困难与挑战

课堂操作中教师面临两项最大挑战。一是交谈中出现冷场,造成会话中断(conversational block)①。这种情况普遍发生在经验不足的教师身上。当教师对话题切入、话题开展缺乏技巧,又对学生的语言能力、学生的兴趣不甚了解时,课堂上就极可能出现冷场的尴尬局面。另外还有一种完全相反的情况,即交谈内容趣味性极高,或教师自己侃侃而谈,学生一旁洗耳恭听,或学生主导话题,教师无力改变或根本无意改变交谈内容的走向,使得课堂内容与教学目标渐行渐远,整节就是一堂聊天课。趣味性话题取代教学目标的情况不但可能发生在经验不足的教师身上,即使有经验的教师也可能因未充分备课而发生。话题中断与话题失控都涉及微型操练课上要"谈什么"和"怎么谈"的两大课题。我们将在下一节中专门讨论。

学生面临的问题与教师不尽相同。靳洪刚教授(2004b)指出,教师与学生的课堂交流互动往往出现以下几种不利互动的情况:

1) 学生的句子过于简短 (significantly short utterances)
2) 句子不够复杂 (syntactically less complex sentences)

3）表达低于应有的语言水平（utterances that are not level-appropriate）

4）句子或段落层次的连词用得不够（fewer use of sentence connectives）

5）会话交流中主动转换话题和对答不够（fewer topic initiation and fewer utterances per turn）

6）没有把学到的语言形式使用到实际交流中（fewer communicative language use from learners）

以上6种情况中，除了第5种情况涉及语言功能的掌握不够外，其他5种情况都与语言形式有关。学生的困难与教师的提问策略有密切的关系⑤。在下一节中，我们将引进"相关性"这一交谈准则，将其同样作为微型操练课教学内容设计的原则，并以一段课文来演示如何组织兼顾语言形式与语言功能的备课单。

二 设计/预备微型操练课备课单

2.1 以"相关性"为准则

"相关性"（Maxim of Relation）是Fraser（1983）在讨论会话交际行为（conversational behavior）中引用Grice（1975）的合作行为四准则⑥（Principles of Cooperative Behavior）中的一条，即每个参与交流者都必须遵循与主题相关的交谈原则⑦。相关性不仅存在于话题与话题之间的相关、各个独立问题之间的相关，也包含与学生文化背景、生活经历等的相关，因此相关性准则对以互动为主的微型操练课深具启发作用。

2.2 设计备课单的步骤

如何使相关性原则具体应用于课堂操作呢？我们从两个方面着手，一个是课文内容方面，另一个是语言形式方面。我们先从课文内容方面来谈。整理课文大纲、找出课文主题应是第一步。然后在每个主题下整理出副主题。我们以 *A Text for a Modern China*（Liu and Li 1998）第2.1课的头两段课文为例来说明准备的步骤。课文如下：

表一：课文

第2.1课：我是职业高中生（第一、二段）

我是一个学财会的职业高中生，跟待业青年比，我是一个幸运儿。

你了解待业青年吗？他们初中毕业后想继续上学却考不上，想去工作却找不到，只好在家里等待，心里苦恼极了。而我不但有学上，而且毕了业立刻就有一个好工作，当会计。现在社会上缺会计，我们这些学会计的可是热门货。无论什么人，听说我学会计都说"好！"

2.2.1 第一步：找出课文主题

在这两段里，可以看到文章主要提到了两个主题："我"是谁，比较待业青年和职业高中生。

表二：整理课文大纲主题部分

语言功能的部分
主题一：介绍"我"
主题二：比较待业青年和职业高中生的情况

2.2.2 副主题

第二步是从已有的两个主题下再分别归纳出各自的副主题，如表三：

表三：整理主题下的副主题部分

语言功能的部分
主题一：介绍"我"
    副主题：身份
    副主题：和别人比较的总印象
主题二：比较待业青年和职业高中生的情况
    副主题：考学校方面
    副主题：找工作方面
    副主题：目前的情况

2.2.3 选择语言形式

选择可用的目标语言形式（句型与词汇），来讨论列出的主题、副主题。选择句型和词汇的标准取决于它的生成性，它的使用频率，和它能否灵活带动课文语篇的讨论和操练，这也是教学目标中的重要部分。请看表四：

表四：列出语言形式部分，包括词汇句型

语言功能的部分	语言形式的部分
主题一：介绍"我"	
副主题：身份	跟……比，subj……
副主题：和别人比较的总印象	待业青年/其他专业的人；不/幸运
主题二：比较待业青年和职业高中生的情况 A 而 B	
副主题：考学校方面	想……，却……，只好……
副主题：找工作方面	有学上，找得/不到
副主题：目前的情况	待在家，当……（会计、教师）
	热门、缺＋N
	不但……而且……
	无论 Wh－word,……都/也……

2.2.4 设计平行主题

第四步,是设计平行主题。课文的主题、副主题整理出来,语言形式也排列清楚以后,下一步我们就可以开始设计平行主题了。所谓的平行主题就是与课文主题导向平行的话题。在讨论平行主题时,课文大纲里原有的副主题与课文里的语言形式都依旧适用。平行主题的设计特别有助于缺乏经验的教师,使他们避免会话中断的尴尬局面。

Brown(1994:18)在讨论"有意义的学习原则"(the principle of meaningful learning)中指出,有意义的学习是使学习者将知识信息储存于长期记忆中而不仅是死记硬背。Brown 提出以下两条法则来帮助学生将知识信息储存于长期记忆中。

1. 把所教授/所学习的知识与学生的兴趣、学习目标和事业目标结合起来。("Capitalize on the power of meaningful learning by appealing to students' interests, academic goals, and career goals.")

2. 当介绍新的信息时务必把新的知识与已知的信息和背景结合起来。("Whenever a new topic or concept is introduced, attempt to anchor it in students' existing knowledge and background so that it gets associated with something they already know".)

Brown 的这两项原则可以作为我们设计平行主题的借鉴。也就是说,平行主题必须尽量与学生的实际生活、经验、背景、兴趣贴近,同时又因各个学生的语言水平、个人兴趣、生活背景而异。因此实际讨论哪些平行主题就取决于教师能否在教学当时准确掌握学生的语言水平和"兴奋点"。在"我是职业高中生"这样的主题下能设计出在不同程度上与课文主题相关的平行话题（举例如下），并能不断地扩展衍生下去。请看表五：

表五：设想平行主题

- 谈谈你的个人现状。
- 谈谈你的苦恼。
- 比较你和待业青年的差异。
- 比较你的苦恼和待业青年的苦恼。
- 比较你的国家的待业青年和中国的（课文里的）有哪些异同。
- 介绍和比较中国的（课文里的）和你国家的职业高中生。
- 你们的社会对职业高中生的看法。
- 学财会的职业高中生在你们国家里的地位如何？和中国的有哪些异同？举例说明。

2.2.5 设计细题

从整理课文大纲、列出副主题到设计平行主题都是针对师生交流作的语言架构上的努力，而第五个步骤，细题的设计，则是具体落实到每一个提问上。细题的功能性固然仍存在，但提问的形式尤为重要。缺乏经验的教师常苦于无话可谈（因缺少平行主题）；有了平行主题又提不出问题。在这一节中我们讨论细题设计的技巧。Brown（1994：167）曾列举出足以影响师生互动的一些不当提问方式，其中包括：

• 一个问题要占用很长的时间才能问完（Too much class time spent on display questions.）

• 提问本身过于幼稚，使学生不屑一答（Questions that insult students' intelligence by being so obvious to everyone in the class that students will think it's too silly a question to bother answering.）

• 语焉不详的提问（Vague questions that are worded in abstract or ambiguous language.）

- 提问本身过于复杂（Questions stated in language that is too complex or too wordy for aural comprehension.）
- 反问式的提问，使学生不清楚是教师欲自问自答还是要求学生回答（Too many rhetorical questions that students think you want them to answer, then get confused when you answer the question yourself.）
- 一连串随意式的提问，彼此之间没有关联，使学生思路陷入一片混乱（Random questions that don't fall into a logical, well-planned sequence, sending students' thought patterns into chaos.）

除了以上几点必须引以为戒外，本人再提出以下几点提问设计原则，以供参考：

- 先选定重要句型、词汇，再想细题
- 细题根据目标句型、词汇来设计。这些提问的作用就是引导学生答问时能使用目标语言形式和词汇
- 尽量不用"是不是""对不对"提问。因为我们不是在操练学生说"是"和"对"
- 用疑问词来设计提问。"什么时候"、"在哪儿"、"谁"、"为什么"、"怎么"是几个最基本的提问方式
- 设计假设式提问，例如"如果……，你会怎么办？"
- 设计比较式的提问，例如"中国的职业高中生是……，在你的国家职业高中生也是这样吗？有哪些方面不同？哪些方面相同？"
- 鼓励学生提供实例以阐明论点。如"你为什么认为中国人有人情味？告诉我一个例子。""你也遇到过那种情况吗？""是怎么回事？"

现在我们用"我是职业高中生"的两个副主题来举例说明如何体现以上的细题设计：

表六：主题一的细题举例

主题一：介绍"我"语言形式（跟……比，subj……；财会；职业高中生/
其他专业/待业青年幸运）

    副主题一：身份

    细题举例：课文里的"我"是什么人？

             他的专业是什么？

             他觉得自己幸运吗？

             请介绍一下课文里的"我"

             请介绍一下你自己的文化水平和专业

    副主题二：和别人比较的总印象

             跟什么人比，他觉得自己很幸运？

             跟什么人比，你觉得自己很幸运？为什么？

             跟什么人比，你觉得没有那么幸运？为什么？

主题二：比较待业青年和职业高中生的情况

    （结合三个副主题设计的细题）

    细题举例：待业青年有苦恼吗？

             他们有什么苦恼？

             职业高中生有苦恼吗？他的苦恼和待业青年的一样吗？

             比方说？（特别强调用'A 而 B'的句型）

             你觉得自己在哪些方面比待业青年幸运？

             你觉得自己在哪些方面比职业高中生幸运？

             你也有苦恼吗？（从专业热门与否，找工作难否谈起）

三　微型操练课堂实际教学的步骤

面对一份具有主题、副题、平行主题、细题和语言形式的详细备课单,教师如何在课堂实际使用? 这是本节讨论的重点。我们把课堂教学环节按先后次序分成以下几个步骤。

3.1 热身阶段

热身阶段指的是一进教室还没有正式上课的那段时间。因为课堂里仅有师生二人,开场时教师应当主动营造融洽和谐的气氛,先问几个简单易答的生活小问题,如"今天的课难不难?""周末到哪儿去玩了?"等等。热身阶段无需占用很长时间,但对打破僵硬的师生关系,融洽课堂气氛大有助益。这样的交谈进行至多两三分钟后就可正式进入课文问答。

3.2 从课文内容出发,以主题作为话题转折点,创造有机话题链

正式上课阶段首先从课文内容出发,以主题作为话题转折点。前文已经提及,设计出来的细题在课堂实际操练时切不可死板地照着备课单上的次序提问。我们先从课文内容提问出发,以"我是职业高中生"为例,提问举例如下:

表七:主题一的提问演示

副题一:
　课文里的人是个大学生吗?→他不是大学生。
　他是个什么学校的学生?→他是职业高中生。
　(练习生词"职业高中生")
副题二:
　跟别人比,他觉得自己幸运吗?→他觉得自己很幸运。
　(练习句型"跟……比,Subj……",同时操练生词"幸运")
　他跟什么人比,觉得自己很幸运?→他跟待业青年比,觉得自己很幸运。(练习"待业青年",同时操练生词"幸运")
衔接主题一和主题二的过渡性提问:"待业青年是什么意思?"(操练 生词"待业青年")

(续表)

> 课文主题一的平行话题:谈谈学生个人情况
> 副题一:
> 　你也是职业高中生吗？→我不是职业高中生。
> 　(操练"职业高中生")
> 　那么,你是什么学校的学生？→我是纽约大学的学生。
> 　(铺垫性提问)
> 副题二:
> 　跟别人比,你觉得自己幸运吗？→我觉得自己不幸运。
> 　(操练句型"跟……比"、生词"幸运")
> 　真的?! 跟什么人比,你觉得自己不幸运？→跟大学毕业的学生比,我觉得自己不幸运。
> 衔接主题一和主题二的过渡性提问:
> 那么,跟待业青年比,你觉得自己幸运吗？→跟待业青年比,我觉得自己很幸运。

以上的演示可看到三个特点:

第一,不论句型操练还是生词操练都是以话题为主轴的操练,因此,表八里的操练方式虽然也是一种操练,但是机械性的生词、句型操练,不能称之为"具有真实感的交际互动"作用的操练,故在以互动交际为教学目标的微型操练课上并不理想。

我们所说的有机的交流互动式操练是依循一种模式进行的,此模式即诸多提问细题必须环绕同一副主题,而数个副主题的讨论又是环绕同一主题而谈。因此,教师应做到心中有数。当环绕某个副主题的细题谈到一个段落时就应当往下一副主题过渡;几个副主题谈得差不多时,就应及时再往新主题过渡,这样环环相扣能使交谈内容较有组织,交谈方式也较接近真实交谈。

第二,话题链是从课文内容的主题跨越到平行话题的主题,而

表八：机械性操练

教师提问	学生回答	提问目的
你是职业高中生吗？	→我不是职业高中生。	（操练"职业高中生"）
小张是职业高中生吗？	→小张不是职业高中生。	（操练"职业高中生"）
你觉得自己幸运吗？	→我觉得自己很幸运。	（操练"幸运"）
你觉得穷人幸运吗：	→我觉得穷人不幸运。	（操练"幸运"）
你觉得什么人很幸运？	→我觉得有钱人很幸运。	（操练"幸运"）
用"跟……比"造个句子。	→跟他比，我很幸运。	（操练"跟……比"）

不是独立、单一问题的跳进跳出。从表七的例子里可发现，话题是先谈完"课文里的职业高中生"之后才平行跳出谈到课堂上那位学生的"学校"和"跟别人比较的总印象"这两个副主题，而不是如下（表九）的进行方式。

表九：跳进跳出课文的单一提问

教师提问	学生回答	提问目的
课文里的"我"是什么学校的学生？	→他是职业高中生。	（课文话题）
你是什么学校的学生？	→我是纽约大学的学生。	（平行话题）
课文里的"我"觉得自己幸运吗？	→他觉得自己很幸运。	（课文话题）
你觉得自己幸运吗？	→我觉得自己很幸运。	（平行话题）
课文里的"我"跟谁比觉得很幸运？	→跟待业青年比，他觉得很幸运。	（课文话题）

第三，副主题跟着平行话题走，不怕没话说。虽然教师设想了很多平行主题，但不可能预想到所有的平行主题，有时学生的回答很可能出乎意料，这时需要教师经过提问来摸索出学生既感兴趣又值得谈的话题，一旦找着了能发挥的平行主题，就可以从此顺着已有的副主题谈下去。

表十:寻找平行主题

1. 课文里的人是个大学生吗?(进行副题一的讨论)
   →他不是大学生。
2. 他是个什么学校的学生?
   →他是职业高中生。(练习生词"职业高中生")
3. 跟别人比,他觉得自己幸运吗?
   →他觉得自己很幸运。(进行副题二的讨论,练习句型"跟……比,Subj……",操练生词"幸运")
4. 他跟什么人比,觉得自己很幸运?
   →他跟待业青年比,觉得自己很幸运。(练习,操练生词"幸运")
5. "待业青年"是什么意思?(衔接主题一和主题二的过渡性提问)
   →待业青年是没有工作的年轻人。(操练生词"待业青年")
6. 你是待业青年吗?
   (开始从提问寻找平行主题:讨论学生个人情况)
   →我不是待业青年。(操练"待业青年")
7. 你不是待业青年,那么你也是职业高中生吗?
   (继续寻找平行主题)
   →我不是职业高中生(操练"职业高中生")
8. 你是什么学校的学生?(铺垫性提问,寻找平行主题)
   →我不是大学生。(超出预想的答复,无法发挥)
9. 那么,你是做什么的?(再次尝试寻找平行主题)
   →我是大学教授。(以"大学教授"作为平行主题)
10. 跟别人比,你觉得自己幸运吗?(进入副题二)
    →我觉得自己不幸运。(操练句型"跟……比"、生词"幸运")
11. 真的?!跟什么人比,你觉得自己不幸运?
    (衔接主题一和主题二的过渡性提问)
    →跟大学生比,我觉得自己不幸运。
    (从平行主题开展主题二的讨论)
12. 那么,跟待业青年比,你也觉得自己不幸运吗?
    (拉回课文内容开展主题二的讨论)
    →跟待业青年比,我觉得自己很幸运。

分析表十中的师生对话可以发现,当学生的回答非教师所预期时,并不致造成会话中断。教师可以用一连串的提问找到可谈的平行主题。从表十的第六组问答中就可发现教师已经开始寻找平行主题,但在第六、七、八组提问后均未能寻到足以发挥的答案。教师经过一番摸索试探,终于在第九组中找到可展开的话题,"我是大学教授。"因此,"大学教授"成为平行主题后,其他副主题就可依次往下展开,如"和待业青年现状的比较"、"和待业青年/职业高中生找工作的比较"等等,但是其他的副主题如果不能应用当天教学目标中的语言形式(生词句型),诸如"大学教授的年薪很高吗?""大学教授受社会尊敬吗?"这样的提问,教师就不主动提出,因为这堂课的重点不在操练"年薪""受尊敬"这些词。总之,微型操练课欲达到最大程度的师生交流,话题链的持续非常关键。话题链可用下表呈现:

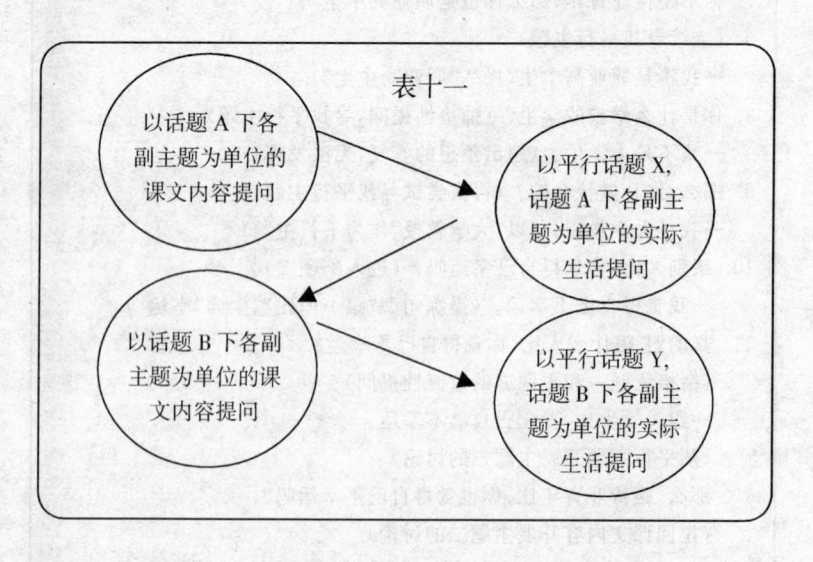

表十一

- 以话题 A 下各副主题为单位的课文内容提问
- 以平行话题 X,话题 A 下各副主题为单位的实际生活提问
- 以话题 B 下各副主题为单位的课文内容提问
- 以平行话题 Y,话题 B 下各副主题为单位的实际生活提问

3.3 归纳总结学生语言上的错误

最后一个阶段,也就是下课前的一段时间,教师必须总结学生应该注意的发音、语法错误,并进行解说或操练。微型操练课里只有一位教师与一个学生,经过了一节课,教师必然对这位学生的语言水平有相当深刻与准确的认识,在无需顾虑占用其他学生上课时间的情况下,教师正好可以把握机会把学生的语法、发音错误整理出来,进行针对个别学生错误的强化练习。例如:

> 师:好,要注意你的一声常常有一点低,所以要注意"他们"。
> 生:"他们"。
> 师:"知道"。
> 生:"知道"。

四 语言功能与语言形式的平衡

微型操练课是教师经过精心设计的类似真实谈话的课,但是因为帮助学生掌握语言形式才是谈话的重点,在师生的实际交谈中,教师就不能不提醒自己课堂上必须注意几种平衡关系。此节将讨论课堂实际教学中的五种平衡关系,即语言功能与语言形式的平衡,教师"局内人"与"局外人"角色的平衡,教学提问与信息提问的平衡,教学反馈与信息反馈的平衡使用,持续话题与中止话题的平衡。教师在教学的过程中如能巧妙地掌握这几种关系,并确实达到平衡,那么以交际互动为教学目标和教学方式的课堂活动才能获得最大限度的成效与意义。以下一一说明这五种平衡关系。

4.1 语言功能与语言形式的平衡:"活的提问,死的形式"

在讨论语言功能与形式的平衡前,我们有必要先对 Brown (1994) 提到的课堂师生互动原则之一的"真正的交流只重信息的传递而不受制于文法"作一商榷。师生课堂上的交谈内容和话题不完全是真正传递未知的信息。话题内容为语言形式的习得服务,而语言形式是载体(carrier),为话题的持续服务,只有正确地使用语言形式才能使信息的传达得体、准确、清楚,因此功能与形式相辅相成,缺一不可,并不如 Brown 所说是"不受制于文法"。当然,信息的传递在多大程度地为文法所限,这个问题还有待进一步研究。

崔希亮教授在 2004 年的《新世纪对外汉语教学——海内外的互动与互补》学术演讲讨论会中指出,在对外汉语专业学生的问卷调查中对"专业训练中亟待加强的四个方面:1)理论素养,2)技能训练,3)知识面,4)专业基础知识"所获得的答案是,技能训练名列第一,知识面第二,理论素养第三,专业基础知识为第四。本人认为,有效的提问技巧是课堂教学技能训练中的一个基本和关键的训练。如何有效地提问应当被视为与研究语言形式同等重要的一个课题。传统的课堂教学,教师多半在语言形式上作深入的讲解说明,但是如果训练学生沟通交流是语言教学的最终目标,教师在"活的提问"这方面不妨也多下功夫。形式是固定的,而提问是灵活的;教师要通过设计灵活的提问来达到使学生练习并掌握目标语言形式(无论是词汇还是句型)的目的。在此,我以一个简单的句子"我对看电影感兴趣"为例,阐述我的论点。教师有必要说明句中的一个固定搭配,"对……感兴趣"和一些应当注意的语法结构问题,但教师的课堂教学重点应放在如何设计提问,促使学生愿意说、乐意说、不得不说出"我对看电影感兴趣"这句话来。因此，尽管"我对看电影感兴趣"的形式是固定的，可是我们能设计出针对不同语言水平，假设不同会话场景的多个问题（如表十二所列），来引导学生说出"我对看电影感兴趣"这句话。

表十二

死的形式
"我对看电影感兴趣。"

活的提问（从浅到深）

- 你对看电影感兴趣吗？
- 你对看电影感兴趣，对不对？
- 你对什么感兴趣？
- 除了学习以外，你有什么其他爱好？
- 你为什么买了那么多的DVD？
- 同学都打算去咖啡厅，你怎么想去电影院？
- 你没去过外国，怎么那么熟悉外国的时尚文化？

由此类推，如果固定的一句话都能设计出至少以上这些不同的提问，那么当操练的是一个目标形式，如"对……感兴趣"，那可衍生出的提问就不知有多少了。

4.2 平衡教师"局内人"与"局外人"的角色：鼓励学生张口，但严格纠错

教师在微型操练课里的角色是复杂微妙的，既是"局内人"又是"局外人"。之所以称为"局内人"是因为在这堂微型课里教师即是学生唯一的会话伙伴。此刻教师的角色应如一位乐于倾听、善解人意的好友。而且还懂得引导学生多说、想说，使学生畅所欲言。而之所以称为"局外人"乃因教师倾听的同时还兼具检查指导的角色。教师不断留意学生的语言形式——发音准确与否，用词

恰当与否,形式能否再进一步提升等等。因此教师一旦发现学生出错,就该指出纠正;一旦觉得语言形式可以再上升,就提醒学生换个方式表达。换句话说,教师应当想方设法鼓励学生不要因为担心自己的语法发音不够准确而不敢开口说话,也不放过学生的错误,任由他一错再错。因此教师有必要时刻提醒自己这两种角色的平衡。

4.3 教学提问与信息提问的平衡使用

靳洪刚教授(2004)在《中文教师提问能力的培训》一文中指出,引发互动的两种认识性提问包括教学提问(display questions)和信息提问(referential questions)。教学提问是以课文内容为基础的提问,是教师心中已有标准答案的提问;信息提问则是提问者或教师的开放性提问,在抛出问题前并不确知答案,也难以预料答话者(学生)会如何答复。因为微型操练课的提问是从课文主题为出发点的师生互动,教学提问与信息提问的平衡搭配在相当大程度取决于教室里学生的临场表现。对于已能充分理解课文内容并掌握语言形式的学生,教学提问必须减少,信息提问、课堂讨论应相对增加;反之,学生若仍未掌握课文内容、基本形式,不必急于跳出课文内容讨论平行主题。此时以灵活多样的教学提问检验学生理解课文的程度和操练课文内容会比跳出课文讨论来得实际有效。

4.4 教学反馈(Initiation-Response-Evaluation IRE)和信息反馈(Initiation-Response-Followup IRF)的平衡运用

西方学者(Mehan 1979;Barnes 1992;Cazden 1998)在研究课堂师生互动关系模式时发现,师生的课堂交流大致局限在教师提出教学提问—学生回答—教师给予肯定或否定的反馈,如"好!"

"答对了!""不对!"这样的三个阶段(简称之"教学反馈")的互动模式上。研究发现,如果课堂里仅有教学反馈式的互动或互动以教学反馈式为主,则课堂交流较难持续。Well(1993)在研究数名优秀教师的课堂教学后发现,在学生积极主动、热衷学习的课堂里,师生互动与教学反馈有显著不同的部分是在第三阶段,即教师不仅给予教学反馈,还能进一步从学生的回答里归纳总结,作为下一个提问的基础,让课堂交流持续下去。在微型操练课里以课文内容为基础的提问势必会用上教学反馈,而话题链转向平行主题时信息反馈能激励学生持续交流。

教学反馈(Initiation-Response-Evaluation)和信息反馈(Initiation-Response-Followup)的平衡使用,不仅有"好/不对"这样的教学反馈,也应该包括,例如"我很同意你的看法""真的?能说得再具体一点儿吗?""你刚才提到……那么,你的意思是……如果情况改变了,你还会同意这种看法吗?"等类似这种的信息反馈。

4.5 持续话链和控制话链的平衡

石旭登(2002)在《从课堂到个别——转换的困境和策略》一文中将话流(即本文所谓的话链)与话题做了简洁清晰的区分。他提到:话题的受控程度不高(平行跳跃、向周边放射、突如其来);而话链(线性走向)受控于教师。教师如何控制话链主要就在于如何在持续话链和避免离题太远之间取得平衡。这一节里,本人提出一些持续话链的技巧和离题太远的补救办法。

4.5.1 持续话链的技巧

对新教师或刚开始尝试沟通式教学法的教师来说,持续话链一般特别具有挑战性,因为话链的继续必须以学生的话语为基础,而学生在回答开放式的信息提问时教师无法预料答案,因此思考下一个问题的时间极为短暂。以下所提乃是一般通用的技巧,临场到底哪种提问最为适用还需教师随机应变。

• 每句话里都可以找出疑问句的提问是训练自己提问的第一步。比方在听到一个人说"我胖了"这简短的一句话里,我们能推出如下的相关疑问句提问:

表十三

简单叙述句	持续话轮下的相关提问示例
"我胖了。"	"你什么时候发觉自己胖了?"
	"你怎么胖了呢?"
	"你觉得哪儿胖了?"
	"你为什么胖了?"
	"你胖了多少磅?"

但是值得注意的是,虽然这些提问句能使话题持续下去,却不是每个提问都能使交流投机有趣地持续下去,故我们有必要找出话语里的新信息,然后根据新信息以疑问句提问才能做到有意义的交流。这就步入我们下一个技巧:

• 找出每次话轮里的新信息,然后从新信息提问或持续下去。我们再以"我胖了"这句话为例说明。"我胖了"的新信息最普通的理解应当是"胖了",因此在诸多的疑问句里,"你为什么胖了?"这个提问会比问"是谁胖了?"来得切题。

• 从学生话轮里找出可以用作对比的话题。这个技巧与文章前段所提的"相关性"有关。只要有"你/学生"和"我/教师"的区别,就能类推出无数的对比,比如,"现在的你"和"十年前的你"的比较,"上大学的你"和"上中学时的你"的比较,"你"和"我"的对比等等。从学生的话轮里找出可以用作对比的话题并不是太难,因为学生来自不同的学校,不同的文化,不同的家庭,不同的国家,几乎每个话题都能找出对比的方向。

• 从学生话轮里找出必须具体举例说明的话题。具体举例是训练学生阐述说明的最好时机。在讨论比较严肃具有主观意识的话题时提出"你能举个例子吗?""有哪些现象能证明你的这种看法?"是很自然的话题持续方法。以下是一段实际的师生对话:

> 师:刚才说到北京大学校长到你们学校去访问,你觉得这个有意义吗?
> 生:我觉得这个情况会有意义。
> 师:比方说……?
> 生:比方说,在这个情况下,可以促进美国人对中国人的了解。

教师简单的一句"比方说"诱出了学生很完整、带有目标句型"在……的情况下"、目标词汇"促进、对……的了解"的一句话。

• 从学生话轮里引申假设的情况,比方,"如果事情不是像你所说的,那会有什么结果?""如果你是那个人,你也会这么做吗?为什么?"之类。

4.5.2 离题太远的补救办法

对于语言功能与语言形式并重的微型课来说,教师必须留意学生的交谈内容是否尽量使用目标语言形式,一旦话题只顾投机有趣而语言形式不见提升时,教师就须设法将话流作一番调整,既不让学生觉得扫兴,又能兼顾教学目标。当然,这种方式并不表示在师生交谈中绝对禁止离题,稍有偏题就非硬生生地矫正过来不可。话题的"收"与"放"之间也有一种平衡的关系。此处我说明的是,如果教师觉得该"收"的时候,有意扭转话题能有些什么策略呢?

- 虽然话题已经偏离,如果目标语言形式仍然可以运用在交流中,教师可以提示学生,以替换的方式将原意用一个新的语言形式或一个新词汇再说明一遍。
- 如果目标语言形式在偏离的话题里很难有效地练习,教师可用一两个提问细题将话题过渡回正题。
- 教师在学生话题停顿的地方用"除了你刚才说的……以外"之后,直接开启新话题,如"你对……方面有什么看法?"。
- 教师替学生总结归纳他离题部分的内容后,直接开启新话题,如"你的意思是……,那么如果……,你会怎么办?"。
- 如果学生滔滔不绝,在话流中很难找到空档插话,可以用纠错的方式直接打断,等纠错完毕,再配合前面的技巧,如用"除了你刚才说的……"或归纳一下学生刚才所说,然后导入新话题。

五 后语

微型操练课是语言课中深受学生欢迎也最使学生有成就感的课型。但是既然作为一种列入课程的课型就不该只以谈天说地为教学目的。本文以兼顾语言形式与语言功能的教学目标为前提,从如何设计备课单着手,试图具体地帮助新教师掌握上课有话说(更正确的说法应当是,上课有好的提问),学生有兴趣回答,并且引导学生使用目标语言形式回答提问的技巧。成功的微型操练课是让学生下了课以后觉得谈得又投机又有收获,使新学的句型、词汇、文化知识、语法知识都能成为自己长期记忆(long-term memory)中的一部分。

虽然本文"主题"的概念是针对微型操练课而言,但是"主题"的观念不仅局限在微型操练课中使用,不论是在讲解课文的课型还是在句型操练的课型中都可不同程度地使用。有关话轮的持续与话流的控制在本文中只略微谈及,有待日后作进一步的分析研究。

附注

① Brown (2004:159-160) 有较长的说明,此处列出的中文为作者本人的摘要整理和翻译。

② 本人对 Brown 所提"只重信息的传递而不受制于文法"的互动原则在本文4.1讨论语言功能与语言形式的平衡时将另补充说明。

③ 一对一的课堂教学详细讨论,可参看吴仁甫主编的《对外汉语一对一个别教授研究》。

④ 交谈出现冷场在本文中仅涉及教师方面的不足之处,而实际情况也可能出现在学生方面的准备不足,对课文内容的理解不足等因素而造成的冷场。因并非此文的重点,不在此多谈,将有其他文章专门讨论。

⑤ 教师提问的策略请参考靳洪刚(2004)《中文教师提问能力的培训》一文。

⑥ Grice 的合作行为四准则包括 1. 数量准则(maxim of Quantity): Say only as much as is necessary for understanding the communication. 2. 质量准则(Maxim of Quality): Say only what is true. 3. 相关准则(Maxim of Relevance): Say only what is relevant. 4. 方式准则(Maxim of Manner): Be clear. (Brown 2000:257)

⑦ 在《对外汉语教学目的原则方法》一书中(p.126)也采用了会话合作原则中的"相关准则"来说明交谈双方必须有共同的话题,有谈话的中心。

参考文献

程 棠(2000)《对外汉语教学目的原则方法》,华语教学出版社。
石旭登(2002)从课堂到个别—转换的困境和策略,吴任甫主编《对外汉语一对一个别教授研究》,中国社会科学研究出版社。

吴任甫主编(2002)《对外汉语一对一个别教授研究》,中国社会科学研究出版社。

Barnes, D. (1992) From communication to curriculum. Portsmouth, NH: Boynton/Cook.

Brown, H. D. (1994) Teaching by Principle: An Interactive Approach to Language Pedagogy. Englewood Cliffs, New Jersey: Prentice-Hall.

—— (2000) Principles of Language Learning and Teaching, fourth edition. New York: Longman Inc.

Canale, M. (1983) From communicative competence to communicative pedagogy. In J. C. Richards and R. W. Schmidt, eds., Language and Communication. London: Longman.

Cazden, C. (1998) Classroom discourse: The language of teaching and learning. Portsmouth, NH: Heinemann.

Chaudron, C. (1988) Second Language Classrooms: Research on teaching and learning. Cambridge: Cambridge University Press.

Ellis, R. (1984) Classroom Second Language Development: A Study of Classroom Interaction and Language Acquisition. Oxford: Pergamon Press.

—— (1997) SLA Research and Language Teaching. Oxford: Oxford University Press.

Finocchiaro, M. and C. Brumfit (1983) The Functional-Notional Approach: From Theory to Practice. New York: Oxford University Press.

Fraser, B. (1983) The domain of pragmatics. In Richards, J. C. and R. W. Schmidt (eds.) (1983) Language and Communication. London and New York: Longman.

Grice, H. P. (1975) Logic and Conversation. In Cole, P. and Morgan, J. (eds.) (1975) Syntax and Semantics 3, 41-58.

Hadley, O. A. (2001) Teaching Language in Context, third edition. Heinle & Heinle, Thomson Learning, Inc.

Jin, Hong Gang, De Bao Xu, Derlin Chao and Yeafen Chen (1999) 留学中国:生活篇 (Studying in China: Living). Fourth Print. New York: Hamilton College.

Jin, Hong Gang (2004b) 语言定式教学法在中文习得和中文教学中的作用 (The role of formulaic speech in teaching and learning patterned Chinese structures). In Journal of Chinese Language Teachers Association 39, 1, 45-62.

—— (2004c) 中文教师提问能力的培训 (The Importance of CFL Teacher Training on Elicitation Techniques). In Journal of Chinese Language Teachers Association 39, 3, 29-50.

Krashen, S. D. (1982) Principles and Practice in Second Language Acquisition. Oxford: Pergamon Press.

—— (1985) The Input hypothesis: Issues and implications. London and New York: Longman.

Liang, Hsin-hsin (2004) 从师生互动谈如何上好单班课. In Journal of Chinese Language Teachers Association 39, 1, 63-84.

Liu, Irene and Li Xiaoqi (1998) A New Text for a Modern China. Boston: Cheng & Tsui Company.

Loschky, L. and R. Bley-Vroman (1990) Creating structure-based communication tasks for second language development. In University of Hawaii Working Papers in ESL 9, 161-209.

Mehan, H. (1979) Learning Lessons. Cambridge, MA: Harvard University Press.

Richards, J. and Schmidt, W. Richard (ed.) (1983) Conversational analysis. In Language and Communication. London and New York: Longman.

Savignon, S. (1972) Communicative Competence: An Experiment in Foreign Language Teaching. Philadelphia: Center for Curriculum Development.

—— (1983) Communicative Competence: Theory and Classroom Practice. Reading, MA: Addison-Wesley.

—— (1997) Communicative Competence: Theory and Classroom Practice. 2nd ed. New York: McGraw-Hill.

—— (2002) Interpreting Communicative Language Teaching: Contexts and Concerns in Teacher Education. New Haven & London: Yale University Press.

Swain, M. (1995) Three functions of output in second language learning. In Cook and Seidlhofer (eds.) (1995) Principle and Practice in Applied Linguistics: Studies in honour of H. G. Widdlowson. Oxford University Press.

Well, G. (1993) Reevaluating the IRF sequence: A proposal for the articulation of theories of activity and discourse for the analysis of teaching and learning in the classroom. Linguistics and Education 5, 1-17.

对外汉语教学语言习得的理论基础

美国休士顿大学　温晓虹

最近 20 年来,随着语言习得理论的发展与我们对语言学习过程的进一步了解,语言课堂教学也发生了本质性的变化。一个主要的变化是语言教学的重点有了迁移。以前的语言课堂教学放在对语言本体的教学方面,先教给学生语言的形式,然后练习怎么用这些形式来表达意思,比如对语法、语音、词汇方面的训练。而当前的教学重点放在了训练语言的表达能力及对语言的理解方面(VanPatten 1988),从语言本体训练转移到语言的交际功能教学(Communicative Language Teaching)。教学重点的转移直接涉及到课堂教学的两个方面。一是教学的内容。其中包括语言的哪些方面是可学到的(Learnability),在语言习得的不同阶段受到哪些心理语言习得的过程的制约(Psyholinguistic Processing Constraints),什么样的教学输入与教学环境能最大限度地诱导学生以促进其语言的习得掌握(Teachability)。再是对教学理念方面的认识,这些认识直接影响到了教学方法。其中包括如何处理语言的交际性与语言表达的准确性之间的关系,怎样鼓励学生勇于开口、大量输出同时避免习得中早期化石化(Early Fossilization)的现象,以及在促使学生进行多方面的语言练习与交际时如何对所出现的语言偏误进行处理,如是否应该明确告诉学生什么是错误的、不能说的(Negative Evidence)。本文针对这几个问题进行基于理论研究方面的讨论。

一　语言习得的理论基础

教学的两个基本问题是教什么和怎么教。教什么直接涉及两个方面,一是对语言本体的认识,二是语言的可学性。教学内容势必以学为本,因为语言的某些方面并不一定是通过直观的教授性的学习获得,而是通过大脑中语言习得能力装置(Language Acquisition Device)的作用,语言环境的促进,大量语言素材的冲击,认知概念、语法结构和知识系统的相互作用,使我们对某些语法现象更为敏感,更易接受。换句话说,决定教什么的一个关键在于我们对语言本体特点的认识及这些特点的哪些方面能被学生相对容易地学习掌握。对外汉语教学从一开始就直接或间接地受到语言习得理论的影响,因此要先讨论一下的语言习得的理论基础,对语言的看法,语言习得能力及语言习得过程这些基本问题。

1.1　语言的本质

"什么是语言?"这个问题不仅仅在语言学领域是一个首要问题,在语言习得领域也是要首先明确的。在 Chomsky(1965)所创导的心理语言学以前,语言习得理论和语言教学方法是建立在 Skinner(1957)的行为主义心理语言学的基础上的。这一理论对美国的语言教学,包括汉语教学影响甚广。行为主义心理语言学对语言本质的看法与心理语言学和认知心理语言学(Piaget 1952)大相径庭。Skinner 认为语言是一套习惯,语言习得是此习惯的养成。而传统的心理语言学认为语言是一组复杂的句法规则,语言学家的任务不在于研究人们的语言表现能力和运用能力,而是要发现解释语言表现的内在规律,生成转换规律。学习者习得语言的过程也同样是发现这些语言规律的过程。语义心理语言学(Katz & Fodor 1963)对乔姆斯基的纯句法结构的语言信息处理学说提出了不同的意见。他们认为只有把语义包括在句法关系中,才能较全面地解释语言本质的问题。比如"(名词)很生气地推开门"这个句子,并不是任何名词都可以填入的。只有代表有生命的动物名词才可填入,否则句子虽然符合语法,却无任何意义。由此可见,句子的意思由语义所决定,由句法结构表现出来。认知心理语言学也认为语言有高度的规则性,语言反映了人们的认知结构、语义概念和知识系统,是语言生成能力和语言使用能力的综合。语言的习得是人们的认知概念、语义理解和语言环境互相作用的结果。

本文把语义心理语言学与传统心理语言学放在一起讨论,称心理语言学。虽然语义心理语言学与传统心理语言学在对语言的本质的认识方面有颇大的分歧,但仍有不少共同之处。如他们都认为语言由语法规则组成,语言能力包括语言生成和语言运用能力这两部分。Fillmore(1968)和 Chafe(1970)提出了格语法,认为句子结构是由动词的语义功能及名词与动词的关系决定的。格语法仍是生成语法,它试图解释语义对语法结构的影响,人们是如何判断一个句子是否有意义的。此外,语义心理语言学和传统心理语言学都强调研究语言的普遍性和语言习得的共同性,以发现语言和语言习得的普遍规律。在另一方面,语义心理学和认知心理语言学都强调语义的重要性,强调语言的内容和意义先于语言的结构和语言形式。语义心理语言学属于心理语言学的一个分支,其理论基础是生成语义学。认知心理语言学属于心理学的一个分支,其理论基础为皮亚热(Piaget 1952)的认知发展心理学。

1.2 语言习得能力

Skinner(1957)认为语法规则是一种特定的语言行为。语言行为与其他行为并无不同之处,语言习得能力和别的学习能力比较起来,并无任何特殊的地方。语言习得的过程是人们通过刺激反应和条件反射所养成的一套语言习惯。曾盛行于美国的外语教学法——听说法(Audio-language Approach)就是建立在行为主义与结构主义心理语言学的基础上的。这一教学方法强调语言环境的重要性(如使用视听设备与语言实验室),强调反复的语音和句型操练,严格的奖罚制度,如迅速纠正学生的错误,教师控制语言环境以不给学生犯错误的机会等。

1.3 与教学的关系

应该指出,行为主义心理语言学的理论基础有很大的局限性,如把学习过程看作是接受性的,认为学习者被动地、机械性地对外界的刺激做出一系列的反应,以教为中心过高地估计了教师的作用。但它所提倡的教学技巧和方法在不少方面还是值得借鉴的。比如对语言技能的训练,或是机械性的操练,或是替换练习,在语言教学中,特别是在教低年级的学生时是必不可少的。再比如,听说领先原则用于中文教学的某些方面是行之有效的。Packard(1990)对美国大学中文一年级的学生什么时候开始教汉字效果最好这一课题做了实验调查。抽样为两组一年级的学生。第一组在学期一开始就进行汉字学习,第二组则在语言学习的三个星期以后才开始。一个学期结束时,作者对两组学生在发音、认字等四个方面进行了测验。结果证明第二组在语音方面明显优先于第一组,而在别的各方面与第一组没有本质上的差别。一年以后 Packard 对两组学生又进行一次测验,结果说明第二组学生的口语表达在统计意义上仍然超过第一组。这一实验结果从另一个角度说明在中文教学领域,把听说技能提早,单独训练有利于学生口语表达能力的提高。这一点可能与中文这一语言的特殊性有关。

Chomsky(1979)认为人类具有语言习得的特殊能力(Language Acquisition Device;LAD),这种先天的智力组织存在于人们的大脑中,被临界期(Critical Period)所控制(Lenneberg 1967)。语言智力组织储藏着关于如何划分语法成分和句法结构,语言的深层结构和句法转换规则等语言知识,具有进行语言信息处理的特殊功能。存在于人脑中的语言知识被称作为普遍语法:在人类所有的语言的深层结构中都存在着一种共同的语法规则和语音规则。普遍语法是一切人类语言所共有的语法。像翅膀使鸟儿可以自由地飞翔一样,LAD 提供给我们语言知识,使我们自然地学会了说话。确实,儿童在一开始就具有把词汇有规律地划分语法成分的能力,能够自然地把名词与动词分开,把主语和宾语分开(Brown 1973)。他们知道名词往往指人物、事物或事情,动词往往指行为或事物之间的关系。而且,词与词之间往往是有规则地联系在一起的(Nelson 1981)。即使在刚开始说话仅会说一些单个词汇时,每个词都受到语法规则的限制,每个词都可以被认为是一个句式深层结构的直接表达(Dale 1976)。

认知心理语言学对语言习得能力的认识与行为主义心理语言学迥然不同;与心理语言学在理论上则存在着很大的分歧。首先,心理语言学家认为语言能力与思维概念、认知能力关系甚微。语言能力独立于认知的发展而存在,是先天的。而认知心理语言学家们认为语言的习得能力是建立在认知发展的基础上的,语言是人类众多表现方法中的一种表达方法。因此,语言能力是随着生理、智力、心理的发展成熟而出现和发展的,不是先习得语言,然后用语言来表达周围的世界,而是同步进行、相互作用;是在认识了周围的世界,了解了世界中的每一件事物,以及事物与事物之间的关系的基础上,习得了语言。比如血缘的关系的不同决定了称呼的不同。学习者要了解认识这些关系的内涵,才能用语言把它表达出来(Bruner 1975;Nelson 1977)。当幼儿还不能够辨别独立存在的实物,还没有象征性的思维时,他们也没有语言。当对周围的事物和人之间关系有所认识时,他们开始说两个字了。他们所谈的都是有关他们周围的事物和事情,他们用语言来表达他们对事物的认识和理解(Brown 1973;Clark 1973)。此外,心理语言学家认为语言学理论只需解释语言的生成能力,没必要解释语言使用能力和语言表现的各种因素。而认知心理语言学家认为语言使用能力和语言表现的有限性恰给心理语言学的研究提供了极有用的窗口与数据。

1975 年,Chomsky 和 Piaget 就语言习得问题进行了一场辩论。Chomsky 认为儿童认知能力的发展无法解释他们语言中的语法结构的习得,因此,习得语言,至少习得语法规则的语言能力是先天的。那么,我们是怎么学会了语言的呢? 一方面是通过大脑中普遍语法的作用,另一方面是学习者接受了大量的语言输入。足量的语言素材激活了语言习得装置(LAD),激活了普遍语法。Piaget 反驳了 Chomsky 的观点,指出,儿童习得复杂的语言结构的能力既不是先天的,也不是人为地从学习中获取的。在认知发展过程中,儿童的知识水平、对周围世界的理解认识和语言能力这三者互相作用,其结果促使了语言的发展、习得。

对语言的本质与习得能力纷纭不同的解释与论证恰恰反映了语言学和心理语言学这两个学科的复杂性。仅提一点,这两门学科所研究的对象有着多面性与多重性,以研究语言的本体和语言的习得为主,涵盖了数门学科的相互渗透,如心理语言学、认知心理学、社会学、人类学、教育学等等(Rice 1989)。正如崔(2003)指出的,由于各家学派的理论背景不同,看问题的角度各有千秋,真可谓"横看成岭侧成峰"。在此评价不同的理论学派并不是本文的目的。我们不妨先看一个汉语习得的调查结果。

1.4 习得动词后缀的研究

Wen(1997)对汉语动词后缀"着"、"了"、"过"的习得进行了调查,探讨学生在习得过程中用了什么样的语言知识和认知技能,这些技能和语法、语义、语用的关系是什么样的。语料的收集是通过和受试者(两个年级,共19名)单独谈话及学生的书面语言素材。谈话的录音转写为书面形式进行数据统计。

Wen的实验研究结果表明学生习得"一了"和"一过"先于"一着"。其习得过程基本上是以语义为主,如:1)寻找时间位置上的逻辑顺序,2)用时间副词或连词作为句子中时间的参照物,3)依靠动词的词义内容,4)用语用功能的提示作为习得"一了"和"一过"的线索。比如低年级的学生把"动作行为的完成"和"过去的经验"等意思概念化,把"一了"和"一过"与过去时间短语连用,把某些动词和相关的体貌后缀词连用。Wen的实验结果试图表明,解释习得汉语体貌动词后缀需要一个全方位的考虑,其中包括认知、句法、语义和语用功能诸方面的因素;"汉语体貌动词后缀的习得的次序在很大的程度上受到句法结构的影响,同时被语用功能的条件所制约。"(p. 24)

二 语言的可学性

语言的可学性是心理语言学在语言习得方面一直关心的问题。如本文第一节中所提到的,语言的可学性取决于对语言本体的认识和对语言内部特征的分析。Rice(1989)提出语言的可教性在于词汇。词汇不仅仅是语言的基本组成部分,而且,词汇的意思及分类既不完全是认知概念的直接反映,也不受宠于普遍语法,往往由某一具体语言而定,会受到某一具体语言的文化、感观认识等方面的影响,是学习者习得的结果。Pinker(1989)提出词汇学习的关键在于掌握动词结构(Thematic Cores and Verb-Argument Structures)。在第一语言习得中,儿童对动词结构的限制性是很敏感的(Pinker 1989)。动词的句子结构是由动词的语义功能及名词与动词的语义、句法之间的关系所决定的。换句话说,掌握了动词不但学到了语义功能(动词和它所要求的名词在意思上的关系)、句法结构(动词和它所要求的名词在语法上的关系),而且也明白了语用(以某一动词结构所出现的句子有什么样的语用功能,在什么样的语境下出现)。

Pye(1989)指出教学生语法成分没有意义。只告诉学生"开"是动词,"车"是名词,就盼望着学生能把这两个词准确地运用于无数新句子中颇趋于天真。动词的一个特征是其意思必须通过句式结构来表达,如一个动词最少要求一个名词以组成一个句式。动词的意思常常可以决定需要多少名词和什么样的名词,而且这些名词和动词的语义关系是通过什么语法成分表达出来的。比如动词"放"要求三个名词短语(施事者/动物名词、受事者、场所);所表示的意思为:

1a. 施事者 X(主语)使得受事者 Y(宾语)位于一个地方 Z(介词宾语)。

1b. 他把你的书放在桌子上了。

根据语用所强调的不同目的,"放"可用于"把"字句和主述句。

这样以动词结构为纲来解释教授语言对语言习得过程是很重要的,原因有三。第一,是受到了语义上的限制(如施事者必须是动物名词),使得学习者把认知概念和语言知识融会在一起,语言学习变得不抽象而有意义了;第二,语义必须和动名结构相呼应,被语法结构所表达,受到句法上的限制。这样学习者出错的机会减少了;第三,根据语义功能和语法的限制关系分类组成语言规则,这些规则对语言习得与语言教学都有很现实的意义。这些规则不但展现了语法的实质,即不同种类的动词要求不同的名词以组成不同的动词结构,而且把语法和语义合二为一,语言的规则性不但取决于句法而且同时也取决于语义。如把和动词"放"相似的动词归类(Verb Subgroups/Conflation Classes),这一类移位动词的规则即为:

2. X(动物动词)使 Y 置于 Z(位置/结果)。

其中 X = 施事者/主语,Y = 受事者/宾语,Z = 位置/动词补语。适合这一动词结构规则的词有放、搁、挂、贴、搬、拿、带、扔等。这样,学生每学一个动词就对整个一组词有一个进一步的理解,学到的不仅仅是几个动词,而是语言本质的属性,动词的语法规则,正如 Pinker 指出的"只有把动词归类为组,动词才会遵守句法规则"。(Pinker 1989:56)也就是在这种条件下,习得是最容易的。

在语言习得内容方面提倡以动词结构为纲来习得语法规则受到研究方面的论证。Wen(1995,1997,2004)在调查美国大学生习得"了",动词体貌后缀"—着""—了""—过"和"把"字句时,也发现学生对动词词义颇为敏感,"学习者对动词的语言制约要比对整个句子敏感。"(p.59)。如在他们造的"把"字句中,所用的移位动词的频率最高,(如:扔、带、放等)。这一结果与张(2001)通过对报纸语料的统计分析所发现的内容相仿,即典型的"把"字句所表现的是"一个物体在外力作用下发生空间位移的过程"(p.1)。相比较出现在"把"字句中表示状态变化的动词则少得多(如:吃、喝、买等)。再比如在习得动词体貌后缀"—了"和句尾助词"了"时,如果动词本身的语义中含有表示完成的意思(如:赢、输、停、晴、晚、忘、吃、喝、买等),"—了"出现的正确率便较频繁(低年级学生的正确率为78%,高年级为84%)。Wen 的实验结果说明在汉语学习的初级阶段,学习者对动词语义的内涵和语法的体态有一个关联的认识,他们常常会依据动词的特点来决定是否用体貌后缀"—了"。

在这里也应该提到在语用环境中习得动词语法结构是很重要的。语用环境的提示帮助学生理解在什么情况下用什么样的动词结构,使学习者所建立的对动词语义和其结构的假设日益趋于准确。语境给学习者提供了一定的习得的便利,不明确的意思在语境中变得清楚了。比如移位动词(放、搁等),在语境中往往用"把"字句式或主述句。Wen 在研究习得语态词"—了、—过"时,发现学习者常常利用话语语境中的提示习得"—了"和"—过"。比如,

"一了"和句子中副词(如:已经)连用;在话语开始用"一过",然后转为"一了"(如"我去过杭州,我看到了西湖")。Wen(1997)的实验结果给Givon(1983)所提出的话语的延续性的理论提供了语言习得方面的论证,也与Kump(1984)所提出的语境中前境与后境(The background/foreground)的不同的语言表达方法相吻合。

三 语言的可教性

语言的可教性建立在语言的可学性基础上,也就是建立在对语言本体的认识和对语言习得过程的了解的基础上。语言的哪些方面、哪些内涵特征能被相对容易地学习掌握就是我们应该重点教学的内容。传统心理语言学、语义心理语言学、认知心理语言学和行为主义心理语言学对语言和语言习得能力等根本性问题在理论上迥然不同,但在语言教学实践上不乏共识之处,比如都强调提供给学生大量的适合学生语言程度和认知水平的语言素材,语言环境的有效性、正面的练习运用语言的机会以激活他们内存的语言习得能力,使那一具体语言知识内化(心理语言学);使他们对丰富的语言现象进行归类、理解、分析、推理、假设,并在语言实践中检验其正确性(认知心理语言学);使他们的语言输出能力得到足够的训练和升华(行为主义心理语言学)。

3.1 语言的形式、内容与交际性

语言课堂教学中首先要涉及的就是如何处理语言的形式、内容、与其交际性,即怎样处理语言的交际性与语言表达的准确性的关系问题。70年代末到80年代初,中文教学和别的外语教学一

样,注重语言的交际功能。教学以此为原则,如给学生创造一个自然的、鼓励语言交流的环境以促使他们畅所欲言,重视语言的内容以使语言交流有意义,避免改学生的语言形式方面的错误以使他们完全没有心理方面的副作用,使其习得过程更像第一语言。学习语言的目的是为了交际,这一点是肯定的,并值得提倡的。但是只提倡培养学生交际功能的教学内容颇狭窄了一些,不应该是唯一的,否则就会影响到语言表达的准确性。VanPatten(1988)提出在语言学习的早期就应注重语法与语言表达的正确性以避免语言习得中的石化现象(Language Fossilization)。

强调交际功能的教学方法的理论基础可追源于 Krashen(1982)的第二语言习得理论。Krashen 提出了监调模式(The Monitor Model),认为第二语言的掌握和第一语言在很多方面相仿。这一理论是建立在普遍语法理论的基础上,也是建立在对语言习得的调查研究上的。如在学习第二语言时,成人习得语法的顺序和儿童习得母语的顺序相仿,而且所出的错误在很大程度上也和幼儿学母语的错误相同(Bailey、Madden、Krashen 1974;Burt、Dulay、Hernandez 1975;Dulay、Burt 1974)。Krashen 认为成人不但通过跟老师按部就班地学习语言,同时也像儿童一样无意识地习得语言。调节模式提出了对第二语言习得的五个假设。这些假设对课堂教学是有指导意义的。

Krashen 把语言的掌握过程分成有意识的学习和无意识的习得等观点被广泛地接受了。但是他把学习和习得看作是两个完全分开的、互不影响的过程也受到不少批评。(Long 1983)把这一理论运用于外语教学方面,Krashen(1988)提倡自然的语言学习条件,以语言的理解为基础,以提供给学生大量的、以意义为主的、能被理解的语言素材为内容,尽可能模仿第一语言的学习;尽管第一语言和第二语言的学习过程有很多本质方面的区别(温 1992),此外向学生提供什么样的内容也有争议(Erlam 2003)。

　　强调交际功能的语言教学原则给学生带来了某种语言表达上的流利程度,而且在某些方面增强了学生交际的自信心(Higgs、Clifford 1982),但同时也带来了问题,一个主要问题就是语言运用的准确性降低了。在带给学生一定的表述流利程度的同时,丢掉了让学生练习准确运用语言的机会。比如 Harley 和 Swain (1984),Swain (1989)研究了加拿大说英语的孩子在目的语言的环境下习得法语的情况。受试的孩子用法语学习学校的各项科目包括法文。他们的实验结果表明尽管孩子们说法语的流利程度有了明显的提高,但语法、词法与运用词汇的准确性都没有在一般法语学习环境下的孩子掌握得好。

　　这就使得我们对强调语言的交际功能的教学方法进行一次重新认识。重新认识的结果仍然以培养学生交际功能为教学的主要目的。(Lightbrown、Spada 1990)在这一大框架下,教学的重点和教学方法有了转移。语言形式和语法结构作为一个重要的教学内容引起了人们的关注。这一教学观点与强调交际功能的语言教学原则共存,相辅相成。它和传统的只强调语法词汇的教学有本质上的区别。换句话说,交际功能的语言教学原则应该在注重语言的形式与语言表达的准确性的观念下同步进行。(Montgomery、Eisenstein 1985;Lightbrown、Spada 1990)在语言习得过程方面则注重以学为本,尊重并遵循学生的语言习得过程与习得顺序,循序渐进。(Lightbrown 1987;Pienemann 1989)

3.2 语言习得研究的论证

注重语言形式的教学方法在理论上起什么样的作用？如果有作用，那是在怎样的教学环境下进行的？Spada（1987）调查了成年人学习英文的情况。受试的学生分为两组，第一组为实验组，接受了大量的语法训练，如教师明确介绍语法句型，同时也让学生做语法方面的练习。第二组为控制组，接受极有限的语法训练。两组都是在重视语言的交际功能的总原则下进行的。其实验数据说明受到大量的语法训练的学生在语法的掌握方面明显优先于控制组的学生，在交际能力方面与控制组一样。

Trahey 与 White（1993）从与 Spada 的研究反方向做了实验，调查既不明确地给学生讲解语法也不改学生的错误，而是给学生大量的有关语法内容的语言素材，是否就能使学生对目的语有清楚的观察、认识，掌握其语法。换句话说，他们在实验中所创造的语言条件、学习环境和学习内容是模仿了第一语言自然的习得。实验的目的是探讨如果普遍语法对第二语言还起作用，那么内存的普遍语法装置和外在的语言教学的输入是一个怎样的关系。研究结果表明由于没有改学生的错误，学生造出了大量的正确语序的句子，但同时也造出了很多不合语法的句子。因此，单纯给学生大量的有关语法内容的语料而不给学生做明确的语法上的解释与改错，并不能使学生清楚地认识到句子的错误。"学习者在某种意义上是在同时接受两个语言区域的参数，似乎是第一语言的价值参数并没有丢掉，同时把第二语言的价值加进去了。"（p. 200）。可见在第二语言教学中，注重语言的形式和提供负语料输入（Negative Evidence）是语言习得的一个重要条件，其作用包括促进激活学习者的普遍语法中适合某一具体语言的价值参数，把第一语言的参数区域转换到第二语言中。

3.3 改正学生的偏误(Negative Evidence)

交际功能教学鼓励学生自由地运用语言,大胆开口说话,语言的输出是习得中的一个重要环节。自然,学生运用语言的机会越多,出错的可能也越多。对待学生偏误的态度与办法便成为教学中不可避免的一部分。行为主义心理语言学强调给学生及时、明确无误的反馈,有误必纠,直到学生不出错为止。心理语言学对第一语言的研究表明(Pinker 1989)儿童从纠正其错误中得不到任何启迪。大量的语言的正面输入就能激活普遍语法使他们找到自己的特定语言的价值参数。纠错对他们来说是毫无意义的。在第二语言习得领域,Krashen(1988)认为要尽量避免改学生的错,因为改错会给学生在情绪方面增加压力。如果学生的情绪心理不稳定,势必影响他们分析、处理语言素材的能力,造成一定的学习障碍。Terrell(1977)的自然教学法(The Natural Approach)在理论上与 Krashen 的调节模式是一致的。他认为,没有任何研究证明学习第二语言的一个必要条件是要改正学生的错误。Walker(1993)针对改错对学生的情绪是否有影响做了调查,发现学生觉得他们不断地被纠正有损于其自信心。他们不愿意总是被老师指正,希望能比较自由地交谈。

近几年来,当人们对强调语言的交际功能的教学原则和强调语言内容的教学方法进行一次重新认识时,不少学者(Bley-Vroman 1989;Birdsong 1989)认为成人在学习第二语言时很可能需要改错与教师的反馈;换言之,改错是第二语言习得的一个必要条件。Swain(1985)指出在鼓励学生最大限度地、积极地运用语言进行交际时,教师应该向学生提供反馈,纠正其错误;这是一件事物的两个方面。此外,从语言习得的角度来讲,第一语言和第二语言有很多不同之处。Schachter(1986)提出成人在课堂语言环境中习得一种语言可能需要教师的纠正。负语言素材的输入势必帮助学生对语言现象所做的推理、假设起一定的限制约束作用,使其趋于正确,少走弯路。如果学生接受的大量语言素材中包括正确与错误的语法句的比较,那么语言习得中的"逻辑问题"也就圆满地得到解决[①]。

3.4 对改错的效益研究论证

改错是否是学生习得外语的一个必要条件?教师纠正学生错误的效益到底有多大?这一问题在理论上和教学实践上都有很重要的意义。White(1991)调查了加拿大魁北克母语为法语的学生学习英语的情况。实验的目的是检验注重语法,在课堂教学中有意识地给学生改错是否比不改学生的错误更有效果,即负语料输入对习得的作用问题。尽管法文可以有主语-动词-副词-宾语的语序,英文的语序只可以为主语-副词-动词,不允许主语-动词-副词-宾语的语序。母语为法语的学生误认为英语和法语一样,副词可以放在动词与宾语中间,即主语-动词-副词-宾语,她的实验抽样为二组学英文的中学生。第一组学生所犯的副词词序的错误得到老师的一一纠正。老师还给他们讲解副词的位置、词序问题。第二组学生在副词词序方面所出的错误没有得到纠正,老师也没有强调副词在不同句式中的词序问题。两组学生都参加了实验前、后及实验中的一系列考试,其中包括对学生进行的不同的教学指导后马上进行的测验,五个星期后的一次测验与一年后的追踪测验。

实验结果表明两组学生一开始均从第一语言入手,造出不少主语－动词－副词－宾语的句式。不同的是,受到老师纠正的那组学生知道英语中不允许主语－动词－副词－宾语的语序。White 认为,改错可能起到了一个促进学生认识一个新语言中语法内容价值的作用(ParameterResetting),从而使学生认识到主语－动词－助词－宾语的语序不合乎英语语法。因此,改错是习得第二语言的一个必要条件;而不改错只是正语料(Positive Evidence)的输入是不够的。White 提出,这并不意味着普遍语法对第二语言习得无作用了,而是在习得第二语言时,激活普遍语法需要通过正负语料的同时输入。(p.138) White 的实验也发现改错并没有使学生长时间地、牢固地掌握这一语法概念。虽然在不同的教学指导后马上进行的测验中两组学生的成绩有数据上的不同;但在以后的跟踪测验中,两组学生成绩的差别就小多了。

Carroll 和 Swain(1993)也指出改正学生的错误对学生习得语言有积极、有效的作用。他们调查了各种不同的改错形式对学生习得英语间接宾语的效果问题。他们的实验包括不同的改错条件与方法。根据所收到的不同的反馈形式,抽样的学生被分为五组。第一组收到了清楚的语法方面的解释。第二组的学生由老师告诉他们所造的句子是否正确。第三组的学生在一出错句时就被及时纠正,并告诉他们正确的句子形式。第四组的学生则要求仔细思考一下他们的回答是否正确。第五组的学生只收到大量的带有间接宾语的语言素材。实验的结果表明前四组学生对间接宾语的掌握程度都比第五组好。Carroll 和 Swain 认为:"成人能够而且实际上也运用了教师所提供的反馈来掌握抽象的语法知识并把这些知识运用到了语言实践了。"(p.358)

应该指出,对于"改错是否为学生习得外语的一个必要条件"

这一问题的实验研究结果并不一致,改错的效益是一个颇复杂的问题。改错的效益也取决于教学中师生的一些可变量,如是哪一种类型的偏误、学生的学习动力与目的、语言能力、反馈的清晰度、运用反馈的方式方法及学生对老师的态度等。Omaggio Hadley (1993)认为,改错与反馈的效果有可能取决于各种不同的教学因素,如改错的不同形式,直接的、及时改正与非直接的改正。在实验研究中给学生提供什么样的反馈与改错,如何改正学生的错误,反馈是以何种方式、方法提供的,这些可变量如果不加以控制,实验的结果就会有所不同,就会影响到对改错效益的研究结果。

四 余论

语言习得理论与研究作为一个新兴的学科只有三十多年的历史,对外汉语教学语言习得的理论研究则更年轻。随着这一领域的不断壮大、实验研究的不断深入细致,其理论的不断发展,势必使汉语作为外语教学的课堂实践起一个根本性的变化。这一变化已经发生,而且仍然正在发生着。传统的教学强调学习的结果。教师在讲解文法同时要求学生做练习,如让学生用学了的语法造句作文等以达到教学所提出的标准。

知道学生的语言能力与知识水平固然重要,但明白学生是怎样获得语言知识的则更重要。了解了学生的学习过程,教师就能有的放矢。80年代始,学者们(Krashen 1982;VanPatter、Cadierno 1993)认为教学不应该只着重于学习的结果,而是应该着重于学习的过程,研究在习得中学生所遇到的具体问题,如对语言内容的理解,掌握某些语法项目需要经过哪些具体的语言与认知方面的习得过程等。Lightbrown(1987)指出:"应该对语言的输入(Language Input)与输入的语言对学生的习得所起的作用做有系统的比较研究,使我们从理论上了解学生是如何加工整理从老师和教材中所接受的语言信息的;他们的中介语中有多少成分是从语言的输入中所获得的。"(p.169)

在教学上,重点应以学为本。从语言的本体特点出发,根据学生的语言水平、认知能力、学习策略、学习方式和目的来决定教学内容与教学方法。学生在学习方面的各种因素决定了他们是否能在学习过程中顺利地习得语言。如果教学能在学生如何正确认识和处理学习内容和语言素材上下功夫起作用,那么,老师所教授的就有可能转化为学生所能学到的。教学应该根据具体的学生,他们在语言、认知、心理等方面的因素,深入浅出、有系统地使教学的输入(Language Input)清楚、准确、适时地让学生理解、吸收,使之融会贯通,变成学生自己的语言知识与语言能力的一部分(Language Intake)。

附注

① Baker(1979)指出语言习得中的一个自相矛盾的现象。儿童的语言错误往往得不到纠正,而且儿童也不仅仅纯是模仿成人。儿童的语言创造力使他们造出无数闻所未闻的句子。在既不被纠正又不纯模仿成人语言的情况下,儿童是如何对所接触的语言进行假设与语法判断的?又是怎样纠正自己的错误的?这些问题称为语言习得中的逻辑问题。

参考文献

Bailey,N. Madden,C and Krashen,S.D. (1974) Is there a "natural sequence" in adult second language learning? *Language Learning*,24:235-243

Birdsong,D. (1989) *Metalinguistic Performance and Interlinguistic Competence*.

New York: Springer.

Bley-Vroman, R. (1989) What is the logical problem of foreign language learning? In S, Gass and J. Schachter (Eds.), *Linguistic Perspectives on Second Language Acquisition*. Cambridge, England: Cambridge University Press.

Bowerman (1989) Learning a semantic system: what role do cognitive predispositions play? In M. Rice and R. Schiefelbusch (Eds.), *The Teachability of Language*, 133-171. Baltimore: Brookes Publishing Company.

Brown, R. (1973) *A first Langue: the Early Stages*. Cambridge: Harvard University Press.

Bruner, J. (1975) The ontogenesis of speech acts, *Journal of Child Language* 2: 1-19.

Burt, M., Dulay, H., and Hernandez, E. (1975) *Bilingual Syntax Measure*, New York: Harcourt Brace Jovanovish.

Carroll, S. and Swain, M. (1993) Explicit and implicit negative feedback. *Studies in Second Language Acquisition* 15: 357-386.

Chomsky, N. (1965) Aspects of Theory of Syntax. Cambridge: MIT Press.

—— (1979) Human Language and Other Semiotic Systems. *Semiotica* 25: 31-44.

Clark, E. (1973) Non-linguistic strategies and acquisition of word meanings: *Cognition* 2: 161-182.

Cui, X. 崔希亮（2003）认知语言学：研究范围和研究方法，赵金铭主编《对外汉语研究的跨学科探讨》13-34页，北京大学出版社。

Dale, P. (1976) Language Development: Structure and Function. New York: Holt, Rinehart and Winston.

Dulay, H., and Burt, M. (1974) Natural sequence in child second language acquisition. *Language Learning* 24: 37-53.

Erlam, R. (2003) Evaluating the relative effectiveness of structured-input and output-based instruction in foreign language learning. *Studies of Second Language Acquisition*, 25, 559-582.

Gass. S. M. (1987) The resolution of conflicts among competing systems: a bi-directional perspective. *Applied Psycholinguistics*, 8: 329-350.

Givon, T. (1983) Topic continuity in discourse: an introduction. In t. Givon (Ed.) Topic Continuity in Discourse: A Quantitative Cross-Language Study, 1-41. Amsterdam, the Netherlands: John Benjamins Publishing Co.

Harley, B. and Swain, M. (1984) The interlanguage of immersion students and its implications for second language teaching. In A. Davies, C. Criper, and A. P. R. Howatt (Eds.), Interlanguage 291-311. Edinburgh: Edinburgh University Press.

Higgs, T. V. and Clifford, R. (1982) The push toward communication. In T. V. Higgs (ed.), *Curriculum, Competence and the Foreign Language Teacher*. ACTFL Foreign Language Education Series, Vol. 13. Lincolnwood, IL: National Textbook Company.

Katz, J. and Fodor, J. (1963) The structure of a semantic theory. *Language*, 39: 170-210.

Krashen, S. (1982) *Principles and Practice in Second Language Acquisition*. New York: Pergamon Press.

—— (1988) *The Natural Approach: Language Acquisition in the Classroom*. Prentice-Hall.

Kumpf, L. (1984) Temporal systems and universality in interlanguage: a case study. In F. Eckman, L. Bell, and D. Nelson (Eds.), Universals of Second Language Acquisition, 132-143. Rowley, MA: Newbury House.

Lenneberg, E. (1967) *Biological foundations of Language*. New York: John Wiley.

Lightbrown, P. and Spada, N. (1990) Focus-on-form and corrective feedback in communicative language teaching. *Studies in Second Language Acquisition* 12: 429-488.

Lightbrown, P. M. (1987) Classroom language as input to second language acquisition.

Long, M. (1983) Does second language instruction make a difference: A review of the research. *TESOL Quarterly* 17: 359-382.

Montgomery C. and Eisenstein, M. (1985) Reality revisited: an experimental communicative course in ESL. *TESOL Quarterly*, 19, 317-334.

Nelson, K. (1977) The Conceptual basis of naming. In J. Macnamara (Ed.) *Language Learning and Thought*. New York: Academic Press.

—— (1981) Toward a rare-event cognitive comparison theory of syntax acquisition. In P. Dale and D. Ingram (Eds.), *Child Langue: An International Perspective*. Baltimore: University Park Press.

Omaggio Hadley, A. (1993) *Teaching Language in Context*. Boston, MA: Heinle & Heinle.

Packard, J. L. (1990) Effects of time lag in the introduction of characters into the Chinese language curriculum. Modern Language Journal 74: 167-175.

Piaget, J. (1952) The Origins of Intelligence in Children. New York: International Universities Press.

Pienemann, M. (1989) Is language teachable? Psycholinguistic experiments and hypotheses. *Applied Linguistics* 10: 52-79.

Pinker, S. (1989) Resolving a learnability paradox in the acquisition of the verb lexicon. In M. Rice and R. Schiefelbusch (Eds.), *The Teachability of Language*, 13-63. Baltimore: Brookes Publishing Company.

Pye, C. (1989) Synthesis/commentary: the nature of langue. In M. Rice and R. Schiefelbusch (Eds.), *The Teachability of Language* 127-133. Baltimore: Brookes Publishing Company.

Rice, M. and R. Schiefelbusch (1989) *The Teachability of Language*. Baltimore: Brookes Publishing Company.

Schachter, J. (1986) Three approaches to the study of input. *Language Learning* 36: 211-225.

Skinner, B. F. (1957) *Verbal Behavior*. New York: Appleton-Century-Crofts.

Spada, N. (1987) Relationships between instructional differences and learning outcomes: A process-product study of communicative language teaching. Applied Linguistics, 8: 137-161.

Swain, M. (1989) Communicative competence: Some roles of comprehensible input and comprehensible output in its development. In S. Gass and C.

Madden (eds.), *Input in Second Language Acquisition*. Rowley, MA: Newbury House.

Terrell, T. (1977) A natural approach to second language acquisition and learning. *Modern Language Journal* 61: 325-337.

Trahey, T. and White, L. (1993) Positive evidence and preemption in the second language classroom. *Studies in Second Language Acquisition* 15: 181-204.

VanPatten, B. (1988) How juries get hung: problems with the evidence for a focus on form in teaching *Language Learning*, 38, 243-260.

VanPatten, B. and Cadierno, T. (1993) Explicit instruction and input processing. *Studies in Second Language Acquisition*, 15, 225-243.

Wen, X. 温晓虹 (1992) 第一语言和第二语言习得之比较。《语言教学与研究》第 3 期: 49-65。

Wen, X. (1994) Topic prominence in the acquisition of Chinese existential sentences by English-speakers. *International Journal of Psycholinguistics* 10, 2: 127-145. Center for Academic Societies, Osaka, Japan.

—— (1995) Chinese and English language processing strategies within individuals. *Journal of the Chinese Language Teachers Association*. 30: 2 127-145.

—— (1995) Second language acquisition of the Chinese particle *le*. *International Journal of Applied Linguistics* 5, 1: 45-62. Novus Press, Norway.

—— (1997) Acquisition of Chinese aspect: an analysis of the interlanguage of learners of Chinese as a foreign language. ITL Review of Applied Linguistics 117-118: 1-26.

—— (2004) Acquisition of Chinese BA construction. Paper delivered at the CLTA Annual Conference, Chicago, Nov. 2004.

White, L. (1991) Adverb placement in second language acquisition: Some effects of positive and negative evidence in the classroom. *Second Language Research* 7, 2: 133-162.

Zhang, W. 张旺熹 (2001) "把"字句的位移图式。《语言教学与研究》第 3 期: 1-10。

对外古代汉语教学平议

美国威斯康星大学—麦迪逊校区　张洪明　宋晨清

在语言教学研究中,古汉语教学历来是一个令人关注的问题,并已有一些很有见地的讨论(Thompson 1966;Shadick 1969;Wang 1970;Kent 1976;Chen 1982;周质平 1997;Ashmore 2003;Fuller 2003;刘丹青 2003b)。本文在此基础上,根据作者在海内外分别执教所得的经验,就古汉语教学对象及相关教学策略等作进一步的探讨,以期对某些基本问题获得一些共识。主要谈这几个问题:1)古汉语教学对象的分类;2)古今汉语之关系及其教学法意义;3)不同教学对象及其相应的讲授策略;4)案例分析,以《左传》"子产不毁乡校"为例,作一举证研究。

一　古汉语教学对象的分类

古汉语教学对象因语种和专业不同而应分为两大类四小类:(一)母语为中文的非专业学生,(二)母语为中文的专业学生,(三)母语为非中文的非专业学生,(四)母语为非中文的专业学生。不同类别的学生,其教学语言、学习程序、教学方法、教材编排均应有所不同。

刘丹青曾经指出过,对中国人而言,古汉语是母语的前身,它不但是普通话之源,也是各方言之源。(刘丹青 2003b)古汉语教学应属母语语文教学范围之内,不同于第二语言教学。不过,因古汉语距今已一、两千年,其间经历相当大的变化,以至一个以普通话为母语的人必须经过专门训练至少是自学才能理解古文,这跟母语自然习得过程有很大不同。因此对当代汉语使用者的古汉语教学也部分带有第二语言教学特点,而且教学结果也至多是通过古汉语的词汇语法知识理解乃至写作书面上的文言,无法要求学生用古音说出古汉语口语或听懂事实上借用现代汉语语音读出来的古文。现代的古汉语教学往往只求输入(读,不包括听)、不求输出(说、写),纯粹是一种输入教学、解码教学,而非输出教学、编码教学。因此,母语为中文的非专业学生(即类别一)一般只求读懂文献,而不需写作,更不用说话。古今汉语的差异有不少实际上只影响输出和编码,不影响输入和解码。例如,数词和名词之间是否加个体量词也许跟古文写作有关,但对阅读而言,是否加量词并不影响理解。先秦汉语没有"撕破"、"弄糊涂"这一类的动结式,古文写作需要仔细斟酌如何表达现代用动结式表达的内容,而对古文阅读来说是否有动结式完全不构成问题。但是,另一些语言差异则会多少影响到理解。比如,"于"字短语是个多义的介词短语,运用一些语言规则可以帮助我们辨认其意义。它在动词前后都可以出现,如(1a)和(1b)所示:

(1) a. ……于赵则有功矣,于魏则未为忠臣也。(史记·信陵君传)

b. 子击磬于卫。(论语·宪问)

表示对象、比较、被动句施事等时只在动词后出现,如(2a)、(2b)

和(2c)所示:

(2) a. 始吾于人也,听其言而信其行。(论语·公冶长)
　　 b. 今吴不如过,而越大于少康。(左传·哀公元年)
　　 c. 内困于父母,外困于诸侯。(国语·晋语二)

表示参照对象时它又只在动词前,如(3)所示:

(3) 麒麟之于走兽,……,类也。(孟子·公孙丑上)

因此,在母语为中文的非专业学生的古汉语教学中,我们应重点挑选可能影响理解的语言点,而把只影响表达的语言点放在次要位置,教学只以对比古今语言点的形式出现,不必全面讲授语言系统。

对以古汉语为主要专业工具者而言(即类别二:母语为中文的专业学生),如古文献、古代文学、古代史等专业,古汉语教学的要求有所不同,系统的古汉语语言知识乃至汉语史都是必需的。以先秦汉语为代表的古汉语从大局到细节都有许多区别于现代汉语的地方。大局方面,不存在"看上去"和"说起来"这些作为语法化成分的补语,不存在"张"和"条"等强制使用的个体量词,不存在"屋里"和"床上"等带有强制性使用的虚词性方位词、介词短语的主要位置在动词后(如"荆国有余于地,而不足于民。"相对于"荆国于地有余,而于民不足。"),某些宾语有条件前置("宋何罪之有?"和"不吾知也!"),不存在"把"字句一类句式(如"尽饮之。"相对于"把它全喝完。"),不存在形态性的体标记("了"、"着"和"过"),不存在动词重叠("走走"、"走一走"和"走一下")等。细节方面,则涉及许多虚词及特定格式的用法差异等。因此,我们同意刘丹青的看法(刘丹青 2003b),应该把反映古今差异的语言研究成果纳入母语为中文的专业学生的古汉语教学中。这不仅有益,而且必需。

对第一、二类学生而言,毋庸置疑,古汉语的教学语言当然是中文。但在这个问题上有分歧的是母语为非中文的古汉语教学。北美传统的古汉语教学语言是英文,对此已有学者进行过批评(周质平 1997:57-64)。这些批评有些见地,不过,我们认为,母语为非中文的非专业学生(即类别三)的教学语言可以中文为主、英文为辅,把古汉语作为一门语言课来教。但母语为非中文的专业学生(即类别四)的教学语言则可以英文为主、中文为辅,或至少应该中、英文并重,把古汉语作为一门专业课来教。因为这一类学生已经基本解决了语言问题,而他们对中国文化在西方的传播担任着重要的角色。中国文献英译的主要人选应以母语为英文的西方学者为主,正像莎士比亚作品的汉译工作主要由母语为汉语的中国学者来担任一样。

二 古今汉语之关系及其教学法意义

古今汉语的源流关系,不是单一的对应。现代汉语有书面语和口语的区别,这种对立古已有之。自先秦始,就有"雅言"跟非"雅言"、"通语"跟非"通语"、"通语"跟"俗语"之对立。比如,《论语·述而》:"子所雅言,诗书执礼,皆雅言也。"扬雄《方言》:"通语(凡通语、通名)、四方之通语、某地某地间通语、某地通语。"王充《论衡·四讳》:"畏避忌讳之语,四方不同,略举通语,令世观览。"《方言》郭璞注:"瞑眩今亦通语耳。"周德清《中原音韵·作词十法》:"造语,可作乐府语、经史语、天下通语,不可作俗语……市语、方语、书生语。"但需要辩证的是,古汉语的书面语和口语跟今汉语的书面语和口语并非直接承接关系,两者并不完全是一回事。

如(4)所示：

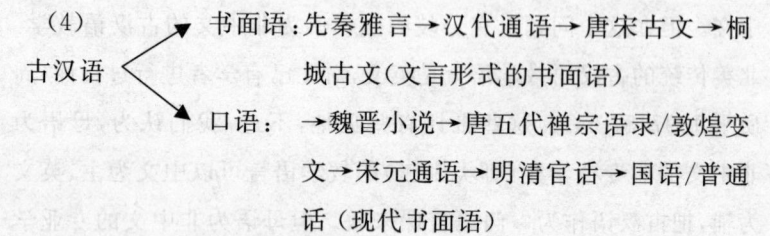

(4) 古汉语
- 书面语：先秦雅言→汉代通语→唐宋古文→桐城古文（文言形式的书面语）
- 口语：→魏晋小说→唐五代禅宗语录/敦煌变文→宋元通语→明清官话→国语/普通话（现代书面语）

古代书面语至清代桐城古文而寿终正寝，而其口语则成为现代汉语书面语的源头。源流既清，如何执教亦庶几明矣。根据教学对象不同，把古汉语教学区分为非专业与专业，不仅应该，而且必需。两者在海外的教学除了使用的语言不同，其学习程序、教学方法、教材编撰等也都有异。前者为发现学现象，用对比法（contrastive approach）施教；后者是发生学程序，依年代顺序（chronological approach）施教。前者教材编撰以文体分类为主，据此原则而选的范文类型可如(5)所示：

(5)
《左传》节选	《报任安书》节选
《国语》节选	《过秦论》节选
《战国策》节选	《晁错论》节选
诸子散文节选	《前出师表》节选
《史记》节选	《后出师表》节选
《汉书》节选	《诗经》节选
汉赋节选	《楚辞》节选
六朝骈体文节选	古诗十九首节选
唐宋八大家散文节选	唐诗节选
桐城散文节选	宋词节选
《谏逐客书》节选	元曲节选

后者教材编撰以语言结构上的追流溯源为主,据此原则而选的范文类型可如(6)所示:

(6)《老残游记》节选　　　《祖堂集》节选

《儿女英雄传》节选　　《百喻经》节选

《儒林外史》节选　　　《世说新语》节选

《红楼梦》节选　　　　唐宋八大家散文节选

《西游记》节选　　　　六朝骈体文节选

《水浒传》节选　　　　《汉书》节选

《三国演义》节选　　　《史记》节选

两拍节选　　　　　　　《战国策》节选

三言节选　　　　　　　诸子散文节选

《金瓶梅》节选　　　　《国语》节选

《清平山堂话本》节选　《左传》节选

明清小品节选　　　　　《周易》节选

宋元笔记节选　　　　　《尚书》节选

唐宋传奇节选　　　　　汉赋节选

敦煌变文节选　　　　　《楚辞》节选

《五灯会元》节选　　　《诗经》节选

三　教学对象及相应的讲授策略

教什么既明,如何教也就清楚了。关于古汉语篇章的具体讲授,大体上有串讲法(或曰意译法 paraphrastic approach)和语言结构分析法(linguistic approach)之别。若不甄别教学对象,这两种方法孰优孰劣则难下断言。串讲法注重上下文语义之理解,重在引导学生把握文章之脉络、层次，同时也帮助学生体会不同文章的个性特点。更重要的是，串讲法能用较少时间学习较多篇目。中国古代优秀作品数不胜数，若在有限教学时间，尽可能多地讲授一些有代表性的篇目，学生自然会受益匪浅。较之串讲法，语言结构分析法则相当费时。原因在于除务求学生理解句义之外，还须分析句子结构及关键字词的用法异同。此法优势在于能够对文言篇章字斟句酌，使理解步步到位。讲授语言结构及虚词用法有利于帮助学生深入古汉语的"骨肉"，从而实现举一反三，提高他们独立阅读、运用的语言能力。

可见，这两种方法各有所长，如何选择似乎成了问题，但若对学生分类对待，则不难发现这两种方法恰恰可以分别适应不同对象的特点与要求。现以本文前述四种分类来举证说明。

（一）以中文为母语的非专业学生基本适用串讲法，其母语是他们理解古汉语的重要帮助，利用这个优势可以相当容易地依靠串讲就能把握文意。而且，从前面对教材选择的分析可知，作为非专业的学习者，他们主要是学习各文体的典范著作。语言与文体特色、篇章组织等对他们而言更为重要。作为非专业学生，他们没有充足的课时来字字落实，只需在串讲时提示他们注意那些古今语言不同而理解应该不同的语言点即可。母语为非中文的非专业学生，同样也面临学习时间不够的问题，但毕竟他们的语言能力有限，若完全使用串讲法，容易造成浮光掠影、收获甚少的后果。针对这个矛盾，不妨结合串讲和结构分析两法，尤其在教学前半段，用结构分析方法为学生构建一个大体的语法框架，配合串讲，以提高学生对串讲的接受能力，提高串讲速度。所以，虽然多花费一些时间进行句法分析，实际上却能事半功倍。等到学生的古汉语语感有所提高,就可转换为以串讲为主。

(二)对于专业学生,语言结构分析法不可或缺。专业学生有比较充足的时间来学习古汉语,因此,对他们必须采用不同于上述非专业学生的讲授方法。首先,要把反映古今差异的语言研究成果纳入母语为中文的专业学生的古汉语教学之中,这样一来,单一的串讲就远远不够。其次,他们的教材应依据语言发展的来龙去脉安排,因此,结构分析的方法自然必不可少,否则难以得见这些语言结构的演变。然而,并非每句、每字都含有所谓语言的演变现象,那么,用串讲和重点句子结构分析交替进行的方法会更能满足这类学生的要求。此外,除了就文章讲文章的教学之外,还应配以分析重点结构的专题课。至于那些母语为非中文的专业学生,仍不能抛开结构分析,他们虽具有相当程度的现代汉语水平,但对古汉语毕竟陌生。作为未来的学者,他们同时也是西方社会里中国文化主要的传承者,对他们的要求不能低于母语是中文的专业学生。翻译的标准是"信、达、雅",上乘的翻译作品本身就得字字琢磨,句句推敲。翻译过程中,字词的语义、语法功能、词性、句子结构,应尽量跟原文一致,保持原汁原味。若无专门训练,这些要求难以做到。因而,对这类学生,语言结构分析的方法必须强化。

使用结构分析教学法必然涉及分析方法和术语。分析到何种程度?使用多少语言学专业术语?这些问题的答案也非固定。一般而言,对非专业学生教学使用的语法不应照搬理论语法,术语应通俗易懂,语法应加以简化,便于学生理解和应用。比如,在讲解不及物动词及形容词的以动用法时,若仅仅告诉学生这是"putative",大多数没有语言学专业知识的人必然费解。

但如果告诉他们这就是"把 A 当作/视为如何如何"、"regard A as to be so and so",问题就会变得相当简单。此时,不引入"以动"或"putative"也未尝不可,尤其对非专业学生,不引入这样的术语反而更方便。又如,在解释使动用法时,对于母语是英语的学生,也不妨在开始时用英语构词法中相类似的现象来帮助他们理解。例如,在讲"白之"中的"白"的用法时,可以提示学生,"白"作为形容词不能带宾语,就像英语中不说"to white something",而要说"to whiten something"一样。进而可以让学生通过体会词缀"-en"的作用来理解"使变白"的意义。当然,我们知道古汉语的使动和英语的词缀"-en"不相等,但对刚开始接触古汉语语法的非专业学生,用其母语的相似现象辅助讲解不仅能加强他们的理解,也可加深他们对这个语法点的印象。而且,这么做还可消除学生对古汉语的恐惧心理,提高学生的学习兴趣。久而久之,学生会发现,使动的范围超出带有"-en"词尾的词,而"使 A 变成如何如何"这个更为宽泛的解释能用于各种不同的语境。若有必要必须使用术语时,也可辅之于简单易记且有趣的例句。以后只要再遇到同一个结构、同一种用法时,便可以重温这个例句,反复数次,学生就会把这个抽象的术语和抽象的语法内化成一种具体形式,以这个例句的形态储存、记忆起来。将来一旦见到相似结构及用法,自然能及时反应。我们的母语为非中文的学生每当见到"焉"时,便会想到"昔吾夫死焉,今吾子又死焉"。然后,他们又能马上进行连锁反应,"焉"是一个合音、合义字(fusion form)。当然,对于专业学生,适当介绍一些理论语法有益无害,我们对他们的要求也远远不止是读懂几篇文章、记几个结构和例句而已。

四 案例分析

理既明,行亦知。下面让我们用不同方法(章节串讲法和语言结构分析法)对同一篇章进行具体的演示操作。虽然,我们把古汉语教学对象已分成四类,并讨论了就这四类学生分别如何应用这两种方法,但因篇幅所限,在此将着重展示比较纯粹的串讲和结构分析法。至于其他情况如何操作,则应视教学对象不同进行适当调整,需要教学实践者把握原则、灵活运用。

案例:子产不毁乡校

郑人游于乡校,以论执政。然明谓子产曰:"毁乡校何如?"子产曰:"何为?夫人朝夕退而游焉,以议执政之善否。其所善者,吾则行之;其所恶者,吾则改之。是吾师也。若之何毁之?我闻忠善以损怨,不闻作威以防怨。岂不遽止?然犹防川:大决所犯,伤人必多,吾不克救也。不如小决使道;不如吾闻而药之也。(摘自《左传·襄公三十一年》)

(一)串讲法

用串讲法讲解上文,大体是用教学对象能理解的语言将上文解释、翻译一遍。翻译及讲解不求字字相扣、句型相符,但求意义完整、表达清晰、上下连贯。以下是对以上例文的串讲式英语翻译,比较适应母语为英语的非专业学生。

Zheng people have a social at local schools, and thus discuss the administration of the policy. Ranming talks to Zichan, "how about destroy the local schools?"

Zichan says, "why? Those people everyday after work have a social there, and discuss the good points and bad points of the administration. If they like something, then we shall carry it out. If they dislike something, then we shall change it. These are our teachers. Why destroy them? I heard people reduce others' resentment with loyalty and goodness, but I have not heard they prevent resentment by performing augustness. Of course we can stop them immediately! But it is like guarding against big rivers. What a big burst brings will certainly hurt a lot of people. We will not be able to save it. It is better to have a small open and let it flow; it is better that we hear the complaint and take a lesson from it.

(二) 语言结构分析法

采用语言结构分析法,当然也少不得翻译,不过,其翻译结果跟串讲法有所不同。因为这种翻译要求结构尽量一致,至少相当,同时对字义和词性都有比较严格的要求。但毕竟古今汉语不同,英语又是异质语言,要做到完全一致,并不容易,甚至往往不可能。所以,这样的翻译常常牺牲了语言的通顺和自然,力求把结构再现出来。下面是对同一篇章用结构分析法处理的英文翻译。请注意跟用串讲法处理的英文翻译的异同。

Zheng people make friends at local schools, thereby to discuss the administrating of the policy. Ranming talks to Zichan, saying, "to destroy the local schools, how is it like?"

　　Zichan says, "for what? Those people in the morning and at sunset come back from work and make friends at there, thereby to discuss whether the administrating of the government is good or bad. The thing which they regard as good, then we should carry it out; the thing that they regard as bad, then we shall change it. These are our teachers. Why destroy them? I heard (people) by being loyal and good reduce resentment; have not heard (people) by performing augustness prevent resentment. How can't it be immediately stopped? (However things) Being so, it is like guarding a big river: (as for) what a big burst attacks, hurting people will certainly be many, (and) we will not be able to save them. It is not as good as to (have) small burst letting (the water) be dredged; not as good as I hear them and regard them as medicine.

画线部分显示这两种翻译的主要差异。

a. "执政"为动宾结构短语,使用动名词形式虽有些拗口,但能反应原文面目。

b. "XX何如"在这里是询问对方意见的句式。用"how(about)..."本来足以表明句意,但为了使语序更为准确地对应原文,结构分析法的译文选择了将"how"置于后面。

c. "何为?"是倒装句,宾语"何"在前。如果就其语义,译成"why"未尝不可,但从整个古汉语的语法系统来考虑,结构分析法的翻译选用"for what"。这样,用一个词对应一个词,学生便可以看到语序的颠倒,从而体会古汉语宾语前置形式中颇具特色的一类——疑问代词作宾语。

d. "执政之善否"就是"执政的好与不好"。它其实相当于一个从句,而非仅仅一个短语。对母语是中文的学生,用现代汉语来解释,并无问题,因为现代汉语仍有类似结构。但对母语是英语的专业学生,则最好要区分作为"of"(领格)的"之"和标志从句的"之"。在遇到较长、较复杂的句子时,"of"就不适用了。所以,分析法的翻译采用了"whether +clause"的形式,强调了本句的从句结构。

e. 紧跟"其所善者"是"则……"结构,若用通顺的英语表达,这两个部分应是一个假设并列句"if...then..."。然而,"其所善者"是一个名词短语/从句,而英语的名词短语本身不能充当并列连句的一个分句。因而,在串讲式的翻译中,我们把这个名词短语换成了句子,从"他们喜欢的东西"变成"他们喜欢什么东西"。但在分析法的翻译中,我们不能做这样的改动。因为,"所……(者)"是古汉语极其重要的一种结构,专业的学生必须牢牢把握它作为一个名词短语/从句的属性。

f. "忠善"都是形容词,而原句应为"以忠善损怨"。串讲的翻译把"忠善"处理为名词,更符合它们作介词宾语的地位。结构分析法的翻译则试图保留其原有的形容词属性。

g. "岂"用于反问句,"岂不"相当于一个双重否定。英语为母语的学生,对汉语双重否定反应都稍微慢一些。所以,串讲时,把它改为表强调的肯定句。结构分析法的翻译,从英语角度来看,似乎并不通顺,但结构上与原文是对应的。

h. "然"的理解可以是"但是",但"然"并不等于"但是"。它在本句的确是意为转折的逻辑关系。不过,看一看"然"在古汉语中的各个义项,我们不难发现这些义项之间的内在联系——"然"就是"(像)这样"、"(什么什么)的样子"。"然"意为转折并不是"但是(but)",而是"情况是如此,可是……(it is like so, however)"。在结构分析法的翻译中,我们强调了"然"这个义项和其他义项之间的统一。

i. "大决所犯,伤人必多"的句子结构比较复杂。整个句子的主语/话题是"大决所犯",而"伤人必多"是评论。而在"伤人必多"中,"伤人"这个动词短语又是主语/话题。串讲的翻译不得不改变这个复杂的结构,把"伤"和"人"分别处理成谓语动词和宾语。但结构分析法的翻译基于结构一致的考虑,把"大决所犯"处理成了话题,又把"伤人"处理成了形式上的主语。

j. "药之"是以动用法。分析法的处理是完全套用"以动"用法的一般理解形式。但这里"以它为药"又是一隐喻(metaphor)。隐喻依赖于具体文化和语言,在某一种语言与文化中能理解的隐喻,在另一种文化中或许会令人费解。所以,串讲法翻译就取消了隐喻形式,而结构分析法翻译则保留了原来的隐喻,也保留了"以动"结构。

通过以上对比,可以基本反应串讲法和结构分析法的大致区别。本质上,结构分析法的着眼点是古汉语的结构和语法,而英语只是用于反映这些结构和语法的载体。串讲法则不然,它更强调古汉语语义能否通过英语通畅确切地表达。两者各有千秋,若在教学实践中运用得当,应能互补短长。

综上所述,是我们关于古汉语教学的主要看法,抛砖引玉,希望引起讨论,以期对某些基本问题形成一些共识。

参考文献

冯胜利(2000)《汉语韵律句法学》,上海教育出版社。

梁 霞(1998)评论:《进阶文言文读本》:Literary Chinese for Advanced Beginners, *Journal of the Chinese Language Teachers Association*, vol. 33:2, 113-116。

—— (1999)评论:《龙文墨影—大学文言读本》第一册, *Journal of the Chinese Language Teachers Association*, vol. 34:1, 91-96。

刘丹青(2003a)《语序类型学与介词理论》,商务印书馆。

—— (2003b)理论语法与语言教学在何处相会,张洪明等主编《语言理论与语文教学》46-64,香港教育学院出版。

刘国正(1988)文言的地位,张中行主编《文言常识》22-29,人民教育出版社。

吕叔湘(1959)《文言虚字》,上海教育出版社。

—— (1988)文言和白话,张中行主编《文言常识》3-13,人民教育出版社。

张洪明(1999)成语教学评议, paper delivered at *Princeton Symposium on Chinese Language Teaching*, Princeton University, Princeton。

—— (2002)"古汉语教学再议",北京师范大学—普林斯顿大学中文教学研讨会。

张志公(1962)《传统语文教育初探》,上海教育出版社。

张中行(1988)文言的历史,张中行主编《文言常识》14-21,人民教育出版社。

周质平(1997)美国对外古代汉语教学评议, *Journal of the Chinese Language Teachers Association*, Vol. 32:3, 57-64。

朱自清、叶圣陶、吕叔湘(1980)《文言读本》,上海教育出版社。

Ashmore, Robert (2003) "Priorities in first-year classical Chinese", paper delivered at *the International Conference on Research and Pedagogy in Classical Chinese and Chinese Language History*, Columbia University, New York.

Chen, Ta-tuan (1982) "Maintenance and extension—An approach to teaching

literary Chinese", *Journal of the Chinese Language Teachers Association*, vol. 17:3,123-132.
Cheng, Tsai-Fa (2003) "The role of *zhe* and its development", paper delivered at *the International Conference on Research and Pedagogy in Classical Chinese and Chinese Language History*, Columbia University, New York.
Dawson, Raymond (2002) *A new introduction to classical Chinese*, University of Oxford Press.
Fuller, Michael (1999) *An introduction to literary Chinese*, Harvard East Asian Monographs 176, Harvard University Press, Boston.
—— (2003) "Teaching classical Chinese as an 'ordinary' classical language", paper delivered at *the International Conference on Research and Pedagogy in Classical Chinese and Chinese Language History*, Columbia University, New York.
Honey, David (1998) "Review of *Outline of classical Chinese grammar*", *Journal of the Chinese Language Teachers Association*, Vol. 33:1,117-119.
Hung, Ming-shui (1980) "An approach to teaching classical Chinese poetry", *Journal of the Chinese Language Teachers Association*, Vol. 15:3,87-99.
Kent, George (1976) "Getting into classical Chinese", *Journal of the Chinese Language Teachers Association*, vol. 11:2,83-87.
Mei, Kuang (2003) "Outline of an elementary grammar of classical Chinese", paper delivered at *the International Conference on Research and Pedagogy in Classical Chinese and Chinese Language History*, Columbia University, New York.
Pulleyblank, Edwin G (1995) *Outline of classical Chinese grammar*, University of British Columbia Press.
Ramsey, S Robert (1987) *The languages of China*, Princeton University Press.
Shadick, Harold (1969) "The teaching of literary Chinese", *Journal of the Chinese Language Teachers Association*, vol. 4:1,1-15.

Thompson, Richard (1966) "On the teaching of literary Chinese", *Journal of the Chinese Language Teachers Association*, vol. 1:3,112-124.

Wang, Fred (1970) "A new approach to literary Chinese", *Journal of the Chinese Language Teachers Association*, vol. 5:2,67-73.

—— (1972) "A review of teaching materials on literary Chinese", *Journal of the Chinese Language Teachers Association*, vol. 7:2,70-72.

Yuan, Naiying, Haitao Tang, and James Geiss (2004) *Classical Chinese: A basic reader in three volumes*, Princeton University Press.

汉语语音教学笔记

南开大学 石 锋

一 语音的两种分类原则

语音按照音质的区别一般有两种分类,分类的原则各有不同。一种是依据人类发音生理的跨语言的一般分类。这就分为元音和辅音。另一种是依据语音在特定语言的音节结构中的位次所作的分类。如在汉语中就有声母和韵母的划分。这里所讲的位次,就是指具体语言的语音在构成的音节中所处的位置和次序。如声母就是音节开头的辅音;韵母就是音节中声母后面的部分。这里都严格规定了它们各自的位置和次序。

元音和辅音没有位次的制约,声母和韵母有位次的制约。因此,在声母的位置上如果没有辅音音位就可以虚设空位,称作零声母。而元音和辅音却没有也不可能有＊零元音、＊零辅音的说法。有就是有,没有就是没有,用不着为它们虚设空位,因为它们不受位次制约。

如果一个音节只有声母部分,没有韵母部分,我们就叫它为成音节辅音,或者就叫声化韵。如苏州话的ŋ(鱼)、m̩(无)。声化韵实际就是零韵母。

二　两种语音学习的特点

第一语言的语音习得和第二语言的语音学习具有不同的特点,在我们的教学中应加以注意。本文把第一语言称为母语,把第二语言称为非母语。一般情况下,母语和非母语分别指这两种语言中的标准语。在实际生活中,母语应该更具体为一种语言的特定方言,我们可以称为母语方言。

母语的语音习得是在儿童时代源自生存必需自然进行的,依靠听觉进行模仿发音,从实际生活的听和说开始的。国外研究表明,婴儿虽然不会讲话,却对母语的语音特征(如塞音的 VOT 表现)有听觉反应。母语学习的过程是先学会听说,后学习读写,也就是先说话,后认字。从具体的应用到抽象的理解,先学会发出语音的变体后归纳为语言的音位,也就是从实践到理论。因为母语的学习是从无到有,语言的发展和大脑的发展同时进行,所以习得的母语语音系统性较强。

非母语的语音学习是在学校中出于社会要求自觉选择的,主要借助视觉符号(如字母、文字、注音字母、汉语拼音等)进行认读,辅以模拟情景的会话练习。非母语学习的过程一般是先学习读写,再练习听说,也就是先认字,后说话。从抽象的理解到具体的运用,先了解语言的音位后练习音位变体的发音,也就是从理论到实践。由于非母语的学习有母语迁移作用的影响,个人的条件又各不相同,因此学习的非母语的语音系统性不强。

三 汉语拼音的性质

我们可以用国际音标来跟汉语拼音对照。国际音标是一套记音符号,用来记录和描述人类各种语言中的语音。它的记音原则是符号跟语音一一对应,即每一个符号记录一个语音,每一个语音用一个符号来记录。汉语拼音则与此不同,它是一种注音拼写符号,而不是记录语音的符号。在一定意义上汉语拼音相当于一种汉字的罗马字母转写。它可以提示发音,而不是发音的记录和描述。另外,汉语拼音跟汉语语音之间并不是一一对应的。

国际音标主要应用于语言学和语音学的学术领域;汉语拼音则是超出学术的层面,更多地考虑社会的应用。下文中用[ ]表示的国际音标是音位变体,用/ /表示的国际音标是音位。二者都没有的罗马字母就是汉语拼音。

汉语拼音的制定除了基本上依据音位学原则,还考虑到文字学原则。音位学原则是主要的依据,汉语拼音不是像注音字母那样划分为声母、介音和韵,而是按照元音和辅音划分音位。例如把在不同语音条件下的音位变体[a, ɑ, ʌ, æ]合并为一个音位/a/;对于分别出现在不同声母后面的[i, ɿ, ʅ]选择 i 为代表字母,这也是一种音位的归并。

文字学原则是为了手写的方便和辨识的简捷,如,把 iou 写为 iu,把 uei 写为 ui,把 ien、ieng 写为 in、ing,都是为了书写简单;把 au 写为 ao 是为了容易辨识。不能认为一定要按照写出来的字母去念,一点儿也不许走样。有的老师还专门训练怎样发出

in 而又不会在中间带有央元音,这就有点儿好像是胶柱鼓瑟了。

感觉到的东西不一定能正确理解,只有理解了的东西才能更深地感觉它。语音教学也是如此,会说一种语言并不一定就能很好地教这种语言。

四 声母问题

汉语普通话中的塞音和塞擦音有系统的送气—不送气的区分。很多外国语言中是有清浊的区分而没有送气与否的区分。英语、日语都是如此。不论是中国人学外语还是外国人学汉语,都要注意不能把清浊区分跟送气与否混淆起来,这在语言习得中叫做母语迁移。

汉语拼音中用 b、d、g—p、t、k 来表示塞音声母。这也就是用一般在外语中表示浊音的字母来标示不送气音;用一般在外语中代表清音的字母来标示送气音。外国学生学习这些发音的时候,

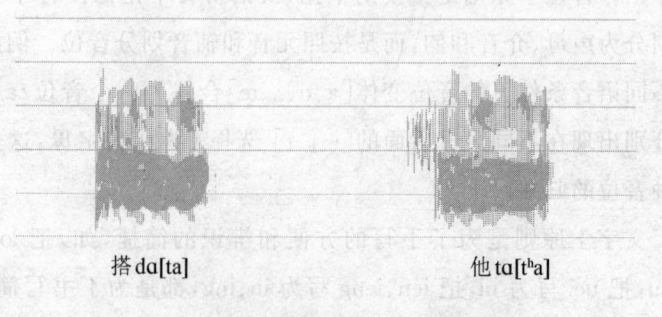

搭 da[ta]　　　　　　他 ta[tʰa]

图一　不送气音跟送气音的语图对比

不仅需要在发音上摆脱母语迁移的影响,还要注意在视觉上克服对这些字母的原有的发音习惯。因此,在教学中存在着两重障碍。有的老师让学生用一张薄纸放在嘴唇前练习发送气音,这是一种简单有效的方法。图一中,搭 dɑ[ta]和他 tɑ[tʰa])的声母差别是,后者有送气段乱纹。

零声母从音位上说是一个空位,但是实际发音并非一无所有,它有具体的音值:[ʔ、ɦ、j、w、ɥ]。什么时候发哪个音,是跟后面韵母的结构相关联的。后面是开口呼韵母的时候,零声母的发音就是[ʔ]或者[ɦ];齐齿呼韵母前面的零声母发音是[j];合口呼韵母前面是[w];撮口呼韵母前面是[ɥ]。

普通话声母有舌尖前音和舌尖后音之分。舌尖前音 z、c、s 又叫做平舌音,发音的时候成阻摩擦的部位在上齿龈前部,舌尖和舌面是平的。舌尖后音 zh、ch、sh 又叫做翘舌音,发音时成阻摩擦的部位在上齿龈后部,这只有舌尖翘起来才能做到,舌尖跟舌面形成凹槽,并且舌背跟下腭之间会有一定的空隙,形成舌下腔。(廖荣蓉 1994)[见图二]

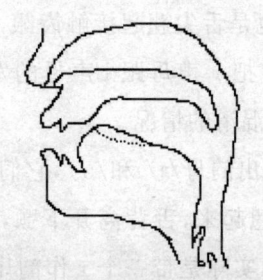

图二 翘舌音的发音状况

很多人把翘舌音说成卷舌音。其实叫翘舌音还是卷舌音对于中国学生来说可以是无所谓,对于外国学生却很有不同。卷舌音的名称容易产生误导,让人以为真的是要把舌头卷起来才能发音,也确实有相当的外国学生是如此发音的。因此有必要把卷舌音的说法改一下,一律称为翘舌音。以便跟实际的发音相符。外国学生的表现常常使我们检讨自己对于汉语的认识是否符合实际,教学是否正确合适。日母字的音值问题也就是 r 声母的发音,曾有过很多讨论。根据我们的实验分析,r 声母作为一个音位,它的变体较多,因发音人和发音状态而有不同。单念时多为[ʐ],类似上文的翘舌音声母的发音,只是要声带振动;连读时多为[ɻ],只要在语流中有舌尖翘起的动作就行了。

r 声母可以有较多变体。原因是它在普通话声母音位系统中所处的独特位置。它在发音方法和发音部位上都没有对立或互补的对象,只要声带振动,舌尖翘起,就能跟其他声母区分清楚。最好的处理方法是把 r 声母跟 l 声母合为一组叫通音。其实二者发音确有相近之处:都是舌尖翘起,只是程度不同。r 声母是舌尖向齿龈翘起,但不接触,气流从口腔中央出来;l 声母是舌尖翘起接触齿龈,气流从舌头两侧出来。在这里还可以把 n 声母加进来作对比,n 声母的发音也是舌尖翘起接触齿龈,不同的是气流从鼻腔出来。难怪人们常常把 r 声母跟 l 声母的发音混淆起来,还有不少把 l 声母跟 n 声母混淆的情况。

这里顺便可以举出韵母/ʅ/ 和/ɚ/,它们的发音跟 r 声母有相同之处,都是舌尖要翘起来,舌背离开下颚,发音就成功了。当然/ɚ/还需要一个动程,实际是带一个 r 作韵尾。儿化韵也就是用 r 作韵尾,发音跟韵母/ʅ/ 和/ɚ/ 动作一样。

五 韵母问题

单韵母就是韵母中只有一个单元音。普通话中有多少个单韵母？一般书上都讲是 10 个单元音:/i、u、y、ɿ、ʅ、a、ə、o、ɛ、ɚ/。这里需要对其中的 3 个元音 ê[ɛ]、o[o]和卷舌元音 er[ɚ]作一些讨论。

汉语的语音形式可以分为单字音、派生音、边际音三种。(王洪君 1999)北京话中的元音 ê[ɛ]作单韵母时只出现在象声词、语气词和叹词中，属于边际音，所以不进入语音系统。元音 o 独立成音节时也是只在象声词、语气词和叹词中出现，应为边际音。在跟非唇音声母相拼合时，带有介音 u，写成 uo，实际发音是[uə]，不是单韵母。在跟唇音声母相拼时，只写出 o，没有写出介音，然而由于唇化作用的影响，实际发音是[uə]，跟非唇音声母后面的 uo 发音一样，因此也不是单元音。[见图三]

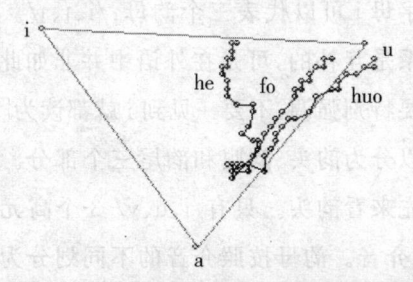

图三 韵母 o、uo 和元音 /ɤ/ 的声位图比较(石锋 2002)

卷舌元音 er/ɚ/有两个变体，实际发音是[ər]（儿）或[ɐr]（二），可以认为是带有卷舌韵尾，因此不属于单元音。分析语音格局首先要以单字音为依据，对于派生音和边际音应另做分析。这

样,普通话的单元音就是/ɿ,ʅ,i,u,y,a,ɤ/七个。[见图四]

这里还需要说明,/ɤ/元音的发音具有明显的动程。从图三中可以看到,/ɤ/元音的发音大体是从[ɯ]到[ʌ]的滑移,动程距离之大,超过有些复合元音,然而人们在习惯上还是把它认做单元音。我们可以称它为具有游移性的元音,在教学中要特别加以注意。

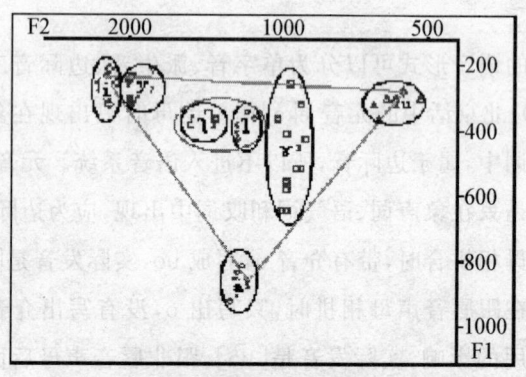

图四　普通话单元音声学位置图(石锋 2002)

汉语拼音字母 i 可以代表三个韵母:/i、ɿ、ʅ/。普通话中它们与声母拼合关系是互补的,可是在外语中并非如此。因此在对外国学生教学时要特别强调,不要一见到 i 就都读为[i]。

复韵母可以分为韵头、韵腹和韵尾三个部分。下面我们分别进行讨论。首先来看韵头。只有/i、u、y/ 3 个高元音能够充当韵头,韵头又叫做介音。韵母按照介音的不同划分为四呼:开口(无介音)、齐齿(i- 介音)、合口(u- 介音)、撮口(y- 介音)。汉语拼音跟四呼有不一致的地方。(王力 1979)ong 和 ueng 的读音都是[uəŋ],二者各有用途。单独作零声母音节的时候用 ueng;跟声母拼合的时候用 ong,可以节约字母。这样一来,就使人觉得好像是两个不同的韵母,一个是开口呼,一个是合口呼。与此相联系的还有韵母 iong,本来应该念作[yəŋ],属于撮口呼,可是拼音写出来却是一个齐齿呼的形式。以上都可能给外国学生的学习带来疑惑。这两个韵母的介音在注音字母中就没有改变四呼,可以参照:

$$*\text{开} \quad ong \quad — \quad iong \quad *\text{齐}$$
$$\text{合} \quad ㄨㄥ \quad \quad ㄩㄥ \quad \text{撮}$$

其次来讨论韵腹,韵腹又称为主要元音。能充作韵腹的元音音位有/i、u、y、a、ə/。韵母 ie、üe 中的 e 念为[ɛ],是/ə/的一个变体,有游移性,实际发音是[e→ɛ]。韵母 ou 的实际发音是[əu],其中 o 念为[ə];iou 就念为[iəu]。韵母 en、eng 中的 e 念为[ə],都是/ə/的变体。

汉语拼音中有些为了节约字母而把韵腹省略掉的情况,如:ien—in,üen—ün,ieng—ing,这些韵母不论是在零声母音节中还是跟其他声母拼合时都不写出韵腹;还有 uen—un,iou—iu,uei—ui,这些韵母只在零声母音节中保留韵腹,在跟其他声母拼合时不写出韵腹。有的学者把 in、ün、un、ing、iu、ui、ong 中前面的元音当作韵腹,这是误解汉语拼音的用意。其实,汉语拼音是为了书写方便明了而做了简略和改动。这些韵母的实际发音应该分别是[ən、yən、uən、iəŋ、iəu、uəi、uəŋ]。在分析音节结构的时候,应该把韵腹的元音字母补写出来才是正确的。

有的学者认为韵母 üan、ian 中的韵腹元音发音是[ɛ],这其实是一种主观推测。实际发音应该是[æ]。(王福堂 1995)在图五中可以看到韵母 üan、ian 中的 a 跟 uan 中的 a 元音发音位置极为相近,是在 [æ]、[a]之间。因此,在音位分析中,这里并不存在/a/跟/ə/之间的音位交叉或重叠。

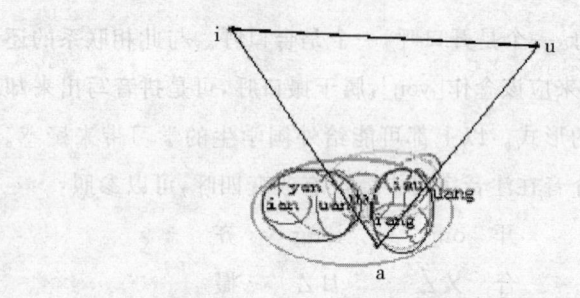

图五　ian、üan 中的元音位置图（石锋 2002）

最后讨论韵尾的问题。普通话中能充作韵尾的音位有/i、u、n、ŋ/ 四个。其中[au]韵母写为 ao,上文已经讲到,不再赘述。鼻韵尾 -n 和 -ng 在教学中是个难点。特别是对于日本学生来说,由于受到母语的影响,不能正确地区分这两个韵尾的发音。因此要强调它们之间的不同点：在发 -n 的时候,舌尖抵下齿背；在发 -ng 的时候,舌尖抵住舌蒂。因为是韵尾,在音节结束的位置,所以连读中常常发音不到位。元音韵尾 -i、-u 可以只是趋近于 i、u；鼻韵尾 -n、-ng 可以口腔闭塞鼻腔打开发成鼻音,也可以口腔不闭塞鼻腔也打开发成鼻化音。

六　声调和变调

汉语是声调语言,正确掌握声调的发音至为重要。洋腔洋调的表现主要就是声调的发音问题没有解决好。普通话有四个单字调：阴平、阳平、上声、去声。轻声只在连读中出现,不能算为独立的单字调。根据我们最近的大样本实验统计(石锋、王萍 2005),这四个声调单念的时候,调值分别是 55、35、213、51。上声读为 214 的很少。

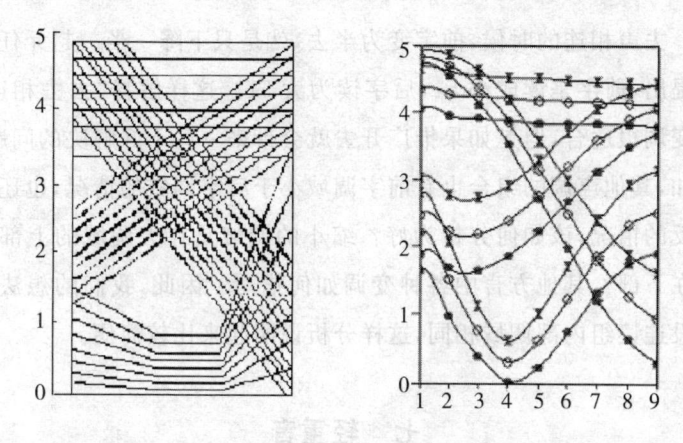

图六 北京话单字调的统计分布(石锋、王萍 2005)

上声在教学中比较费力。在连读中,处于不同的语音环境下它的调值稍有不同。在前字时多是 211,在后字时多是 212。很多人为上声教学献计献策。我们曾经建议教学时是否可以只教 212 的念法。这样费力少,效果好。如果按照声调特征的"高、升、低、降"来教留学生学习阴平、阳平、上声、去声的发音,效果会更好。

普通话的连读变调主要是上声相连时前字变成阳平的变调。有的学者认为不是变为阳平,而是变为一种"直上"调,不同于阳平。王士元(1967)曾经用听辨方法证实,北京话的"有井—油井"、"起码—骑马"等"上—上"跟"阳—上"组合的发音不存在音位的区别。因此没有必要再提出"直上"的调值,徒增学习的负担。

多个上声连读的时候,在边界前的上声可以不变调,如:好/厂长,"好"字不变调。同是边界前的两个字形成连读组,前字多要变调,如:买/好/雨伞,"买"字变调。(吴宗济 1985)需要强调重读的字音一般不变调。

去声相连的时候,前字变为半去,就是只下降一半。赵元任曾经提出,前字是读成小51,后字读为大51。这样解释"去去相连"的变调很适合,但是如果推广开去就会带来一些不好解决的问题。比如,其他声调的组合也有前字调域小于后字调域的情况,也还有相反的情况,该如何分析为好?缩小的调域是在大调域的上部还是在下部?其他方言中各种变调如何描写?因此,我们的想法是假设连读组内部调域相同,这样分析说明起来比较简便。

七 轻重音

一个字的声母、韵母、声调都学会了,这只是汉语语音学习的第一步。可以说单字音的学习是静态的发音,只是汉语语音学习的初步基础。单字音进入话语之后发音要有变化的,正如我们念英语单词的发音跟听它在说出的句子中的发音有变化一样。重要的是连读话语中的发音,掌握动态的汉语发音,这才是学习的目标。连读当中要注意的几种语音现象,除了前面讲到的儿化和连读变调之外,还有轻重音和语调的问题。

汉语普通话两字组的重音模式可以有三种:中重、重中、重轻。语音轻重的区分主要是在音长、音强、音高方面的差别。轻声的发音常常会伴随有音色的差异。汉语的轻重音与非声调语言的外语中的重音表现不同,重音的声调调型要较为饱满。音长、音强、音高三者或互补,或相伴,起到区分轻重的作用。(吴宗济 2004)

重中和重轻之间并没有一个截然的界限,大体可以依据调型的保留程度来划分。轻音就是完全失去了原来声调的特征,成为一个轻而短的调子。真正以轻声字来区分意义的例子并不多。哪些词是读为中重,哪些词读为重中,一般是根据说话人的语感习惯。有的词单念是中重,在句子里就成为重中。因此不同的人研究的结果各不相同。

在教学中我们提倡尽量把单字编排进连读组和句子,在连读组中来教发音。通过连读组和句子的模仿训练来学习发音是一个好办法。

八 语调问题

汉语的语调跟外语的语调相比有共性也有个性。(林茂灿 2002)人们在讲话时,句子的音高总是有升降起伏的变化。非声调语言的这种高低起伏就是语调的直接表现;汉语句子音高的起伏变化包含了声调和语调的共同作用。研究表明,汉语语调的本质是调域的变化,也就是音高起伏的程度以及连读组调域整体的上移抬高或下移降低。(沈炯 1985;石锋 1999)

陈述句和疑问句是语调中最典型的两个类型。陈述句的调域是从开头到句尾阶梯式下降。一般疑问句的调域是从开头到句尾阶梯式抬高。带有疑问词的特指疑问句的语调则是跟陈述句相似。句末的调域的高低对于语气的表达具有重要的作用。(胡明扬 1987)

在话语连读中,单字调的调型只是在语句重音位置上才保持得比较完整,其他位置上的字调多是只留下高低升降的特征,有些非重音的调型会成为"过渡调",按照"跳板规则"发生变读。(吴宗济 1985)这就是一个音节的声调在前字调尾和后字调头的影响下,发生的同化现象。"跳板规则"是一种形象的比喻。好像搭在船舷和岸边的一条跳板,两头分别根据船和岸的高低不同而改变跳板的角度。"这一规则适用于所有两音节间语音学变调的过渡分析。"(吴宗济 2004)我们在汉语口语教学中,要指导学生对于过渡调的现象充分给予注意。

语调的因素还有说话的快慢和节奏、句中的停顿和抑扬。语调的作用除了表现语气还要传达感情。因此,这些韵律特征的运用具有很大的相对性和灵活性。一定要留学生多多进行模仿训练,多听多练才能习惯成自然,改变洋腔洋调的夹生汉语。

九 结语

在对外汉语语音教学中,我们深深体会到,外国学生的第一位汉语教师对他们的正确发音有重要影响。有时学生的发音偏误可以从教师的语音教学中找到原因。因此我们教师一定要从教学的实践中学习和思考,不断提高语音学素养。

语音教学应该贯穿对外汉语的语言学习全过程。(林焘 1996)不能只是在开始时教会二十几个声母,三十几个韵母,四个声调,然后就束之高阁。在教学中纠正学生的语音错误应该比纠正他们的语法错误更要及时。对于声调教学应该比声母和韵母的教学更为重视。

训练学生在连读话语中的发音对于改变洋腔洋调非常重要。鼓励学生多听多说,模仿训练,是好办法。适当选些优秀的范文和诗歌,让学生朗读、朗诵,可以使他们增加对于汉语韵律特征的运用能力。

对外汉语简化音系

声母

双唇	塞音 鼻音 不送气 送气		
双唇	b p	m	
齿龈	d t	n	
舌根	g k	ŋ	

	塞擦音 擦音 不送气 送气	
舌尖前	z c	s
舌尖后	zh ch	sh
舌面前	j q	x

—	(ɿ)
	(ʅ)(er) r
	f l h

韵母

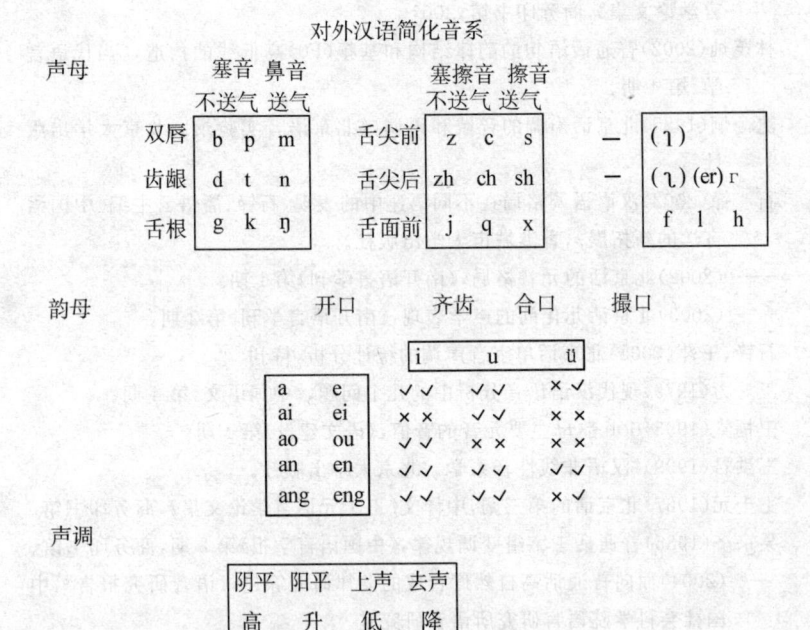

	开口	齐齿 i	合口 u	撮口 ü
a e	✓ ✓	✓ ✓	✗ ✓
ai ei	✗ ✗	✓ ✓	✗ ✗
ao ou	✓ ✓	✗ ✗	✗ ✗
an en	✓ ✓	✓ ✓	✓ ✓
ang eng	✓ ✓	✓ ✓	✗ ✓

声调

阴平	阳平	上声	去声
高	升	低	降

向外国学生教汉语拼音时，一定要对于其中的非语音学部分认真加以说明，并切实给予解决。这一点已经为越来越多的对外汉语教师所认识。对外汉语的语音教学应该有不同于对内汉语语音教学的体系和要点。赵金铭(1985)曾提出一套很有创意的对外汉语教学用的简化音系。我在这里稍加修改，作为本文的结束，向各位师友推荐。

参考文献

胡明扬(1987)关于北京话的语调问题,《北京话初探》,商务印书馆。

廖荣蓉(1994)国外的汉语语音研究,石锋主编《海外中国语言学研究》,语文出版社。

林　焘(1996)语音在语文教学中的地位,《世界汉语教学》第 3 期。《林焘语言学论文集》,商务印书馆,2001。
林茂灿(2002)普通话语句的韵律结构和基频(F0)高低线的构造,《当代语言学》第 4 期。
沈　炯(1985)北京话声调的音域和语调,《北京语音实验录》,北京大学出版社。
石　锋(2002)汉语语调格局在不同语速中的表现,石锋、潘悟云主编《中国语言学的新拓展》,香港城市大学出版社。
——(2002)北京话的元音格局,《南开语言学刊》第 1 期。
——(2003)北京话儿化韵的声学表现,《南开语言学刊》第 2 期。
石锋、王萍(2005)北京话单字音声调的统计分析,待刊。
王　力(1979)现代汉语语音分析中的几个问题,《中国语文》第 4 期。
王福堂(1995)üan 韵母主要元音的音值,《语文建设》第 1 期。
王洪君(1999)《汉语非线性音系学》,北京大学出版社。
王士元(1967)北京话的第三调,中译文《王士元语言学论文集》,商务印书馆。
吴宗济(1985)普通话三字组变调规律,《中国语言学报》第 2 期,商务印书馆。
——(2004)面向普通话高自然度合成的韵律研究综述,《语音研究报告》,中国社会科学院语言研究所语音研究室。
赵金铭(1985)简化对外汉语音系教学的可能和依据,《语言教学与研究》第 3 期,赵金铭主编《语音研究与对外汉语教学》,北京语言大学出版社,1997。

培养猜词技能的教学设计

中山大学　周小兵　吴门吉

猜词技能是第二语言学习者必须具备的语言技能之一。正规的词汇学习,包括各类课型中的词汇学习,一般难以满足学习者的阅读需求。学习者即便掌握的词汇量已经相当大,阅读中仍然难免遭遇生词。因此,猜词技能是必不可少的。

猜词,是指学习者在外语阅读过程中遇到生词时对词义的猜测。猜词的目的并不单单在于猜词本身,也不仅仅是作为扩充词汇量的手段。猜词的目的,还在于克服障碍,使阅读得以进行下去。需要指出的是,第二语言学习中的猜词跟某些语文学者头脑中的猜词根本不是一码事。二语学习者猜测出来的词义是根据具体的上下文,是大致的、模糊的,并不等于一般母语者使用词典上写明的词义。如果将二者等同起来,无疑是混淆了母语使用和二语习得的界限。

在任何一个语种的二语学习中,猜词技能都是阅读训练的重要内容。猜词需要运用文字学、词汇学、语法学、篇章学知识以及语境线索、背景知识等。但猜词并不是简单的知识堆砌。猜词训练跟其他技能训练一样,它是将知识技能化。从知识的类别上看,猜词需要的是一种程序性知识,而不仅仅是陈述性知识。因此,操练与应用对猜词技能的掌握非常重要。

在具体教学中,教学者首先要分解猜词技能,以便让学生各个击破。在教学中要给以大量的跟该技能相应的练习,便于学生操练。同时,要把这种训练融入到阅读教学活动中,使学生真正掌握猜词技能,达到运用自如的目的。

下面我们从4个方面讨论:猜词方式、练习设计、课堂教学、猜词训练需要注意的问题。

一 猜词方式

作为一种阅读技能,猜词发生在文本阅读过程中。不同的语言、文字体系,猜词的方式也相应有所区别。汉语的载体汉字与英语等拼音文字完全不同。占汉字大多数的形声字字形本身为理解词语的意义提供了特殊的线索。现代汉语词以双音节为主,词由语素构成,词义常常与语素义相关。因此,汉语猜词的方式有自己的特点。

在猜词练习中,我们将被猜测词称为"目标词",将用于猜测的各种因素,如形旁、语素、构词法、句法关系、语义关系、同义关系、反义关系、比喻关系、大语境等,统统称为"猜词线索"。

下面我们从文字、词汇、句法、语义、语境等方面来讨论汉语的猜词方式。

1. 形旁猜词

汉字不直接表音,学习起来的确比较困难。但是汉字却具有以形表义或以形别义的特性,为我们理解汉字的意义提供了方便。形声字在汉字中数量最多,占常用汉字的90%左右。据统计,汉字的形声字中 80% 以上的形旁跟所表示的意义有联系(王宁 1997;康加深 1990)。因此,通过对形旁的辨识,对留学生识别汉字的意义有重要的帮助。这也是汉语教学界的共识,并在一些阅读教材中得到了体现,比如《汉语阅读技能训练教程》(吴晓露 1992)、《中级汉语阅读教程》(周小兵、张世涛 1999)、《初级汉语阅读教程》(张世涛、刘若云 2002)等。

形旁猜词就是让学生掌握常用形旁所表示的意义类别,在遇到生词时,可以通过识别形旁的意义类别,来推测生词的大致意义,从而达到跳跃生词障碍的目的。请看下面的例子:

(1) 他拿着棉袄出去了。
(2) 种子在播种以前要先浸泡一天。
(3) 鸳鸯常常用来比喻恩爱夫妻。
(4) 斗蟋蟀是中国古代一种有名的游戏。
(5) 我瞅着她走进了房间。

根据汉字的形旁学生不难猜出上面句子中有下画线词语的意义类别。

2.语素猜词

语素猜词是留学生汉语阅读跨越生词障碍的重要方法。汉语的语素多为单音节,通常也就是一个汉字。现代汉语的词多数为双音节词,这些双音节词绝大多数由两个语素构成。尹斌庸(1984)说,据统计,汉语中单音节语素大约有 5000 个,数量是非常有限的。常用的可能就更少。汉语中的双音节复合词的构词方式的规律性很强。其内部结构主要有:联合式、偏正式、动宾式、动补式、主谓式。

语素猜词是指学习者可以根据双音节词中其中一个语素的意

思和词的结构来推测整个词的意思。通过已经掌握的语素,同时通过对汉语复合式合成词构词方式的掌握来猜词,不但促进词汇学习,还能增加学生对词语结构的认识,进而巩固学生的汉语句法结构知识。

请看下例:

(6) 他的发音很清晰。

(7) 飓风对这一地区的交通造成了很大的破坏。

(8) 公司奖励他一辆汽车。

(9) 水上漂浮着许多纸船。

(10) 在一个寂静的夜里,他离开了生活了三十年的城市。

虽然学生可能不知道"清晰、飓风、奖励、漂浮、寂静"等词的准确意思,但可以根据其中已知的一个语素推测整个词的大概意思。

3. 句法语义搭配

这里的句法语义搭配是指前后词语在词汇意义上和句法上的相互制约关系,比如:

(11) 我尝了尝这里的农民吃的窝窝头,不甜又不咸,我不喜欢。

(12) 大夫给王明开了雷尼替丁。

(13) 朋友请我抽"红塔山"。

(14) 张先生今天穿了一件"梦特娇"。

"窝窝头"在"吃"的后面,可以知道是一种食物。同样根据动词对后面的宾语在语义上的限制,不难猜出"雷尼替丁"是一种药;"红塔山"是一种烟的牌子;"梦特娇"是衣服牌子。

词语间的语义关系是一种比较深层的关系。不同的语言在表达形式上各有特点。但语言是表达概念的,不同的民族在思维方式上可以存在不同,而在表达客观事物或者人与客观事物的关系方面却存在共同之处,这是语言为什么可以翻译,不同国家的人可以沟通的原因。因此,对语义搭配限制的认识,有助于跨越生词障碍,是猜词的重要手段。

4. 词语互释

生词的近语境中前后词语在意义上可能存在同义互补、反义相对、比喻等。词语互释是指通过这种同义关系、反义关系或比喻关系来猜测生词意义。比如:

(15) 这部电影一点儿意思也没有,味同嚼蜡。

(16) 我跟他素昧平生,从没有见过面。

(17) 这个苹果表面上很好,可里面全腐烂了。

(18) 年轻人不喜欢受束缚,喜欢自由自在。

(19) 他动作敏捷,像猴子一样。

(20) 小王的鼻子像狗似的,嗅觉很好。

6个句子分别代表了3种词语互释的方法。细部区别在于,猜词线索的同义、反义、比喻词语有时在目标词前,有时在目标词后。

5. 上下文语境

这里的上下文语境,是指整篇文章的语境,可以叫做大语境。基于对前面文章意义的整合来猜测所遭遇生词的意思。请看下面一段话:

(21) 自行车有坤车,手表有坤表,但汽车业发展到今天,竟然没有专门为女性,特别是那些爱美的女性设计的汽车。汽车业的这种性别歧视,最近遭到了德国妇女的强烈抗议。德国妇女活动家克劳蒂·卡泽兰说:汽车给瘾君子抽烟的方便,在车上设置了点烟器,可女性很少抽烟。

就算有的女性喜欢抽烟,爱干净的女性又怕点烟器产生的烟灰弄脏了汽车,所以点烟器成了<u>聋子</u>的耳朵,没有什么利用价值。卡泽兰质问,难道就没有车商把点烟器改装一下:插上吹风机或卷发机什么的,让女性开车时也能修饰打扮一番,下车时体体面面,整整齐齐。爱漂亮不是女性的专利,很多男人也很希望出门潇潇洒洒,有了这种<u>贴心</u>装置不是对大家都好吗?

要求学生根据上下文猜出有下划线词语的意思。

利用上下文语境猜词要受到一些条件的限制,尤其是学习者的词汇量以及文章本身与学习者的相对难度。因此,利用大语境猜词在初级阶段一般少用,到了中高级阶段才逐步增多。如上边这题,是中级班第二学期期中测试所用。此外,大语境猜词要注意目标词外的语境生词的数量不能多。如果一篇文章处处都是生词,语境猜词就很难进行了。

二 练习设计

技能训练是一种程序性知识学习,好比学习驾驶技术,练习是十分关键的。作为教学组织者,练习设计也是一项重要而艰巨的工作。下面我们从单项训练与综合训练两个方面来讨论。

1. 形旁辨识、语义归类

1.1 形旁辨识

给出四个选项,让学生指出其中一个与别的项在意义类别上的不一致。比如:

A. 花　　B. 茅　　C. 尘　　D. 荻

A. 棍　　B. 槐　　C. 檀　　D. 撩

通过这种练习,可以使学生深化对形旁的理解,并区别出不同形旁的表义类别,分辨写法相似的形旁。

1.2　意义归类

比如,给出下面一组字:

诉　抱　悴　峨　访　情　菊　岳　茉　拳

让学生按表示意义的不同进行归类。平时练习时可以有目的地多给一些,让学生在练习中熟悉汉语形旁的意义类别。

1.3　选择题

给出题干与选择项。这种练习与前面两种比较,难度要高一些。《中级汉语阅读教程》(周小兵、张世涛 1999)中采用较多。比如:

(1) <u>淹没</u>在水里。

　　A. 捕　　B. 溺　　C. 雹　　D. 炒

(2) 因为自己有缺点,做错了事情而感到<u>不安</u>。

　　A. 残酷　　B. 回避　　C. 减少　　D. 惭愧

(3) 她<u>踹</u>了我一下。

　　A. 看　　B. 推　　C. 踢　　D. 说

(4) 他把掉在小洞里的一分钱<u>抠</u>了出来。

　　A. 用水冲　　B. 想办法　　C. 请别人拿　　D. 用手挖

(5) 智利<u>密棕</u>在微风中轻轻摇动,于是,那个女孩儿爬了上去。

　　A. 一种动物　　B. 一种树　　C. 一种鸟　　D. 一座山

另外我们也可以给出形旁,让学生写出包含这个形旁并与其在意义上相关的汉字;或者给出一些汉字,让学生讨论讨论这些汉字可能是什么意思。比如:

袍 拦 柱 讥 忿 烘 唠 叨 蛀 剃 氢

值得注意的是,并不是所有的汉字的意义都与其形旁相关,尤其是一些简单的常用字,反而与形旁没有关系。这点要让学生明白。但越是复杂的字,其形旁与意义相关越强。

2. 复合词合成方式与语素猜词

复合词的合成方式对留学生来说难度较大。一方面是因为词语本身结构的复杂性,另一方面是与拼音文字的构词方式很不一样。因此是教学的难点。在讲解与练习设计上都应当特别考虑可接受性。学生在开始接触复合词结构时,仍采用辨别为主的方式。可以考虑以下一些练习方式。

2.1 比较

这种练习可以在学习的初始阶段应用,可以两两比较,也可以"同中求异"或"异中求同"。

① 同中求异指在一组词中找出结构方式相异的一个词或几个词。比如,给出下面一组词:

美丽　光明　明亮　方圆　黑板　台灯

让学生找出其中结构方式不一样的词,并说明不同之处。

② 异中求同如:

(1) 跟"京剧"同类的词是:剧院　越剧　剧烈　川剧　剧组

(2) 跟"铅笔"同类的词是:笔记　钢笔　毛笔　笔套　笔试

(3) 跟"啤酒"同类的词是:米酒　白酒　酒店　酒鬼　红酒

(4) 跟"西装"同类的词是:时装　古装　装修　装订　套装

③ 或者找出某一类结构的词,比如,从下列词中找出动宾结构的词:

思乡　考虑　表演　收拾　畏难　改变　提名　失恋　报告

担心　释义

要求　邀请　讲价　演讲　生长　扫盲　照顾　活动　伤心　听写　放手

同样的方法可以练习别的结构方式。

2.2　组词

给出 A、B 两组字,让学生从每组字中各挑一个字而后组成一个合成词。比如,给出下面一组词,让学生各挑一字组成联合式合成词:

A.　才　保　纪　争　喜　挑　黑

B.　暗　爱　选　论　护　智　念

2.3　猜词义

利用复合词中认识的字猜测整个词的意思,通常放在句子语境中来练习。如:

(1) 我不想跟他<u>争辩</u>。

(2) 我只知道一点儿<u>皮毛</u>,不敢自称专家。

(3) 这个东西是<u>锻铁</u>做的。

(4) <u>茜草</u>可以入药,也可以当染料。

(5) 我总觉得这个人有点儿<u>面熟</u>。

3. 语义搭配、句法结构、词语互释

词语互释,可以设计一些近义词、反义词或者类比义的练习。比如:

(1) <u>虚心</u>使人进步,骄傲使人落后。

(2) 她很<u>镇定</u>,遇到什么事都不慌张。

(3) 他对人很<u>冷淡</u>,没有一点儿热情。

(4) 她是一个<u>瞎子</u>,看不见东西,生活很不方便。

(5) 他说话尖声细气的,就像个女人。

4. 综合应用

4.1 提供选项

语境中猜词是各种单项技能的综合运用。注意给所猜词提供足够的猜词线索。可以先用多项选择题,提供选择项,降低猜词难度。请看下例(张世涛、刘若云 2002):

> 张仲胜是河北省镇北村的农民,今年 67 岁,8 年前他开始在 500 亩荒山上种树。现在,500 亩荒山上的 12 万棵落叶松长得郁郁葱葱。老人说,为种树,他 8 年来一天到晚在山上,用坏了 20 多把铁锹和镐头,从家到山上来回的路程达到了 8 万里。如今,荒山绿了,人也老了。别人问他为什么要种树,他说:"俺一辈子就喜欢种树,如今这个心愿也完成了。俺这辈子从树上得不到什么好处了,但儿孙后辈肯定能。"

根据文章选择正确答案:

(1)"荒山"的意思是:

A. 很高的山　　　　　B. 没有树木的山

C. 很远的山　　　　　D. 有很多动物的山

(2)"落叶松"可能是:

A. 一种动物　B. 一座山　C. 一种工具　D. 一种树

(3)"铁锹和镐头"可能是:

A. 劳动的工具　B. 装水的东西　C. 一种树　D. 一种鞋子

(4)"俺"的意思是:

A. 人　　B. 他　　C. 我　　D. 你

4.2 提供双语境

这种练习形式指给要猜的一组词再提供句子语境,最终形式是选词填空。请看下面的文段①:

去年夏天回苏州家里小住,有一天在石桥上遇到高中时代的一个女老师,她见我第一句话就是:你知道宋老师<u>去世</u>的消息吗?我很吃惊,宋老师是我高中的数学老师,我记得他的年纪不会超过45岁,是一个非常认真的老师。女老师对我说,你知道吗,他得了<u>肝癌</u>,都说是累死的。我不记得我当时说了些什么,只记得女教师最后的<u>一些</u>话,她说,这么好的一位教师,你们都把他忘了,他在医院天天盼望着学生去看他,但没有一个学生去看他,他<u>临死</u>前说他很伤心。

在故乡的一座石桥上我受到了这几年来最沉重的感情<u>谴责</u>,我责怪我自己,因为我确实快把宋老师忘了。现代城市人都习惯了<u>遗忘</u>,没有多少人会去想念从前的老师同学和老朋友了,人们有意无意之间<u>割断</u>了与过去的联系,他们关心的只是自己的未来。对于我来说,过去的人和事只是我的小说的一部分了。我为此感到难过,而且我开始怀疑过去是否可以<u>轻易</u>地割断,比如那个夏天午后,那个女教师在石桥上问我,你知道宋老师去世的消息吗?

文章中有7个加粗加线的词,用它们填空,完成下面句子:

(1)我家外面的电话线不知被谁用刀(　　)了。

(2)他在(　　)之前,把钱都留给了儿子,这样在他死后,儿子过得很好。

(3) 战争应该受到(　　)!

(4) (　　)是一种很严重的病,如果发现得晚,医生也没办法。

(5) 如果你不肯定,不要(　　)地回答别人是或者不是。

(6) (　　)就是忘记的意思,是书面语。

(7) 爷爷(　　)了,他离开了这个世界,离开了我们。

该项练习不仅在文段中有一定的语境线索,而且在要填空的句子中提供了更明显的线索。加上选词填空的形式,不需要说出确切意思,难度较低。据调查,50个同学的该项练习中只有6个同学出现部分错误(吴门吉 2005)。因此,对于中级第一学期的学习者采用这种方式,不但可以使他们觉得猜词不会太难,还可以极大地提高学习者的猜词兴趣,使猜词真正成为词汇学习的有效手段。

三 课堂教学

猜词训练是一种技能训练,关键在于操练。因此,形式多样的练习是操练的必要条件。不过,课堂教学是一门艺术,所有的物质材料都具备了,也不一定就能上好一门课,阅读课同样如此。这里我们着重介绍阅读课中的猜词训练。可以从以下几方面来进行课堂教学:技能展示、操练、讨论、评估、总结。

技能展示 技能展示力求简明。教师的目的是让学生明白我们要学习什么。展示的方法以举例为好。比如,讲联合式合成词时,板书一组这样的词,让学生找出词的内部结构规律,教师稍加点拨,学生就明白了。

操练 让学生在规定的时间内进行课内练习。比如前面介绍的"识别练习"、"比较联系"等。力求进一步熟悉所学的技能。

讨论 练习时有的同学快,有的同学慢。教师的责任是适时协调以确保课堂的节奏与秩序。作业时鼓励同学在完成后与同学核对答案并讨论。同时也鼓励学生向老师提问,提倡互动学习。

检查评估 一方面鼓励学生自我评估,同时老师也要通过堂内巡视,了解学生的技能掌握情况,并组织检查答案。发现问题,及时解决问题。

总结 指出学生的成绩与值得注意之处。

四 注意问题

猜词训练的实施跟一般的精读课、泛读课不同。由于注重培训学习者的猜词技能,因此,在设计教材、练习和教案时要有针对性,要注意以下几个问题。

1. 提供足够的线索

猜词是一种阅读技能训练,而非智力游戏。因此,首先要让学生理解各种技能,然后反复操练。操练时一定要给出足够的线索,让学生觉得通过努力是可以达到目的的。

2. 根据学生实际水平

猜词是阅读中跨越生词障碍的重要方法,但并不是学习词语的唯一方法。猜词训练一定要结合学生的语言水平。如果刚开始学习汉语,当然不适合使用这种方法。学习了三四个月的汉语的非汉字背景学生,还没有偏旁意识,就不能设计偏旁猜词的练习。

猜词必定建立在一定词汇量的基础之上。

3. 生词量的控制

生词量的控制,也就是阅读语料的难度问题。如果一段文章中的生词密度相对学生的水平来说太大,猜词也很难进行。一般来说,一篇阅读文章中生词量的比例不应该超出3%—4%。生词太多,不利于学生训练猜词技能。

4. 猜词线索的设计

有关猜词线索的设计,朱勇、崔华山(2005)有很好的论述。猜词线索的设计可以从以下几方面考虑。

4.1 单线索与多线索

先看例子:

(1) 这个小姑娘很馋。

(2) 刘芳是一个心细的姑娘。

(3) 这个小姑娘很馋,看见什么都想吃。

(4) 刘芳做事很少出错,大家都说她是一个心细的姑娘。

例(1)(2)是单线索,仅靠形旁或语素猜词。(3)(4)是多线索,前者既有形旁,又有同义句式;后者既有语素,又有同义关系。一般来说,进行单项技能训练时,最好使用相应的单线索。在进行综合技能训练时,可以使用相关的多线索。

4.2 近线索与远线索

以下句子,(5)有近线索,(6)有远线索:

(5) 花园里,几只蝴蝶飞起来了,美丽极了。

(6) 你知道宋老师去世的消息吗?我很吃惊,宋老师是我高中的数学老师,我记得他的年纪不会超过45岁,是一个非常认真的老师。女老师对我说,你知道吗,他得了肝癌,都说是累死的。

对水平不高的学生,应使用近线索。对水平较高的学生,可以使用一些远线索。

4.3 直接线索与间接线索

直接线索如(7):

(7) 如果<u>闪电式</u>地从卧位变坐位,突然下床活动,常常会跌倒。

在这个复句中,第二分句的"突然"直接解释了前一句的"闪电式"。

间接线索如(8):

(8) 如果掌握适当的方法,……每年可使全世界少死 300 万人,也可使我国 60 万人<u>幸免</u>于因中风而死亡。

"幸免"的意思,句中没有某一个词语对它直接解释,只能靠学习者从对长复句的整体理解中进行推测。

4.4 前线索与后线索

猜词线索在目标词之前叫"前线索",在目标词之后叫"后线索"。如:

(9) 大祸在这一刹那临头,使人<u>措手不及</u>,不知道该怎么办。

(10) 起床后喝一杯白开水,血液浓度降低,血液就不会太<u>黏稠</u>了。

相对来说,后线索比较容易,前线索比较难。设计练习时可以考虑先出后线索的题目,再出前线索的题目。

附注

① 此项练习由中山大学国际交际学院徐霄鹰博士提供,谨致谢意!

参考文献

康加深(1990)现代汉语形声字形符研究,陈原主编《现代汉语用字信息分析》,上海教育出版社。
吕必松(1996)对外汉语教学概论(讲义)(续 15),《世界汉语教学》第 2 期。
王　宁(1997)汉语字词的结构和意义,彭聃龄主编《汉语认知研究》,山东教育出版社。
吴门吉(2005)影响留学生阅读因素初探,周小兵、宋永波主编《对外汉语阅读研究》,北京大学出版社。
吴晓露(1992)《汉语阅读技能训练教程》,北京语言文化大学出版社。
尹斌庸(1984)汉语语素的定量研究,《中国语文》第 5 期。
张世涛、刘若云(2002)《初级汉语阅读教程》,北京大学出版社。
周小兵(1996)《第二语言教学论》,河北教育出版社。
周小兵、张世涛 (1999)《中级汉语阅读教程》,北京大学出版社。
朱勇、崔华山(2005)《汉语阅读中的伴随性词汇学习再探》,周小兵、宋永波主编《对外汉语阅读研究》,北京大学出版社。

汉语虚词教学方法探讨

北京大学　李晓琪

虚词是留学生学习汉语绕不过去的一个很特殊的领域。这一方面由于虚词是汉语语法的重要特点，从语言类型学的角度看，汉语不同于世界其他主要语言，以非汉语为母语的外国学生在学习汉语时需要进行一种语言类型上的转换，语言类型转换的重要内容是掌握体现汉语语法特点的虚词；另一方面，虚词也是留学生汉语学习的难点所在，留学生汉语学习偏误 80％以上是由于错用虚词造成的，对此对外汉语教师都有深切的体会。从语言学习理论出发，在留学生学习汉语的一定阶段，对他们进行虚词强化教学，将对他们掌握好汉语起到积极的推动作用。

一　留学生掌握虚词的主要困难

留学生汉语虚词学习困难，主要集中在两个方面。
1.1 意义分不清
不同语言之间的词汇，除少量基本词汇的语义基本对等外，事实上，绝大多数词汇都找不到完全对等的对译词语，这已经是第二语言教学界形成的共识。在虚词上更是如此,几乎没有一个汉语的虚词在意义和用法上与某种外语词汇完全等同。因此,通过翻译法学习汉语虚词的留学生,很难恰当地领会每个虚词的真正含义。如"我们看电视"这个极简单的句子,加上不同的语气词,可以表达不同的意思,比较:

我们看电视吗？　　——确实询问
我们看电视吧？　　——确认询问
我们看电视呢！　　——正在进行
我们看电视啊？　　——不满语气

再比较：　我已经20岁了。——年龄不小了,强调数量大
　　　　　我才20岁。　　——年龄还不太大,强调数量小

同样是"20岁"这一事实,加上不同的虚词,所表达的意义完全不同。

可以说,帮助留学生把握汉语虚词的语义,是教师要解决的首要问题。

1.2 用法掌握不好

用法的错误比意义理解不清更为突出。

我们曾考察了母语为英语者的学习情况,考察对象为中、高年级学生(共150余人次),考察材料是约2.5万字的作业、作文[①],这是学习者自发地使用关联词的情况。

从回收资料中共收集到关联词使用上的偏误983例,发现语法平面的偏误和语义平面的偏误分布得很不均衡,前者占到总错例的80%还强,共789例,后者仅占总错例的不足20%,只有194例,主要是作文中反映出对汉语关联词意义理解错误。下面对语法平面错误进行归纳、分类。

语法平面偏误共有六类,按照错误率的多少依次为:缺少关联词语、关联词搭配错误、关联词位置不对、连接项错误、用错相关成分和用错句型。具体分布如下:

错误类型	出现频次	占语法错例的百分比	占总错例的百分比
缺少关联词语	276	34.98%	28.07%
关联词搭配错误	218	27.62%	22.17%
关联词位置不对	204	25.85%	20.75%
连接项错误	39	4.94%	3.96%
用错相关成分	34	4.3%	3.45%
用错句型	18	2.28%	1.83%
总　　计	789		80.23%

1.2.1 缺少关联词语

如上表所示,缺少关联词语是六种偏误类型中最多的一种,约占语法偏误例的35%。如:

(1) ×她虽然很瘦,身体Φ很好。

(2) ×不管他是谁,Φ不应该骗人。

这类偏误所缺少的关联词多数分布在后一分句,主要是缺少那些起关联作用的副词"都、就、才、却、也、还、再"等。这说明习得者还未建立起相关副词要与相关关联词配合使用的观念。

1.2.2 关联词搭配错误

此类偏误仅次于前一种,约占语法偏误例的28%,涉及偏正复句的各主要类型(因果、条件、让步、假设、转折)中的相关关联词。如:

(3) ×即使下雨,可是不会太大。

(4) ×既然天气不好,所以不去爬山了。

错误搭配的关联词也主要分布在后一分句,与前一类偏误类型相比,这类偏误的特点是习得者有相关关联词配合使用的意识,但未真正掌握好它们的用法。

1.2.3 关联词语位置不对

汉语的关联词不但有搭配上的要求,而且在句中出现的位置不是自由,有些只能出现在主语前,有些则只能出现在主语后,否则产生偏误。在我们所调查的语料中共收集到此类偏误 204 例,占到语法偏误例的 25% 还强。如:

(5) ×Φ 我不但去过那儿,他也去过。

(6) ×不但我 Φ 去过那儿,而且还去过三次。

1.2.4 连接项错误

所谓连接项错误,主要是连词"和"的问题。"和"连接的成分一般是名词性的,下面的句子分别连接了形容词、动词词组和小句,都是错句。

(7) ×我的房间干净和舒服。

(8) ×今天下午我打了网球和看了电影。

1.2.5 用错相关成分

"不管"和"尽管",除了要求后一分句中有相关关联词搭配使用外,对前一分句中出现的成分也有严格要求。"不管"后要求必须跟不确定的选择项,而"尽管"后必须跟确定项,下面的句子正好用相反了。

(9) ×不管天气很不好,我也要去爬山。

(10) ×尽管条件多么不好,他也会按时完成任务的。

1.2.6 用错句型

"或者"和"还是"有较为严格的分工,"或者"一般出现在陈述句中,"还是"则一般出现在疑问句中。下面的句子违反了这一原则,是错句。

(11) ×我明天还是后天会去找你。

(12) ×他是日本人或者韩国人?

除了连词的用法掌握不好外,其他各类虚词也都存在这种现象。例如介词"他把老师的话没听明白"、"质量问题一直被厂长不重视"等。

二 如何有效地帮助外国学生掌握汉语虚词的用法

针对留学生学习汉语虚词的困难,探索有效的、符合第二语言学习规律的方法进行教学,是对外汉语教师面临的课题。笔者自1986年起,为中高级阶段的学生开设了专门的虚词课程,对如何进行虚词教学进行了一些实践和探索。

2.1 明确虚词课的教学目的及教学内容

开设专门的虚词课程,目的应该十分明确,即帮助留学生掌握汉语虚词的意义和用法,使他们在实际交际中真正会使用虚词,因此不期望在虚词课上给学生系统的虚词全貌,不需要讲解每个虚词全面的用法,更不是以教师为中心进行讲解,学生被动的听讲,而是要生动活泼,突出重点,以学习者为中心组织教学。为达此目的,首先要确立适当的虚词课教学内容,同时要讲究最恰当的教学方法。

汉语虚词是封闭的类,常用虚词不过四五百个[②],如果对这些虚词进行再筛选,选择出留学生误用率高的,实际上真正要进行再学习的不过三百多个,可以期望,经过对这三百多个虚词的再学习,学习者可以快速提高使用汉语的水平。

2.2 探索有效的汉语虚词教学方法

2.2.1 对初级阶段分散学习的虚词用法进行归纳和总结,使之条理化和系统化。如"关于"是一个常用介词,但偏误很多,如:

　　×我关于中国历史问题一点不了解。

　　×我现在想关于中国妇女问题讲一讲。

要总结出"关于"的基本句型:

A. 关于……,主语+动词

B. 主语+动词+关于……+名词

同时要指出"关于……"处于定语位置上时,名词前要用"的",句型是:

　　主语+动词+关于……+的+名词

再如连词"无论",针对学生常出现的偏误"无论天气好不好,我去颐和园"和"无论天气很不好,我也去颐和园"等,总结出:

A. "无论"的后边,一般要有其他关联词配合使用(如"都、也、反正"等);

　　(1) 无论谁有困难,我们都应该帮助。

　　(2) 无论汉语怎么难学,我也要坚持学下去。

B. "无论"后的成分应该是可选择的,常用格式有三:

　1) 无论+V不V/A不A;

　　(3) 无论你去不去,反正我一定去。

　　(4) 无论贵不贵,她都要买。

　2) 无论+还是/或者;

　　(5) 无论你同意还是不同意,我们的计划都不会改变。

　　(6) 无论你去或者他去,反正得去一个人参加这个会议。

3）无论＋疑问代词；

(7) 他不管干什么,都很认真。

(8) 不管工作多么忙,他都坚持每天游一个小时的泳。

2.2.2 开展近义虚词对比教学

开展近义虚词对比教学,是对外汉语教师常用的一种手段,可以采用以下几种方法:一对一对地比,如"才、就","不、没","常常、往往"等;一组一组地比,如"正、在、正在""马上、立刻、顿时""朝、向、往"等;一类一类地比,比如助词,有不同的小类:结构助词、动态助词、语气助词等。

无论使用哪种方法,目的只有一个:便于学习者清楚地认识每一个虚词在相关汉语虚词系统中独特的位置。

2.2.3 进行同类虚词整体教学

每一个虚词有自己的独特位置,独特用法,但是有些同类虚词,不同之中又有某些共同之处。站在全局,对这些共同之处作出理论上的归纳,从宏观上概括和把握虚词的用法,也是中高级阶段虚词教学的重要内容,它对提高学生运用虚词的能力十分有利。例如学生常常造出这样的句子:

(9) 不但他去过颐和园,而且去过三次。

(10) 我们不但不同意,他们也不同意。

(11) 他一来,就同学们都走了。

(12) 我们按时去餐厅参加晚会了,却邀请人没来。

问题出在关联词的位置上。根据分句定位的原则,汉语复句中的关联词可以分为四类:只能出现在第一分句里、只能出现在第二分句里、在几个分句中重复出现和只能在分句之间出现。在分句定位的基础上,进一步根据主语定位的原则,又可以把关联词分为三类:前置定位关联词、后置定位关联词和非定位关联词。有了这种对关联词位置宏观上的概括和使用上的说明,不但可以清楚地解释为什么上面的句子是错误的,而且能够快速、有效地帮助学生正确地使用关联词。

2.2.4 体现教学成果的办法——表格

实用性表格是体现对比研究成果的一个有效方法。

对外汉语虚词教学需要应用语言学理论的指导,但根本目的在于提高学生运用虚词的能力,因此不必要的理论上的阐述和烦琐的解释都和我们的教学目的相违背。实用性对比表格简明、易懂,又使用方便,是体现对比研究成果的一个有效方法。如"常常"和"往往",比较下列两组句子,会发现每组句子中 A、B 两个句子的意义明显不同:

(13) A. 他讲话常常很啰唆。

B. 他讲话往往很啰唆。

(14) A. 这种事情常常在下雨天发生。

B. 这种事情往往在下雨天发生。

"常常"单纯强调动作经常出现,不一定有规律性;"往往"除了强调动作经常出现外,还是对于到目前为止出现的情况的总结,有一定的规律性。正因为如此,用"往往"的句子需要指明与动作有关的条件、情况,而"常常"不需要。比较:

(15) 他常常来我家喝茶、聊天。

一到星期六晚上,他往往来我家喝茶、聊天。

(16) 我们常常去那家饭店吃饭。

每次有朋友来看我,我们往往去那家饭店吃饭。

此外,"常常"是对已出现的事物的客观叙述和总结,因此不用于主观意愿,不用于将来的事情;"往往"可用于主观意愿,可用于将来的事情。"常常"的否定式是"不常","往往"一般不受否定词的修饰。以上区别可以归纳为下表:

	强调规律性	指明有关的条件或情况	用于主观意愿	用于将来	否定式
常常	-	-	+	+	不常
往往	+	+	-	-	没有

为清楚地显示两个虚词(如"不"和"没")在意义和用法两方面的不同,表格可以设计如下:

	意 义		用 法		
	否 定	强调	时间	经常性习惯性	非动作动词
不	动作(+V)性质(+A)	主观	现在将来	+	+
没	发生(+V/A)完成(+V/A)	客观	过去	-	-

这种表格为学习者提供了工具书式的方便,便于他们随时查阅。

2.2.5 教学成功的关键——最大限度地调动学生的学习积极性

我们采取的做法是:

1) 课堂上输入给学生的所有的感性知识材料,即课堂用例一定要精选,既要简单,又要实用。所谓简单,是说用例中一般不要出现生词,因为虚词课的目的不是学习新的词汇,生词多了会分散学生的注意力,影响学习情绪;所谓实用,是说用例要贴近学生的日常生活。因为如果学生觉得所学的材料是他们想学的,是有意义的,就越能唤起他们的兴趣,留下的印象就越深,记忆的也就越牢固,使用时句子的生成也就越快。

2) 学生应该始终是课堂的主体,尽量为他们提供活动的空间,让他们在课堂上和教师一起分析讨论问题,最大限度地调动起学生的积极性,使学习者产生主人翁感,产生绝对的参与意识。为此我们在讲义的编排上,尽量把阐述过程设计成有意义的练习形式,从一开始学生就必须说话,必须动脑,不是被动地听讲,而是积极参与,使他们感到上虚词课不是负担,而是一种有趣的语言实践。

2.2.6 尊重第二语言学习规律——掌握好教学环节

语言习得是一个循序渐进的过程,虚词教学也要符合这一过程,也要讲究层次。对外汉语虚词教学的层次性主要体现在两个方面:一是体现在教学内容的循环、重复上。二是体现在具体虚词的习得过程方面,即对某个虚词或某对虚词的教学也要讲究循环和重现,使学生在逐步递进的过程中加深认识,掌握用法。为实现这一目的,课堂教学至少应保持以下六个环节[③]:

① 课堂练习(填空或辨别正误),发现问题,引起学生的注意和重视。

② 课堂讨论,分析问题,启发学生思考。

③ 教师总结,把分析或对比分析成果简明地展示出来。

④ 再次课堂练习,重复强化已学知识,在一个新的层次上巩固和提高。

⑤ 课后练习,再次重复强化课堂所学知识,使它们成为习惯或技能。
⑥ 讲评课后练习中出现的问题,进一步总结提高,进入一个新的循环。

第④⑤⑥环节都是在做重复练习,第④是连续重复,第⑤第⑥是间隔重复。几乎所有的学习理论都在不同程度上重视重复,因为重复是记忆所学东西的最重要的一种手段,特别是间隔重复,对于掌握课堂知识,达到一有某方面的刺激,就立刻回忆起所学知识来有特别明显的效果。

三 虚词教学举例[④]

"再"和"又"是留学生常用错的一对虚词,教学过程如下。

(一) 填空

(1) 他说错了,(　　)说了一遍。

(2) 你说错了,请(　　)说一遍。

(3) 今天(　　)下雨了,不能出去玩了。

(4) 今天(　　)下雨,就(　　)不能出去玩了。

(5) 参观了长城以后,我们(　　)参观了长陵、定陵。

(二) 比较

1. (　　)的基本语义是"重复";(　　)的基本语义是"添加"。

(1) 衣服没洗干净,得(　　)洗一遍。

(2) 星期天我洗了衣服,(　　)打扫了房间。

(3) 除了汉语课以外,我(　　)选了一门电脑课。

2. (　　)有时也表示重复,和(　　)的区别是,(　　)用于未然,(　　)用于已然;另外句中所用时间词不同、用"了"的情况不同、与能愿动词配合的情况也不同。

　　(4) 刚才小王(　　)来向我借自行车。
　　(5) 等一会儿咱们(　　)讨论这个问题。
　　(6) 这个人昨天来过,今天(　　)来了。
　　(7) 他不在,你明天(　　)来吧。
　　(8) 这个电影很好,我最近(　　)看了一遍。
　　(9) 这个电影很好,我打算(　　)看一遍。
　　(10) 文章写好以后,我(　　)认真修改了几次。
　　(11) 文章写好以后,应该(　　)认真修改几次。
　　(12) 他的病完全好了,(　　)可以和我们一起参加比赛了。
　　(13) 老师,您可以(　　)讲一次吗?

3. (　　)还可以表示确定性的重复,后边一般有"是、要、该、得(dei)、可以"等词;(　　)还可以表示假设的重复,多用于假设句中。

　　(14) 时间过得真快,明天(　　)是星期六了。
　　(15) 快开学了,哥哥(　　)要离开家了。
　　(16) 一放假,我(　　)可以天天去游泳了。
　　(17) 要是你(　　)不走,就赶不上火车了。
　　(18) 如果(　　)发烧的话,一定得去医院看病。

(三) 小结

1. "再"的基本语义是"重复",例(1);"又"的基本语义是"添加",例(2)(3)。

2."再"用于未然的重复,假设的重复,例(17)(18);"又"用于已然的重复,确定性的重复,例(14)—(16)。

2.用法上也有明显不同,即所用时间词不同(例(4)—(7)),用不用"了"不同(例(8)—(11)),出现在能愿动词的前后不同((12)(13))。详见下表。

	意义		用法		
	基本语义	用于	时间词	用"了"	出现在能愿动词
再	重复	未然的重复 假设的重复	表将来的 (明天、以后等)	不用	后
又	添加	已然的重复 确定性的重复	表过去的 (昨天、以前等)	用	前

(四)练习

(1) 这件事不着急,过几天(　　)说吧。

(2) 今天下午,老师(　　)问起了这件事。

(3) 秋天到了,树叶(　　)要落了。

(4) 我的中文还不够好,打算在中国(　　)学一年。

(5) 去年,我(　　)在中国学了一年中文。

(6) 老王,你(　　)该到医院检查身体了。

(7) (　　)过几个月,我们就毕业回国了。

(8) 要是(　　)不退烧,就该去医院打针了。

(9) 你能(　　)了解一下那儿的情况吗?

(10) 弟弟睁开眼睛看了看,翻个身(　　)睡着了。

附注

① 李晓琪(2001)《母语为英语习得汉语关联词难点及其对策》,《华文教学与研究》第 4 期。

②《汉语水平词汇等级大纲》中所收虚词有 500 多,分布情况如下:

	副词	介词	连词	助词	总计
甲级	54	20	18	16	108
乙级	97	24	37	6	164
丙级	92	9	34	5	140
丁级	90	3	13	1	107
总计	333	56	102	28	519

③ 李晓琪(1998)《论对外汉语虚词教学》,《世界汉语教学》第 4 期。

④ 李晓琪(2005)《现代汉语虚词讲义》,北京大学出版社。

参考文献

胡明扬(1990)《外语教学的几个理论问题》,《语言教学与研究》第 4 期。
李大忠(1996)《外国人学汉语语法偏误分析》,北京语言文化大学出版社。
李晓琪等(1991)《现代汉语复句中关联词的位置》,《语言教学与研究》第 2 期。
李晓琪(1995)《中介语与汉语虚词教学》,《世界汉语教学》第 4 期。
——(2003)《现代汉语虚词手册》,北京大学出版社。
——(2005)《现代汉语虚词讲义》,北京大学出版社。
刘月华等(1983)《实用现代汉语语法》,外语教学与研究出版社。
吕文华(1994)《对外汉语教学语法探索》,语文出版社。
陆俭明、马真(1985)《现代汉语虚词散论》,北京大学出版社。
张谊生(2000)《现代汉语虚词》,华东师范大学出版社。
赵金铭等(1997)《新视角汉语语法研究》,北京语言文化大学出版社。

高级汉语口语语法与词汇的训练:对汉语非其母语学生的教学法研讨

美国维廉大学　顾百里(Cornelius C. Kubler)

孔子云:"名不正,则言不顺。"因此,本文开篇,我们首先对其中出现的一些术语加以"正名"。

关于"教学"这一术语,我们认为更为准确的描述应该是"帮助、促进学习者学习的活动";至于"高级汉语"中的"高级"一词实际上是一个非常模糊的术语。在此我们把美国政府的 Interagency Language Roundtable (ILR)语言水平标准的第三等级或三级以上程度定义为"高级"。ILR 语言水平第三等级,即能正确使用语法结构和词汇,进行与实际生活、社会、职业相关的正式的或非正式的交谈。需要指明的是,ILR 的第三级程度相当于全美外语教师协会(ACTFL)的"进阶"水平(superior),而不是"高级"水平(advanced)。

说到"口语",我们可以将这个术语定义为一个人在一个适当语境下说话及说出的话。这个语境可能是很非正式的,也可能是很正式的。由于中文口语和书面语之间存在着巨大差异,针对两种语体的教学必须加以区分。这种区分不仅要体现在教学的内容上,还应体现在教学技巧上。"中文"一词在这里虽是指标准普通话,但是下面提到的一些与此相关的教学技巧也可能适用于其他中文方言的教学。最后说说"汉语非其母语学习者"这一术语,它指的是母语不是汉语的学生,以及那些汉语不是其最强的语言的学生。这也就意味着"汉语非其母语学习者"包括大部分在美国生活的华裔学生。

一 高级中文语法和词汇的构成

教学过程中,语言教师常常提到"高级"这个形容词。问题是当我们使用这个词时,我们到底想说明什么?换句话讲,高级程度的汉语语法、词汇和初级中级程度的汉语语法、词汇有何不同?

我们认为,操本族语者对词汇的使用频率是区分高级汉语和初级中级汉语的一个重要标准。高频词汇和结构如"我"、"人"、"学校"、"因为……所以……"、"这个比那个好"一般会在初级课程里出现,这是因为它们的使用频率高。中级课程覆盖的词汇、语法和初级课程比起来,可能其使用频率相对低一些,但总体来说,也算是高频的。比如说,"无论"、"拿……来说"、"非……不可"就应该算作中级词汇或中级语法。相比之下,高级汉语词汇、语法结构为受过教育的中国人所了解,但使用的频率远远不及初、中级词汇及语法结构。

除了使用频率以外,语体(style)或是语域(register),如正式与非正式之分,也是划分等级的重要标准之一。初、中级阶段的大部分语言是无标记的,既不是很正式,也不是很非正式。但是,高级阶段的语言形式或者口语性比较强,或者非常正式,其词汇和语法结构为受过高等教育的中国人所了解和掌握。

区分高级和初、中级词汇的第三个重要标准是,看这个词是否会出现在具有专业性质的语境下。这个标准和前两个有所不同,因为所有受过教育的操本族语者可能知道一般性词汇,即使这些词汇的使用频率可能很低,语体可能很正式或非正式。但是,他们不可能了解各个领域的专业词汇。一般情况下,受过教育的操本族语者只能熟练使用他们曾经学习过的或是一直从事的领域的专业词汇。

当然,词语的使用频率、语体语域色彩(如正式、非正式之分)以及语言在某一领域的专业程度这三个标准之间互有交叉。比如说,非常正式的用法和专业术语出现在日常生活对话中的频率较低。尽管如此,我还是认为这三个标准在讨论高级汉语语法和词汇时,非常有用。

根据词汇和语法结构来确定语言学习的高级程度还要考虑其他因素,比如说方言和典故。另外,"话语能力"(discourse competence),也对确定高级水平口语十分重要。话语能力是指说话人成功控制一个言语事件的能力,包括三个方面内容或技巧:(1)当不能理解交谈内容时,仍能保持言语得体;(2)按照操本族语者的逻辑和语言习惯安排、组织话语,从操本族语者的角度看,交流流畅、易懂;(3)采用一些词汇和片语(如过渡词、遁词)来帮助听话人抓住谈话要点。虽然这些因素也很重要,但是鉴于篇幅所限,我在这里先不做深入探讨。

1.1 高级汉语口语用词的例子

下面是高级汉语口语用词的一些例子。其中一些词可能对操本族语者来说并不难,也许两三岁的小孩儿都能经常使用这些词。但是,对非操本族语者来说,掌握并使用这些高度口语化的词汇并不容易,原因有二:其一,这些词极少在一般教科书和一般课堂教学中出现;其二,说中文的外国人很少有机会接触非正式的交际场合(事实上,只要有外国人出现交际场合,交际气氛常常会变得很正式)。因此学习者缺少学习、使用这些词的机会。

把:个～月、万～块

夹肢窝儿

好:买录音带～录音

好(不)容易才

来:三十～岁

来着:她姓什么～?

拟声:乓铃乓啷的

SV＋就＋SV＋在:我想这件事情妙就妙在这儿。

V＋个＋不/没＋V:说个不停,闹个没完

要嘛……要嘛:要嘛去,要嘛不去。

有的/没的:有的玩儿,没的吃

有的是/多的是:他有的是钱。

怎么(个)＋V＋法(儿):这个字儿怎么念法儿?

1.2 正式高级汉语用词的例子

下面是正式高级汉语用词的例子。这些词语有很多都是从古代汉语借用的,或是在结构上受古代汉语影响的。虽然这些词语在日常对话中较少出现,但是在特定的社会语言语境下,至少一部分受过教育的中国人会使用些它们。下面例举的是一些正式的高级汉语词汇和语法结构。虽然"成语"(四字结构)是高年级学生的必修内容,但是在这里我特意举一些成语以外的例子。

不仅……而且

不外乎(是)

凡是……都

归功于

过于

贵庚,令尊,家母,舍妹,敝姓

即使……也

基于

加以:加以解释,加以说明

仅次于

甲乙丙丁戊

岂:岂不是……吗,岂只,岂敢

以……身份

以……为主

指……而言

之所以……是因为

之一:那也是……的原因之一

1.3　高级汉语专业用语的例子

下面列举的是一些技术性、专业性很强的汉语术语,他们大部分是词,而不是语法结构。同样,这些例子只是各行各业中专业术语、技术术语中的一小部分。

百里香

次方言

多次入境签证

隔音板

航空母舰

火气大了
经济成长率
军备竞赛
蝌蚪
猕猴
脑膜炎
人大
榕树
韵母

二 高级汉语语法和词汇的教法

高级汉语与初、中级汉语词汇和语法的教学技巧不应该截然不同。在初级阶段教学中,大部分语言教师会采用大量操练方法,而且有的还会要求学生背诵课文、对话(我个人十分推崇这种做法)。但到了高级阶段,人们就很少采用这些教学方法。而在我看来,即使在高级阶段,操练、背对话和表演也都是必不可少的。因为学生需要有机会使用他们学过的语言知识,具有代表性的,包含大量高级程度词汇和语法结构的对话是达到让学生充分接触语言的一个非常有效的途径。学生通过重复和其他一些操练形式熟悉语言材料,然后把所学的语言内化。只有经过这一过程,他们才能积极、灵活地运用语言来表达自己的想法。

在初、中级阶段,教师把教学重点放在语法结构而不是词汇上,这种做法是正确的。为了保证学生有足够的时间学习语法结构,有经验的教师一般不会给学生过多的词汇。如有需要,词汇学习还可以和语法结构的学习结合起来。然而,随着一个学习者语言水平的提高,词汇本身的重要性也就随之提高。在高级阶段,学习者应该掌握词汇的准确意思和用法,包括一些专业词汇和技术术语。因此,在这个阶段,"词汇学习"(word study)变得十分重要,需要学生多下功夫。词汇学习包括同义词、近义词、反义词、常见缩写、词素、构词原则、词汇扩展等。此外,了解古代汉语也可以帮助学习现代汉语的学生理解不熟悉的词汇、谚语的语义,扩大他们现代汉语的词汇量。

高级汉语听说教材可以是录像带或是录音带上的一段对话、这个对话的汉字本、词汇表、语法注释,以及各种操练和练习。有的操练和练习可以录制在录音带上,而学生必须通过使用这些录音带进行练习。

教师和学生可以按照下面的步骤开展课堂活动:

1. 词汇　教师应带领学生对词汇表上的每个生词进行认真仔细操练。

   a. 教师领读每个生词,然后学生重复两至三遍。
   b. 教师就每个生词造两三个例句(例句可以课前准备,也可以在课上由教师即兴发挥),然后让学生重复例句。
   c. 教师向学生提问,或是给学生设计场景,学生必须自己想一个句子,并且把所学词汇灵活地运用到这个句子里。具体做法是教师给学生一个相对简单的句子,让学生用他们刚学过的词汇或语法结构把这个句子转换成意思相同但是结构上或用词上更复杂的句子。

下面是用这种教学技巧的例子:

例一(要练习的句型是"岂不是……吗?")

老师:他这样做不就是要破产了吗?
学生:他这样做岂不是要破产了吗?
老师:他这样说话难道不会得罪人吗?
学生:他这样说话岂不是会得罪人吗?

例二(要练习的句型是"不外是")
老师:他的报告就是有关汉语教学的问题。
学生:他的报告不外是有关汉语教学的问题。
老师:做筷子的材料就是竹子、塑料和象牙。
学生:做筷子的材料不外是竹子、塑料和象牙。

例三(要练习的成语是"不可或缺")
老师:水是自然界一种不能缺乏的资源。
学生:水是自然界一种不可或缺的资源。
老师:发展科技的时期,人才是不能缺乏的条件之一。
学生:发展科技的时期,人才是不可或缺的条件之一。

在通常情况下,设问、情景提示是最有效的,但是教师也可以让学生用新学的词汇、语法直接造句。需要注意的是,教师必须及时更正学生犯的错误,并让学生重复正确的句子。

2. 对话 学生们合上书,跟着老师重复对话中的句子。这种操练每进行一段时间后,教师应该停下来,根据操练的内容问学生尽可能多的问题,以确保学生理解他们刚才操练的是什么。如果学生有问题,无论是什么方面的问题,教师都可以在这个时间加以讲解。如果对话的长度适宜,教师还应该要求学生在课前把课文背下来,并在课上当场背诵。如果课文太长,教师也可以选择其中最有用的一部分叫学生背诵。

3. 讨论 每学完一课书,教师应该拿出一个课时讨论。讨论课一开始可以讨论一些事先准备好的问题,随后以这些问题作为出发点,讨论一些和课文主题有关的话题,特别是一些和课文主题有关的时事。讨论过程中,教师和学生应尽量使用在课文中出现的词汇和语法结构。

4. 口头报告　每学完一篇课文,每个学生还要准备一个简短的口头报告(报告长度为3—5分钟)。题目和课文内容相关。报告中,学生应该尽量多地使用课文中出现的生词和句法结构,并在下一节课上向全班同学和老师作报告。学生作报告时,可以准备一些笔记或一个内容大纲作为参考,但不应该只是简单地照读讲稿。教师应该用录音机把学生现场作的报告录下来,然后教师和学生一起仔仔细细地再听一遍报告内容,更正所有语音错误、词汇错误和语法错误。然后,教师和学生一起针对这些错误进行更多的练习。最后,学生应该再作一遍报告。作报告的目的是为了给学生提供一个自由使用新词汇、新语法结构来表达自己看法的机会,同时把学生的汉语加以"净化",清除学生过去没有被及时发现的已"僵化"(fossilized)的错误。对于语言学习者来说,准备一个讲稿,然后报告给听众是一个非常重要的学习环节。一个学生作完报告后,其他学生可以就报告内容向报告人提问,老师也可以问其他学生有关报告内容的问题。

5. 口译　为了练习口译,老师或是学生可以大声地读一段课文的外文翻译,然后让另外一个学生译成中文。在翻译过程中,老师应该对学生犯下的错误予以纠正,并叫学生把译错的地方再重新翻译一遍。在初、中级教学阶段,老师不会给学生设计口译练习。但在高级教学阶段,少量的口译练习是有用的。因为以后不管是在正式的还是非正式的场合,学生肯定会有必要进行翻译。

学好口译这项技能并不容易,因为口译不是要表达自己的想法,口译人员的任务是尽可能地传达原文或是其他说话人的意思。也正是由于这个原因,口译是检验学生对课文熟悉程度的一个有效办法。

三 高级汉语教学的一些特殊要求

高级汉语教学有一些有别于初、中级教学的特殊要求。首先,高级汉语教学需要按小班进行组织。初级口语操练可以在8—12人班有效开展;相比之下,高级语言班对话课的人数最好控制在5—6人,尤其是在2—3个学生中组织教学,可以达到最佳效果。此外,对于一个成功的高级阶段汉语课程来说,如果每星期能给学生安排一些个人辅导时间(如每周1—5个小时),是最理想的。

第二,一个学习者的口语水平越高,他就越需要专业化和个人化的语言培训。专业化和个人化的教学方式要根据每个学习者的长项、弱项、学习方式、兴趣以及他将来的工作需要来决定。高级阶段语言教学中,应该大大加强具有专业性质的内容。一个成功的教师不但应是语言教学的专家,而且也要具备除语言教学以外其他行业的专业知识。一位语言教师如果同时拥有经济学、政治学或是国际关系学的硕士文凭,其教学效果定会胜过只有单一专业知识的教师。

第三,在高级阶段,学习者应该至少把一部分的语言学习放在目的语国家。当然,去中国学习这一经历本身是远远不够的。学习者应该参加一个安排合理、管理严格的语言培训项目。语言培训项目结束后,他还应该继续在目的语国家工作、学习或是生活一段时间。在这个过程中,学习者应出席各种正式或是非正式的场合,寻找各种机会和当地人进行日常且密切的接触。

四 跟高级阶段汉语教学相关的其他问题

在这里,我们还应该简要地提一下其他一些和高级阶段汉语教学相关的更为宽泛的问题。这些问题包括学习与习得、交际模式、流利程度、学习者动机以及如何预测高级阶段语言教学成果。

4.1 学习与习得

Walker(1996)在他的一篇文章中曾提出两种不同的教学模式:"学习教学模式"(Learning Model Instruction,LMI)和"习得教学模式"(Acquisition Model Instruction,AMI)。LMI关心的是学生对知识点的掌握情况,如个别语音、语法结构及词汇。传统意义上的课堂教学加上一本课本和一位教师就组成了LMI。与LMI有所不同,AMI更关注学习的过程和策略——也就是全方面的学习能力而不是个别知识点(详细内容参见 Kubler et al. 1997)。从初级到高级,各个学习阶段这两种语言教学模式互相加强、互相补充,单靠一种教学模式是不够的。但从总体来说,随着学生语言水平不断提高,习得模式所占比重应越来越大。

Ross(1997)也曾提出过类似的观点。她指出"初级阶段以后的汉语教学应该逐渐地从教师管理式学习"过渡到"学习者自我管理式学习"(p. 52)。在汉语教学的高级阶段,教学重点应该是如何培养学生成为独立自主的学习者。因为高年级的学生对教师和课堂的依赖程度会逐渐减少,取而代之的是对来自中国社会的各种资源和学习者自身资源的利用。所以,除了词汇、语法、汉字等以外,高级阶段的汉语教学也应关注学习者的学习过程和学习策略。

4.2 交际模式

汉语教学是一种有关交际的训练活动,不应只是把思路局限在听、说、读、写这四项基本语言技巧上,应重视交际模式对口语训练的影响。

常见的交际模式有:人际间交际模式、理解性交际模式、报告式交际模式。

人际间交际模式 比如一个对话或一封电子邮件。在这种交际模式下,交际的一方可以持续监测交际另一方,注意对方是否正确理解自己表达的意思,交流是否需要必要的调整,并通过协商(如"你是想说……")来确认对方要表达的意思。

理解性交际模式 这种模式包括对中文 artifacts(如讲演、电视节目和文章)从文化角度上的正确理解。对于非操本族语者来说,理解性交际模式比人际间交际模式更具挑战性。因为在这种交际模式下,说话人不能通过"协商"的途径来进一步表述自己的思想。所以,这种交际模式需要说话人对目的语社会的成就文化和信息文化有很深刻的了解。一个学汉语的学生对中国文化、历史、价值观越是了解,他越是能够原汁原味地理解 language artifacts 的本意。

报告式交际模式 比如向中国观众发表一个讲演或是为他们写一篇文章。和理解性交际模式一样,报告式交际模式缺少互动性,因此说话人不能和听者直接进行语义的"协商"。因此,这种交际模式,无论是口头表达还是文字表达,也需要语言学习者都必须对中国的成就文化、信息文化以及中国的传统习俗有深刻的了解，这样他们才能确保把自己想表达的意思准确无误地传递给听众。

在语言教学的初、中级阶段，人际间交际模式占主导地位，但是随着学习者语言水平的提高，理解式交际模式和报告式交际模式就变得越来越重要了。因此，高级阶段的汉语教学要特别注重学生对电视节目、电影、报刊专栏、实事评论、现代及古典文学作品、公众讲演和写作的训练。

4.3 正确率、流利度和持久力

"流利"这个术语用在这儿主要指的是速度，包括听、说、读、写的速度。

高级阶段的语言教学和初级阶段的教学不但有质（quality）的区别，也有量（quantity）的区别。处于高级阶段的学习者往往被赋予更高的期望值。在特定的时间内，他们要能够处理更多的语言信息，使用正式的词汇和语法结构，表述得体、熟练，同时还要保证话语的准确度。过去 20 年里，美国的汉语教学界时有关于"准确率"（accuracy）和"流利度"（fluency）之间孰轻孰重的激烈争论。这种争论其实对高级阶段的汉语教学意义不大，因为在这个阶段，准确率和流利度对学习者来说同等重要。

"持久力"一词在这里，指的是一个说话人能长时间保持话语准确、流利，即语言学习者处理大量具有高难度语言材料的能力。特别是在诸如背景干扰噪音严重、交流对方带有很重的地方性口音、说话人处于情绪激动状态、交流时间十分紧迫或交际双方处于高度疲惫状态等不利的客观条件下，一个人若能较长时间保持准确流畅的交流，就说明其语言交际的持久力强。有的时候，如果客观条件理想，且准备充分，高级阶段的学生是能够在有限的时间内,表现出高水平的口语和理解能力的。但是,有经验的老师都知道,在"真实的世界"里,只凭如此有限的语言水平,学习者是不可能在专业领域中伸展自如的。

由此可见,跟初、中级程度的学习者相比,高级程度的学习者必须能够更快、更好地处理更多、更难的语言材料,而且能够在长时间内保持这种水平。

4.4 学习者的动机

学习者的动机是学习者语言水平提高的一个重要因素。有学者把学习者的动机分为两种:功利性动机和综合性动机(参见 Gardner and Lambert)。功利性动机(如学习中文是为了干好工作,挣更多的薪水,或是得到提升)可以帮助学习者达到二级或三级水平。然而,要想达到四级水平,学习者至少需要一定的综合性动机(比如,他们发自内心地崇尚中国文化,甚至可以说在某种程度上想成为中国人)。

要达到四级水平,学习者除了需要付出更多的努力外,还需要对中国文化和中国社会具有一种类似"局内人"的熟悉和敏感。只受功利性动机驱动的学习者虽能达到二级或三级水平,但使用汉语时会被制约在跨文化交际的状态下,而四级水平的学习者同中国人的交际至少在某种程度上,是朝"同文化交际"的方向发展的。

4.5 对高级程度学习者的汉语学习进展的预测

语言学习者的水平越高,教师就越难预测他们今后的学习进展情况。这是因为,语言水平越高,想取得进步就越难,花的时间就越多;另一方面,跟初、中级阶段相比,高水平学习者的进步更依赖于学习动机和态度、努力程度、总体教育情况、智商、个性等。

对绝大多数语言学习者来说,只要他们付出足够的努力,达到初级甚至是中级水平应该不是问题。但是,并不是所有人都能达到高级水平。笔者曾在做强化中文培训项目时发现,教师可以非常容易地预测大多数初级班(也就是在一年内,口语和阅读从零水平达到二级水平)和中级学生的学习效果(在一年内,口语和阅读从二级水平达到三级水平)。但是,有很多已经达到三级水平的学生,即使他们再花一年时间学习,他们当中仍然有不少人大概永远也达不到四级水平。

对高级程度学习者学习进展情况的预测,还受制于学生语言能力发展的不平衡性。由于性格和其他方面的因素,学习者可能在某一语言能力方面先达到四级水平。因此,那些可以达到四级水平的学生不一定要同时在所有能力上都达到四级水平。例如,一个图像记忆力(visual memory)好、性格内向的学生,经过努力学习,可能更容易先达到阅读的四级水平。相反,一个图像记忆力不太好的学生,但性格外向,语言表达力强,可能更容易先达到口语的四级水平。

参考文献

Brecht, R. D. and A. R. Walton (1994) "The Future Shape of Language Learning in the New World of Global Communication: Consequences for Higher Education and Beyond". *Foreign Language Learning: The Journey of a Lifetime*, ed. by R. Donato and R. M. Terry. National Textbook Company, Lincolnwood, Illinois.

Gardner, Robert and Wallace E. Lambert (1972) *Attitudes and Motivation in Second Language Learning*. Newbury House Publishers, Rowley, Massachusetts.

Kubler, Cornelius C. (1985) "The Five-Minute Lecture". *Journal of the Chinese Language Teachers Association* 20.2, p. 65-69.

—— (1987) "Training for High-level Language Skills". *The Annals of The American Academy of Political and Social Science*, March 1987, p. 125-136.

—— (1988) "Chinese Grammar and Expression Check List". *Journal of the Chinese Language Teachers Association* 23.1, p. 57-85.

—— (1997) (with Yung-O Biq, George C. Henrichson, A. Ronald Walton, Margaret M. Wong, Wei-Ling Wu, and Clara Yu). *NFLC Guide for Basic Chinese Language Programs. for Basic Chinese Language Programs Pathways to Advanced Skills* Vol. III, National Foreign Language Resource Center, The Ohio State University, Columbus, p. i-xxx, 1-224.

—— (2002) "Learning Chinese in China: Programs for Developing Superior-to Distinguished-Level Chinese Language Proficiency in China and Taiwan". In *Developing Professional-Level Language Proficiency*, ed. by Betty Lou Leaver and Boris Shektman, Cambridge University Press, p. 96-118.

Ross, Claudia. (1997) "The Framework for Post-Basic Chinese". *Journal of the Chinese Language Teachers Association* 32.3, p. 51-56.

Walker, Galal (1996) "Designing an Intensive Chinese Curriculum". *Chinese Pedagogy: An Emerging Field*, ed. by Scott McGinnis. *Pathways to Advanced Skills* Vol. II, National Foreign Language Resource Center, The Ohio State University, Columbus, p. 181-227.

对外汉语语法教学的基本环节与模式

南开大学　卢福波

虽然"教无定法",每位老师在教学中都会自有套路和窍门,但是同一性质的教学往往会有一些基本的教学原则和模式是共通的,这就是教学中个性与共性的依存关系。

对外汉语语法教学中,自始至终应该贯彻"有用、具体、实在、浅显"的基本精神和原则,这几个方面在教学中不能割裂,而应相辅相成、水乳交融。这意味着任何一个语法项或语法知识的教学,任何一个语法教学的环节,都应该体现这一原则和精神。

一　基本教学环节与教学模式

通过哪些基本教学环节和模式来具体体现这些原则精神呢?笔者认为以下几个基本教学环节和几种基本教学模式在对外汉语语法教学中应该是不可或缺的。

- 基本教学环节可以浓缩为以下几项:

教学环节：
① 预测、认识某语法项学生习得的偏误 ⎫
② 针对偏误确立教学策略（知识、方法）⎭ 备课中完成
③ 有针对性地点拨讲解，要求简明、具体、实用 ⎫
④ 有针对性地多类型、多角度操练 ⎬ 授课中完成
⑤ 检测与反馈——授课中或授课后完成 ⎭

- 课堂教学中的两个基本环节——精讲、操练，可以通过以下教学模式加以体现：

精讲环节教学模式：
① 具象化——设置、利用可视、可感等外部条件切入教学；
② 图示化——把抽象的、理性的内容用图示加以具象展现；
③ 规则化——把讲解的要点归纳概括为简明易记的规则；
④ 公式化——把要点或规则抽象成一目了然的公式或表格；
⑤ 相关性——针对问题，把与之必要的相关内容联系起来；
⑥ 对比性——学生易混的汉语相近现象的对比，汉外对比；
⑦ 互动性——引导点拨激发学生投入思辨学习，师生互动。

前六项是从知识讲授角度总括的，第七项是从教师课堂操作方法角度总括的，即前六项的任何一项的实施，都应通过第七项的操作方式得以具体实施。

操练环节教学模式：
① 针对讲解要点——要点分解的操练；
② 针对句型或语法项——局部整合的操练；
③ 针对句型或语法项应用——结合情景和实际生活的操练。

二 基本教学环节与教学模式的具体体现

这一部分我们侧重几个方面，通过语法项的具体教学处理实例来体现对外汉语语法教学的基本教学环节与教学模式的运作过程。

2.1 关于偏误预测

认知心理学认为，一个人掌握的知识和技能越多，受到过去经

历和活动影响的可能性就越大,这种影响往往还会成为他处理新的学习任务的出发点或基本组成部分。调查数据显示,儿童第二语言学习受到母语的影响极少,而成年人则反之,这可以看作是对上述学习规律的一种诠释。成年学习者学习第二语言时,往往广泛地依赖已经掌握的母语,并经常把母语中的语言形式、意义和与母语相联系的文化因素迁移到第二语言习得中去——正负迁移。

语言的学习跟其他知识的学习有所不同,语言的运用不是靠死记硬背完成的,而是一种全新的创造性过程。受到以往语言知识或学习经验的影响,第二语言学习中不可避免地会出现两种偏误现象——回避与泛化——没有把握的就回避不用;与原有语言结构、知识结构联系过程中出现错误。

可见,偏误是成年人第二语言习得中不可避免的现象。准确的偏误预测是对症下药、有的放矢的保证,是使负迁移向正迁移方向转化、避免回避、泛化等偏误产生的前提条件。因此,偏误预测是教学准备的重要环节,也是教学成败的关键性条件。

一个语法项有多种偏误产生的可能,其诱因大多也是多种多样的。偏误预测并不意味有多少偏误产生的可能就预测多少,而是要针对教学目标与重点进行有针对性的预测。

例如:

(1)"偶尔"这个词的教学。根据教学经验,应该至少预测到以下偏误情况:

(1)﹡这只是一次偶尔事故,别那么指责她。

(2)﹡今天我在街上偶尔遇到了我的一位老同学。

(3)﹡大多是我主动给她打电话,她只是偶然给我打一两次电话。

第一种是功能折射到形式上的表现,相对容易讲解,我们简化处理的话只需告诉学生,"偶尔"是副词,只能修饰谓词性成分,不能修饰名词性成分。在意义大致相同的情况下,如果要修饰名词性成分,应选用具有形容词功能的"偶然"。

第二、三种相对难讲,从功能上,"偶尔"、"偶然"都可以看作副词,都具有修饰谓词性词语的功能;从意义上,都具有偶发性——发生次数少或频率低。如何浅显易懂地加以区分,是偏误预测后需要重点准备的内容。

根据学生可能的偏误,我们可以预测到,学习者最难以把握理解的是:

①"偶尔"——侧重于自主与可预测角度;

②"偶然"——侧重于非自主与不可预测的角度;

③"偶尔"、"偶然"的功能分布问题。

根据预测,教学应重点准备:

- 浅显易懂的区分性讲解——侧重到自主与非自主、可预测与不可预测的角度;
- 区分性应用练习——设计自主与非自主、可预测与不可预测等不同条件;设计不同功能、不同分布的语句条件。

(2)"时量"的教学。根据教学经验,应该至少预测到以下偏误情况:

① 均放于动词前,尤其是日韩学生。如:*"一个小时写了"。

② 均放于全句后。如:*"写作业了一个小时"。

③ 根据汉语一般的动量分布进行泛化。如:*"他帮了一年我"。

针对预测情况,备课时必须注意三方面的准备:

① 动作与动量的关系——符号链时间顺序意念;

② 动作与人和事物的关系；

③ 汉语时点与时量的差异。

2.2 关于具象化、图示化、规则化、公式化的操作

学习是一个使知识结构不断整合的过程,这种整合既要有具象的感觉,又要有抽象概括的逻辑性和认知的理据性。认知心理学告诉我们,双编码认知——语义、形象,能够更迅速、更准确地领会知识,并能更好地、更有效地形成长时记忆,同时也会使知识结构的转化过程相对缩短。第二语言的语法学习属于典型的抽象思维类型,不借助一定具象和具体表现手段,就会给学习、理解带来一定困难。所以对外汉语语法教学中应想尽一切办法将抽象的语法具象化、图示化、规则化、公式化,以达到浅显易懂、简单明了的授课目的,从而实现便于记忆,容易运用这样一种教学效果。

2.2.1 关于具象化的操作

以"把"为例。

• 从可以建立感性认识的字形入手——"扌"——通过用手握住的动作——"把",让学习者建立个体专用量词"把"跟"用手握住"的联系。例如:

用手握住才能使用
有用手握住的部位 ｝ 东西 —— 单位量词 —— "把" ｝ 刀 剪子 扇子 伞 壶 枪 椅子
（个体）

- 感性的——手可作为称量事物的器物——集合量 { 土 / 米 / 糖 / 瓜子 / 花生 }

  (事物特征——小一些的,可用手抓起数个的)

  * 一把苹果 / * 一把篮球

- 感性的——用手掐合的数量——集合量 { 筷子 / 胡子 / 韭菜 }

  (拇指跟其他手指对接握的量)

  (事物特征——细长的、可用手抓起数个的)

  * 一把本 / * 一把裤子

- 进一步引导认识 ——手——张缩大小之别——数量间插入"大"与"小"

  手张得很大抓/拿　　　　手张得很小抓/拿

  (抓了)一大把(花生米/筷子)　(抓了)一小把(花生米/筷子)

- 感性的——手的抓拿——引申用法:

  一把胡子——胡子意为老;一把年纪——抓起很多——意为年岁大

实践证明,汉语虽然量词繁多,但不可怕,教学中进行认知性联系既有助于有效学习,又有助于提高学习兴趣。

这种学习,既可以强化组合关系的认识,又帮助学习者建立了新的类属关系;新的类属关系不是简单地将概念与事物联系起来,而是认知性建构了一种横向、纵向的组合聚合关系,容易转化为长时记忆,而且万一忘记,也容易通过形象和具体事物加以联系——激活储备的知识,通过联想恢复记忆,成为真正的获得性学习。

2.2.2　关于图示化、规则化、公式化的操作

以介词"随着"为例。

"随着"——动作——跟着、跟从

——介词——条件与事件发展的关系——为发展性动作引进一个动态条件

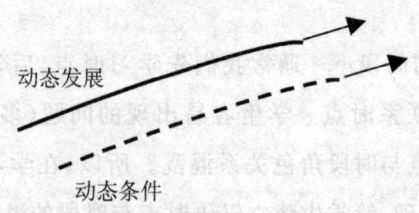

动态发展

动态条件
条件动,事物的改变也动

形成结构 { 条件部分——随着……的＋动态性词语(发展、改善、推移、延长、深入);
动作部分——动态性 { 有(了)＋动态性组合;
"出现/加大/提出(了)"等动态性组合;
越来越＋谓词性词语(了) }

举例:(4) 随着国家经济的发展,老百姓的生活水平有了很大的提高。

(5) 随着生活水平的提高,人们对生活质量也提出了更高的要求。

(6) 随着时间的推移,我越来越习惯这里的生活了。

2.3 关于相关性

对外汉语语法教学中既要注意横向关系,又要注意纵向关系。联系性学习有助于建立知识链,无依无靠的单一知识容易遗忘,而相互有联系的知识,既容易理解,又不易遗忘。

相关性教学是根据或利用知识与知识间的共同特征,建立新知识与原有知识的关系链,以产生新的理解或认识,形成更高分化的认知结构,实现新语言要素的主动建构——角色分配、理解、归类、构建、形成长时记忆。学习一种知识,如果不建立联系,也不进行应用,就会学了新的,忘了老的;反之,学了新的,就提取出跟它有联系的老的做比较,认识它们共同的特征和所承担的不同责任与角色,在更高层次上总结出它们系统上的联系,才是真正地掌握了知识。例如:

• 时点与时段——通常我们先学习时点,后学习时段,学习时段时,应该联系时点。学生容易出现的问题(多与知识泛化有关)是——时点与时段角色关系混乱。所以,在学习这一知识时,应用浅显的道理,给学生建立汉语时点与时段的思维意念(认知语言学的相似动因——时间顺序)。可以用公式法进行强化:

时点	动作	时段
五点	参观	
	参观	两个小时

• 动量与宾语位——学生出现的最大问题是各类宾语与动作量之间的混乱(见上文偏误预测)。针对上述问题,我们先给学生在头脑中打造一个宏观分布格局。如:

动作	动量	事物宾语	读了一遍课文
动作	表人宾语	动量	批评了他一顿
动作	动量	处所宾语	跑了一趟出版社
动作	处所宾语	动量	下午来我家一趟

从而让学生在短时间内初步、迅速了解和掌握汉语这种现象的分布规律。至于处所宾语的两种现象涉及到的语用表达的焦点问题,等到学生到了高等水平时,也应该从认知上加以解决。

2.4 关于操练

操练过程:熟练——记忆——激活(预期控制、引起目的行为、对环境施加影响)。

学习者不可能将仿照来的话语原样不动地搬到交际活动中去,只能根据情景、目的需要创造性地活用所学语言。因此,只是模仿、熟练某个话语结构或句型,不能真正实现培养交际能力的目的。

练习设计要有明确的针对性,主要表现在以下方面:

练习的针对性 { 针对学习对象和学习目标
针对存在的偏误和认知偏差
针对语法项目教学中的各个角度
针对结构与使用的关系 { 既要注意横向关系,又要注意纵向关系。
既要静态熟练掌握,又要动态综合运用。 }

以"随着"为例:

- 要点分解练习:

  角度之一——针对不用动态性词语的偏误——将语句前后动态性词语处空出——练习说出动态性词语

  例如:(7) 随着第一场大雪的<u>到来</u>,真正的冬天也已经<u>开始了</u>。

  (8) 随着对中国了解的<u>加深</u>,她也<u>越来越</u>喜欢中国<u>了</u>。

  角度之二——针对不把动态性词语作中心语的偏误进行设计:

  例如:(9) 消失 随着 新鲜感,她也由兴奋变成了沮丧。——由学生组织句子

  (10) 随着秋天到来,天气也越来越冷了。——

改正错误

(11) 随着<u>他对小王了解的增多</u>,他的态度也开始转变了。——完成句子

- 构建结构与成句练习:

  角度之三——针对不能按照"随着"的结构制约条件组织句子的情况进行设计:

  例如:给出情况,用"随着"组织完成句子:

  给出情况:快要考试了,她心里很紧张。

  ——随着考试日期的临近,她心理也越来越紧张了。

- 应用练习:

  ① 列出某种表格——让学生根据列表用"随着"表述。

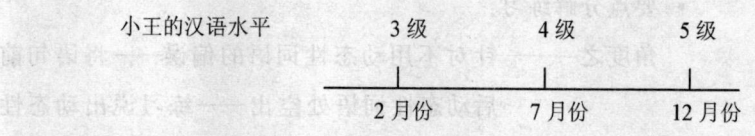

小王的汉语水平	3级	4级	5级
	2月份	7月份	12月份

  该练习不给学生提供词语,由学生自己来选择词语,组织句子,进行应用表达。

  ② 提供图画或影像——让学生根据图画或影像用"随着"表述。

  例如:多云——阴——阴云密布

  ③ 利用谈话,引导学生根据实际情况运用"随着":

  你觉得汉语难学吗?——一开始觉得汉语很容易学,随着汉语知识的增多,反倒觉得越来越难学了。

  ④ 根据你自己的情况或你所看到的情况,用"随着"来说

一说它们的情况。

　　　　引导：来中国多长时间了？刚来的时候有认识的人吗？现在呢？等等。

三　结语

• 对外汉语语法教学中既要注意横向关系，又要注意纵向关系：

教师要根据共同特征——母语或目的语，为学习者建立新知识与原有知识的结合创造条件，使学习者不断产生新的理解，形成更高分化的认知结构，实现新语言的主动建构——理解、归类、熟练掌握、长时记忆、灵活运用。

• 语法研究与对外汉语教学语法的辩证关系：

研究应使问题逐步深化；教学则使深化的问题趋于浅显；

研究是教学的前提；教学是研究的转化——具象化、浅显化、规则化；

要把研究所得的高度概括、高度提炼的观点和结论分解性地、融会贯通地具体体现于教学过程之中——有具体的消化分解过程——不是观点或结论的搬用，而是再生产和再加工的过程——有新的换角度思维的创造在其中。

对外汉语语法教学应以研究为动力推进教学，从点点滴滴的积累开始，逐步加以深入，以此来不断提高教学水平。

参考文献

王甦、汪安圣(1992)《认知心理学》，北京大学出版社。

卢福波(2002)对外汉语教学语法的体系与方法问题,《汉语学习》第 2 期。
蒋祖康(1999)《第二语言习得研究》,外语教学与研究出版社。
鲁健骥(1999)《对外汉语教学思考集》,北京语言文化大学出版社。

对外汉语汉字教学综观

中国人民大学　李　泉

一　对外汉字教学的基本规律和基本建设

1.1　汉字教学基本规律的探索。近 20 年来,海内外的汉语教学工作者在汉字教学基本规律的探索方面做出了很大的努力,积累了许多宝贵的经验,其中有许多是共识性的。这里就汉字教学的目标、原则、策略和基本方法等几个方面,选择有概括性和代表性的论述,择要概述如下:

(1) 汉字教学的目标:一般地说,汉字教学的目标是通过教授汉字基本的笔画、笔顺、部件和基本结构,培养学习者汉字的认读和书写能力。具体而言就是培养学习者的汉字能力。什么是汉字能力？施正宇(1999)进行了系统阐述:所谓汉字能力,指的是用汉字进行记录、表达和交际的能力,包括写、念、认、说、查五个要素。写,就是书写,并达到正字法的要求;念,就是根据汉字形体所提供的信息准确地念出它所承载的字音;认,就是根据字形提示的意义

---

* 本文根据作者应邀参加英国汉语教学研究会在牛津大学举行的年会(2004.9.9 - 10)上的主题发言删改而成。

信息辨认并区别字义与词义;说,即称说,指用已知的有关汉字形、音、义的知识来称说未知的字形,称说的内容主要是笔画的名称、数量和位置关系,部件的名称、数量和结构关系,同音字或形近字;查,指用笔画(笔顺)、部首、拼音进行检索、查看汉语和汉字工具书。施正宇关于汉字能力的概括是比较全面、充分的。当然,这应该说是理论目标或者说是理论上的要求,实际教学也要根据教学对象的特点和要求制定出更为具体和实际的教学目标,而不一概而论。

此外,易洪川(2001)提出了在对外汉语教学,特别是识字教学中,应该培养留学生正确的汉字观的问题。强调通过必要的汉字知识的讲解,体察汉字的概貌,了解汉字与汉语在字、词对应上的不严整性,等等,帮助学生克服对汉字盲目的畏难情绪(或是盲目的乐观——笔者),建立起汉字包括"可以学好"在内的一些正确的汉字观,从而有利于汉字教学和学习效果的提高。

(2)汉字的教学原则:这里一并把人们提到的有关汉字教学的一些原则、基本方法、基本步骤等共识性的意见,或者是近年提出的新观点,择要列举如下(重复者只提一次):

① 李培元等(1986):根据历年的教学经验,汉字教学大致分为以下几个步骤:先教基本笔画;从基本笔画到独体字;分析合体字,化繁为简;把字和词的教学结合起来。

② 吕必松(1995):汉字教学的原则和方法是:先认读,后书写;先教可做部件的独体字,后教合体字;先教笔画少的,后教笔画多的;对象形字、指示字、会意字、形声字可适当作些说明,以帮助理解和记忆。

③ 周小兵(1999):汉字教学应采用多项分流、交际领先的原

则,包括:输入与输出的分流,即对汉字的认读和书写,在总量和掌握要求上的分流;输入时识记字义和识记字音的分流;输出时拼音与汉字的分流。

④ 刘珣(2000:372):语和文先分后合,初期汉字应按自身规律独立教学;强化汉字教学,字与词教学相结合;把握汉字的构成规律和基本理论,利用汉字的表意和表音功能识记汉字;按笔画、部件、整字三个层次,从笔画、笔顺、部件、间架结构四个方面进行教学;重视对比,加强复习,通过书写识记汉字。

⑤ 俞志强(2001):抓紧笔画和部首的学习,学汉字的困难会大大降低;汉字测验不要放在每节课开始,以免造成同学的紧张和反感,可放在下课前进行;汉字测验的积分应采用递进的办法,即前期的考试和测验的比重低些,后期重些,比如:第一、二、三、四汶分别占 10%、20%、30%、40%。

1.2 汉字教学基本建设携要。这里介绍几个权威部门发布的有关大纲中对汉字的教学要求,以及个人有关汉字基本建设方面的研究成果。

(1) 国家汉语水平考试委员会办公室考试中心制定《汉语水平词汇与汉字等级大纲》(修订本)(北京:经济科学出版社,2001)共收汉字 2905 个,其中,甲级字 800 个,乙级字 804 个,丙级字 590 个、丙级字附录 11 个,丁级字 670 个、丁级字附录 30 个。

(2) 国家对外汉语教学领导小组办公室编《高等学校外国留学生汉语言专业教学大纲》(北京语言文化大学出版社,2002)共收汉字 2503 个,其中,一年级汉字表收入 1491 个汉字(分为一级字 795 个,二级字 696 个),二年级汉字表收入 545 个汉字,三、四年级汉字表收入 467 个汉字。

（3）国家对外汉语教学领导小组办公室编《高等学校外国留学生汉语教学大纲（长期进修）》（北京语言文化大学出版社，2002）共收汉字2605个，其中，初等阶段1414个，中等阶段700个，高等阶段491个。

（4）北京语言学院语言教学研究所编《常用字和常用词》（北京语言学院出版社，1985），对1978—1980年出版的全国通用中小学语文课本的全部词汇和汉字进行了统计和分析，其中制定的《按出现次数多少排列的常用汉字表》，收出现次数最多的汉字1000个。统计发现，中小学语文课本的全部篇幅，有近五分之四是用这1000个高频汉字写成的。

（5）赵金铭《〈外国人基础汉语用字表〉草创》（1989），作者在检讨了本体研究成果的基础上，结合教学实践分析了有广泛影响的四部基础汉语教材的用字，最后将外国人基础汉语用字数量定为1000个，并根据外国人基础汉语用字选取原则和提取手续，确定了1000个基础汉语用字。经与《常用字和常用词》（见上文）对比发现：二者重合的字为862个，相异的字138个。这是因为二者的服务对象不同所致。《草创》的字表对外国人基础汉语教材的编写和教学，自应有它的独特之处。

二　汉字教学调查研究和教学实验研究

2.1　汉字教学调查研究

（1）王碧霞等（1994）：对126人次进行了题为汉字学习的心理调查。得到了这样一些基本结论：①留学生对汉字的最初认识：在他们眼中的汉字只是一堆无意义的符号，他们无法体会笔画之间的相互关系。②留学生识记汉字的策略:形象联想、结构联想、母语联想。③识记汉字的过程:存在着摸索期、过渡期、适应期,不同时期采取不同的学习方法;往往是形象记忆→笔画记忆→偏旁记忆→字素记忆→框架记忆→意义记忆。汉字学习的好坏,直接影响学生的各科成绩,汉字不过关会长期影响到各科成绩的提高。对汉字教学提出的反思和建议:①汉字教学缺乏独立性:既无课本,又无单独的授课时间。②针对性不强:不区分不同母语及其文字体系背景的汉字学习者(如日韩和欧美)。③科学性不强:基础阶段汉字的输入受制于语法点的排列,输入的汉字难易不均,重现率低,输入的汉字随意性较大。④建议设立专门的汉字课;加强基础阶段输入汉字的定量和定性研究;基础阶段汉字的输入量要大,输出量要小,同时输入方式要灵活,既有要求会读、会写的,也有要求只读不写的。

(2) 石定果、万业馨(1998):调查了学汉语平均年限为5年的汉语学习的相关情况。调查结果:①绝大部分学生对汉字的基本结构与特征已有一定的认识,尤以形声字的形旁的判别率为高;对声旁的判别能力明显低于对形旁的判别能力。②读音方面的困难多于书写,"见字不知音"是最大的困难,同一声旁的系列形声字读音有出入;笔顺问题比较突出,形似字书写时难度大。③学生更倾向于从整字到偏旁的教法,以获得对偏旁的具体认识。④学生大都要求汉字教学与汉语教学相配合,即听说读写的内容尽可能一致。⑤汉字圈以外国家的学生普遍认为"汉字很难"或"相当难",理由如下:文字体系的根本差异,字符集庞大,字音障碍,字形困扰;⑥非汉字圈国家的学生普遍认为汉字难,却都对汉字感兴趣。根据调查,作者获得的启示是:学生对字音的高度重视超乎我们的想象;多数学生希望采取先整字然后归纳分析的教学步骤,这与我们惯常主张由独体到合体、由部件到整字的程序相悖;多数学生赞成汉字和汉语教学同步,以免增加负担,即随文识字,而不是各行其是。单独设立的汉字课也宜考虑与语言课的协调问题。

(3) 江新、赵果(2001):首先建构了一个有一定信度和效度的汉字学习策略量表,并基于136份有效问卷,对初级阶段留学生的汉字学习策略进行分析,结果发现:①总体上,留学生最常用的是整体字形策略、音义策略、笔画策略和复习策略,其次是应用策略,最不常用的是归纳策略。②汉字圈国家学生比非汉字圈国家学生更多使用音义策略、应用策略,更少使用字形策略、复习策略。③汉字圈国家学生比非汉字圈国家学生更加经常使用制定计划和设置目标的元认知策略。江、赵(2002)还进行了关于学习策略的调查研究:通过对留学生汉字学习策略和汉字学习成绩相关关系的分析,发现:①应用策略(即应用汉字进行阅读和表达)对提高汉字学习效果有很大帮助。也即应用策略使用得越多,汉字学习效果就越好。②字形策略(即对字形进行机械练习或把字形当作整体来记忆,其中缺乏音、形、义之间互相通达的练习)很可能不利于汉字书写的学习,也即字形策略使用得越多,汉字书写成绩就越差。③利用意符对汉字意义识别很有帮助。④形声字学习比非形声字学习对策略的使用更敏感。

(4) 李大遂(2003):对42名中高级留学生的汉字识字量(即读、用、写三会的综合识字量)进行调查。方法:A 给汉字注音,B 用指定汉字组复合词语,C 根据拼音填写汉字。调查结果显示:①与有关大纲规定的要求相比,中高级留学生综合识字量偏低。②对字音掌握较好,对字形掌握最差。③对《汉语水平词汇与汉字等级大纲》中甲、乙两级汉字掌握不扎实。④汉字文化圈学生在识字量方面有明显优势,但高级阶段优势大幅下降。⑤华裔学生识字量远低于非华裔学生。

2.2 汉字教学实验研究

(1) 施家炜(2001):教学实验共12周,分为实验组(实行部件教学)和控制组(实行笔画教学),教学内容:汉字基础知识,汉字习得课题字表等。实验目的:考察对不同部件数、笔画数以及字频的汉字进行部件教学和笔画教学效果的差异。考察发现:在教学前期,两组被试的笔画偏误占的比例均明显大于部件偏误,而到了后期,情况发生了变化,控制组部件偏误大大增加,超过了笔画偏误;而实验组部件偏误的绝对数量虽然也有所增加,但仍然少于笔画偏误。在这时,两种教学方法对汉字的偏误起了作用。

(2) 江新(2001):在实验研究和数据分析的基础上,得出了以下几个初步的结论:①留学生对规则形声字的读音均好于不规则字,表明他们对形声字的读音也明显受到声符表音规则性的影响。②三年级学生的形声字读音规则效应比二年级学生大,表明外国留学生对形声字读音规则性效应随汉语水平提高而增大。③三年级比二年级学生更多地使用声符类推策略去推测生字的读音。这可能表明对形声字声符表音作用的意识随汉语水平提高而增强。

(3) 邢红兵(2003):规定声旁完全标音的形声字叫做规则字,声旁部分标音和不标音的形声字叫做不规则字,这种由于规则和不规则造成的对汉字认读加工的影响叫做规则效应。同一声旁构成的全部形声字之间,有的读音完全一致(永——泳、咏);有的读音不完全一致(青——清、睛、猜)。这样就形成了有的组中形声字有读音例外的情况,这种由于同一组中的相邻字对加工过程所产生的影响叫做一致效应。得出结论:①认读形声字过程中,规则性起作用:学生能够有意识利用规则性特征,规则字的认读率明显高于不规则字。②认读形声字过程中,受到字频的影响:低频字比高频字更多地利用规则性特征。③规则性特征的作用跟学生的汉语水平有直接关系,水平低的学生在汉字认读过程中更多地利用规则性特征。④规则性跟学生的母语有直接关系,非汉字圈国家的学生在汉字认读过程中更多地利用了规则性特征。⑤频率和规则效应有交互作用,认读频率高的形声字规则性小,相反则大。

以上这类对学习者汉字学习的策略、过程以及相关因素的调查和实验研究,是最近几年才开始的,成果还很有限,但是已经为我们展示了这方面研究的良好前景。这样一些研究不仅在视角上由过去更多地研究怎样教转向学习者是怎样学的研究,从而有利于更好地教,而且也因此开拓了汉字教学和习得研究的新局面。许多结论或问题,不经过这样的调查和实验研究就发现不了。因此,这样一些调查和实验设计是值得大力提倡的。下文关于汉字偏误和汉字认知研究,情形大体同此。

三 汉字偏误研究和认知研究

3.1 汉字偏误研究。这方面的研究主要来自教学实践,因此对教学有实际的帮助,相对来说成果不少。研究的内容主要不外乎偏误类型、成因分析和教学策略。当然研究的角度、方法、依据的理论、材料来源和具体的研究内容等,则不尽相同。下面试简要加以概括。

(1) 偏误类型:限于篇幅,完全重复的说法只列一种。例如:

①李培元、任远(1986)：字形相混；结构混淆；笔画增减；结构不匀，位置改变；字词不分，结构错位。②张旺熹(1990)：部件混乱；部件错误；结构松散；结构混乱。③杜同惠(1993)：字素混淆；字素遗失；笔画变形；同音字错；混音错字。④肖奚强(2002)：部件的改换（近形改换、近意改换、类化改换）；部件的增损（增加意符、减损意符）。⑤陈绂(1996)：字形相近造成的；意义相关造成的；与一个熟悉的常见词相混淆。

此外，⑥曾金金(2001)把听写中的汉字偏误分为：别字（小姐－少姐）；缺字（一下儿－一下）；误代（伙食－或者）；错字（"真"里面的三横写成两横）。⑦陈慧(2001)把外国学生识别形声字错误类型归纳为：规则性错误（把"拙"读为"出"）；一致性错误（按照这个形声字家族中的其他字来读这个汉字）；词语连贯性错误（受"蛋糕"的影响把"糕"读为"蛋"）；拼音错误（把"讨"写成"岛"）；随意性错误（找不到规律的错误）。⑧叶步青(1997)谈到的汉语词语的中介形式，有些也可以看作是汉字的偏误，主要类型包括：同音替代（公司－工司、确实－确是）；偏旁省代（忘记－忘己、请求－情求）；形近相混（党－堂、美丽－美朋）；镜像错位（毛泽东－手泽东、邓小平－队小平、风－冈）；点撇无定（关系－天系、农村－农材）；出头与否（夏天－复天）；生搬硬套（优点－好点 good points）。另外，施正宇(2000)，高立群(2001)，江新、柳燕梅(2004)等等，也都从不同角度研究了留学生的汉字偏误及其类型问题。

(2) 成因分析和教学策略：对于留学生汉字偏误的分析，大都结合具体类型和实例分析了偏误形成的原因，其中有许多所谓的偏误类型也就是造成偏误的原因；另外有些偏误的形成还可能有些更具体的或特殊的原因。此外，人们还提到了一些其他方面的原因,例如,文字体系不同(这是一个根本性的原因);母语文字视觉习惯和书写习惯的影响;认知方面的原因(如缺乏对汉字的积淀,尚未形成汉字处理的脑机制等);态度方面的原因(如重视和投入不够,心理上畏惧和排斥等);教学不得法,等等。同样,关于教学策略,人们也提到了一些,比如,打好基础,对基本笔画、笔顺、部件的教学,从一开始就要严格要求;介绍必要的汉字知识,加强汉字基本结构规则的教学;加强形声字的教学,充分发挥意符和音符的效用;重视对比归纳,注重实际应用;应结合词语和句子的学习,等等。需要指出的是,绝大部分的偏误研究都集中在汉字书写方面的错误,这无疑是需要的。但是,对字义、字音以及形、音、义方面的综合性的偏误也应给予更多的关注。

3.2 汉字认知研究。20 世纪 80 年代以来,对汉语、汉字的认知研究逐渐成为国内外心理学界关注的对象,取得了不少成果。但是,中国对外汉语教学界对汉字的认知研究是最近几年才开始的,总的来说成果还很有限,但是已经有了很好的开端。下面试简要介绍一下认知心理学对汉字的研究成果和对外汉语教学界对汉字的认知研究。

(1) 认知心理学对汉字的研究。例如:冯丽萍《汉字认知规律研究综述》(1998):①汉字字形加工的研究,包括对笔画、部件和汉字正字法知识的研究。研究表明,笔画、部件、结构、正字法知识等多种因素都会影响汉字字形的知觉与识别,但影响程度不同。②汉字读音的加工,包括语音规则性效应和一致性效应的研究。③汉字的语义加工,主要是对语义提取中义符的作用和儿童形旁意识发展的研究。④汉字的认知神经机制,包括语言的脑功能定位、认知神经机制的发展、不同母语者对汉字及拼音文字辨认的认知神经机制、失语症病人的形音义加工、脑成像及相关研究等。徐彩华(2001)结合汉字认知研究的新进展,详细讨论了汉字部件加工与部件教学,汉字声旁的加工特点与语音教学,语素的心理现实性与中文字词教学等问题。

(2)对外汉语教学界对汉字的认知研究。近年来,对外汉语教学界一些学者,借鉴心理学和认知科学的研究成果,开展了对汉字的认知研究,例如:石定果《从认知科学看对外汉字教学》(1999),徐子亮《汉字的认知及教学方法》(1999),万业馨《对汉字认知、汉字教学并语文关系的几点看法》(2001)、《误读与汉字读音认知》(2001)、《从汉字识别谈汉字与汉字认知的综合研究》(2003),江新《初学汉语的美国学生汉字正字法意识的试验研究》(2003),等等。他们在汉字认知研究的基础上,往往能结合汉字教学的实际提出一些建议,比如,冯丽萍(1998)在综述认知心理学有关汉字研究成果的基础上,建议在汉字教学中应考虑下列因素:①教学对象的确定:应区分是汉字文化背景还是拼音文字背景、零起点还是中高级汉语学习者等;②语音意识的培养:对于拼音文字背景的学习者来说,有一个从单向线性排列到二维平面结构、从形音联系到形音义三结合、从表音文字到语素文字的转变过程,因此要帮助学生了解汉字的性质、特点与规律,因为正是这种汉字意识作为一种预存的知识自上而下地影响汉字识别的心理过程。③教学汉字的选择:基础阶段可选择频率高、理据强、较规则、组词能力强的汉字,以有利于汉字的储存和提取,并形成正确的汉字观。④教学单位的编制:笔画、部件、部件组合、整字都有可能成为知觉与加工的单元,它们在不同的识别条件下发挥的作用是不同的。因此不必一味确定笔画或部件或其他,而应在定量研究的基础上,确定出一个综合以上几种要素的汉字教学单位体系。⑤定性、定量研究：口语用字与书面语用字频率、部件频率与部件位置频率等。

四　汉字教学方法和教学路径的探索

4.1　汉字教学方法的探索。这里所谓的教学方法，不是从笔画笔顺教起、先独体后合体、由部件到整字等关于汉字及其要素教学的具体方法、原则和技巧等微观意义上的教学方法，而是更为宏观一些、更具有方法论意义上的方法。例如：

(1)"图表教学法"(王学作 1980)：在汉字教学过程中，适当地利用图表来说明汉字的发生发展的历史事实和构造演变规律，是一种较好的教学方法。比如，①讲汉字形体的演变，可以利用一张图表把古文字(甲骨文、金文、小篆)和今文字(隶属、楷书、行书、草书)对比排列，来展示三千年来汉字形体演变的总趋势——由繁趋简、由多体到单体，由圆曲象形到平直方正。②讲汉字的构造也可以利用图表，来展示象形、会意、形声字的造字能力和一般发展顺序(象形字较早、会意字次之、形声字较晚，即由形义到形声)等。③利用图表来展示合体字偏旁的变形(及不变形)的特点和例字等。④图解现代汉字的结构，等等。认为图表教学能高度概括，画龙点睛；形象直观，一目了然。

(2)"析字教学法"(王学作 1980)：该法的指导思想是建立在汉字的构成有规律可循和初学者有能力可接受的认识论基础上的。析字教学法就是利用古已有之的"字源分析法"和"字素分析法"。二者在字体省改不大的汉字中大都是同一的，如"口""鸟"为"鸣"，会意鸟叫；但一些字体和字音变化较大的汉字，两种分析法就会出现差异,如"兵",从字源分析,是双手拿斧子,会意为动武的合体字,而字素分析可以说"丘八"。作者主张汉字教学中,应兼收二法,择善而从,不应厚此薄彼,独尊一法。

(3)"字素拼合法"(李文治等 1984):"字素"指构成汉字的结构单位,包括独体字、偏旁、常用部件。"拼合"指按照汉字的间架和结构要求,将字素加以组合。比如,学生先掌握了"立、口、日、十、阝"5个字素,就可以学习由这些字素组成的"部、陪、音、品、田、由、邮、阳、唱、早、章、叶、古、回、辛"15个常用汉字。进而再教给学生"月、一"2个字素,就又可以学习"明、朋、旦、土、吐、士、吉、肚、胆、干、肝、早、里、童、朝、胡"16个常用汉字。先后教给学生7个字素,就可以比较容易地学到31个汉字,连同6个独体字,学生可以不太困难地对37个汉字反复书写和记忆。作者认为,此法的好处是,把原来带有强制性的笔画的机械性记忆,变为字素拼合的理解性记忆,减少了汉字教学的难度。并可以使学生在短时间内懂得一些汉字知识,提高分析和理解汉字结构的能力。

(4)"综合联想识字法"(刘社会 2004):"综合"就是将一切行之有效的汉字教学法,不论门派,不分古今,统统运用到对外汉字教学中来;"联想"就是遵循汉字符号结构内在的规律以及利用汉字和汉语相互依存、相互适应的关系来培养初学者具有独立认识新字和吸收新词的能力。归纳出对外汉字教学十八法包括:1)部件分析法;2)看图拼音识字法;3)注音识字听说法;4)六书释义法;5)汉字构词识字法;6)集中识字与联想识字构词法;7)汉字和拼音互换法;8)部首查字法;9)手指书空法(边唱笔画或部件名称,边用手指书空);10)描红写字法;11)临摹写字法;12)部件组字法;13)课堂听写法;14)汉字信息处理法;15)构词辨字法;16)语用辨析法

(给加点的多音字注音);17)对比分析法(区分形近字);18)猜字谜法(用于课堂和练习)。

(5)"计算机汉字教学法":这里把一切利用计算机开发和实验的汉字教学方法统称为计算机汉字教学法。这方面的研究成果已有不少,代表了汉字教学研究的一种重要的方法和导向。但是,具体的目标、方法、适用范围和操作程序等则各有特点。有关文献如:郑锦全《计算机汉字设计与汉语教学》(1986),郑艳群《从〈多媒体汉字教学字典〉看多媒体汉语教学的特点》(1997),王建琦《利用多媒体教授汉字的想法和做法》(1999),王颖《用多媒体教材学汉字:教学法与技术上的几点建议》(2001),余蕾等《走向信息化、网络化和多媒体化的汉字教学》(2001),何文潮《教授初学者汉字的金钥匙——电脑中文》(2001)。

4.2 汉字教学路径的探索。指的是汉字教学所采取的方式方法,具体而之,即如何处理"语"和"文"的关系问题;质言之,就是汉字教学在整个对外汉语教学安排中放在什么位置,怎样处理口语和汉字的关系问题,如何和何时教汉字最有利。下面先介绍中国对外汉语教学界自 20 世纪 50 年代以来有关汉字教学路径的实验,然后综述 80 年代以来有关汉字教学路径的讨论。

(1) 汉字教学路径的实验(李培元、任远 1986)

① 先语后文:即在五六个月内,学生只接触拼音,不接触汉字,在掌握了几百个生词以后,才开始同时学习汉字。这个办法在 1950 年试验了一个学年后发现,虽然在初级阶段分散了难点,但是后期学生既要学新的汉字,又要补学旧的汉字,实际是集中了难点。而且只学拼音课文,比较单调;学生知道以后要学要用汉字,老见不到汉字容易产生急躁情绪。经过总结,认为这种做法弊多

利少,便否定了这个办法。

② 语文并进,即在两个星期的语音阶段先教汉字的基本笔画以及笔画较少、构字能力很强的字素(多为独体字);从学习语法、课文开始,边进行听说训练,边要求学生认、写汉字。这样做的好处是:a.较早地教汉字,符合学生的心理需求;b.每天均衡地学十几个汉字比临时大量突击记得牢固;c.学习中有听有说、有读有写,能起到相互促进的作用。这种办法虽然开始几个星期困难比较大,但是只要善于引导、方法对头,困难是可以克服的。就学习的全过程来讲,汉字量分布均匀,也可以说分散了难点。此法存在的问题是,汉字的出现完全从属于课文、单词,不能根据汉字本身的系统教授汉字。

③ 拼音汉字交叉出现:针对语文并进存在的缺点,为了有计划地先出常用的独体字,再出合体字,使汉字出现的次序符合汉字本身的系统性,为此在教材中试验使拼音和汉字交叉出现,即生词与课文只出现本课计划教授的和已经学过的汉字,其余的使用拼音,类似日文中的假名加汉字。此法的好处是,可以有控制有计划地出现汉字。但问题是,拼音与汉字交叉出现不符合实际应用的需要,这终究是一种过渡办法。同时,组字能力强的独体字并不容易先出来,有的不是常用词,可见操作起来难度较大。

④ 听说与读写分别设课:1975年北京语言学院进行了听说和读写分别设课的教学试验。即语音阶段(两周)只出现拼音,不出现汉字,课上除教拼音方案外,主要是听说训练。语音阶段结束后开始增加读写课,听说课和读写课的比例是3∶1。听说课开始以拼音为主,同时出现读写课学过的汉字;后期则过渡到全部使用汉字。读写课初期的教学重点是汉字,所用的单词和句型都是听

说课学过的,教学内容不需要跟听说课完全一致。后期的读写课逐步过渡到大量阅读和写作训练。此法的优点是,可以加强听说训练,可以有计划地出汉字;存在的问题是,两种相对独立的课型如何相互联系和配合,处理不好容易相互脱节。

(2) 汉字教学路径的探讨。例如:

① 杨铮(1987)赞同"先语后文":其一,方块汉字不表音(至少对外国人和汉文盲而言),要一个一个地学,一个一个记它的形状、意义和发音。这对使用汉语的人都困难,何况外国人呢?先语后文就是想把教"文"的过程暂缓一下,把教学中的困难分散开来,集中力量在不同阶段对付不同的困难,这就是先语后文的理论基础。其二,衡量教学方法的优劣是学生的学习效率,即学生在一定时间内,掌握和运用一种语言的能力增长速度。然而通常以学完了多少文法、掌握了多少词汇量和汉字量作为评价学生语言能力增长的标准的做法,是非常片面和不科学的。因为即使记住许多单字、单词和语法规则,考这些内容也可能得高分,但口中却说不出一个完整的句子,答不上一个简单的问题。其三,实践上"先语后文"还必须有一套相互紧密配合的会话教材和文字教材。文字教材要有意重复会话中所学过的东西,利用同样的句型、词汇做出新的、不同的句子和课文。阅读课本在一开始,为解决利用极有限的汉字编写课文的困难,技术上可使用罗马拼音与汉字掺合使用。

② 任远(1985)赞同"语文并进":主张汉字教学宜于跟语音、语法教学同步进行,即一开始便拼音、汉字一齐出。其一,听说和读写训练,声音和文字,由听觉获得信息和由视觉获得信息,是对成年人外语教学活动中,相辅相成的两个方面。其二,实行语文并进,充分利用由汉字特点引起的学生特有的注意力,增强文字形象

在整个学习过程中的作用,反而有可能使学得的口语能力更加巩固。其三,课堂上交替调动学生的眼、耳、口、手等器官进行活动,比单纯利用某种器官,效果更好。其四,语文并进并不妨碍对汉字进行自成系统的独立教学,只不过这项活动应基本保持与其他训练项目进度的大体一致。

③ 刘社会(1990)主张"语文并进","读写"和"听说"分设课型。认为语文并进,即学习汉语与教授汉字同步进行,符合成年人第二语言学习的心理。分设课型,汉字教学不必受听说课的约束,读写课可以尽量利用汉字的内部规律来组织教学。同时听说课也不必受读写课牵制,口语急需的词(如"谢谢、懂")可利用注音识字,提前听说,写的问题可在读写课学到有关部件时再解决。刘社会(2004)进一步提出"词本位"和"字本位"相结合的汉语教学路子。基础阶段采取口语和书面语分流而治的原则。口语教学以句型为纲,走"从词到字"随文识字的"词本位"的汉字教学路子。也就是说,先学会口语,再去学习书面语。书面语"以字为本",充分发挥汉字区别语素和构成新词的功能。

④ 白乐桑(1996)主张"语文分开":汉语中语和文的教学,只有以分离的代价或一种切断文字和口语教学之间联系脐带的代价,才能够同汉语固有的内在规律相配合,其口语教学能够求助于拼音和多媒体教材,其文字教学则集中在方块字上(包括结构、组合、频率等)。语和文分开,使汉字教学走向绝对的字本位教学法。

⑤ 张朋朋(1999)主张"语文分开、集中识字":"语文分开",即把口语教学和汉字教学分开,整个基础阶段口语教学都借助拼音来进行,只进行听说训练;汉字教学单独开课。"识写分开",即把识字和写字教学分开,前者使学生了解汉字的构造规律,掌握汉字

书写技能;后者采用集中识字法,以便迅速提高阅读能力。"先进行口语教学,后进行识字教学",在初级口语进行一半(120学时)以后才开始集中识字教学。"先进行写字教学,后进行识字教学"。初期开设口语课和写字课,课时比为3∶1;后期把写字课改为识字课,与口语课的课时比不变。

⑥ 李芳杰(1998)主张"字词直通,字词同步":汉字能代表语素充当词,又能作为构词成分与别的字组成词,而且90%左右的汉字与语素是一对一关系,因此,基础汉语教学阶段讲"字"不讲"语素",让汉字与词直接挂钩,即字词直通,则不仅可行而且可取。字词同步的要求是,教学规定的字词量比例合理、字词等级相应、字词难易要处理好、字词句教学全面同时进行。

⑦ 宋连谊(2000):根据教学实践反映出的问题,在观察和思考,特别是试验分析的基础上,得出了在中文教学中对汉字"只求认读不求书写是可行性的"结论。并且特别强调说,得出这一结论,并不是说"以认读为主的教学安排是很成功的",而是只想表明"实践证明这是完全可行的"。同时指出,并不是主张完全不学汉字,只是强调对书写汉字不作要求,特别是不必要求学生掌握所有学过的字的书写。

⑧ 王汉卫(2004):必须把汉字教学看作是读写课的一个有机组成部分,走汉字课和精读课"合而为一"的教学路子("合"是合作,而非合并)。"汉字教学的成败,根本不是汉字课所能承担的",尽管短期看单独的汉字课效益会比较高,但不能从根本上解决汉字问题。文章认为,汉字独立设课的理论依据、教学效果,以及它对学生汉字量所能起到的实际作用都差强人意。因而主张把汉字教学放在精读课中,具体而言就是,一体——精读课包容下解决汉

字的问题;适量——汉字板块要成为精读课时量的一部分;独立——汉字内容相对独立;长期——汉字内容贯穿于初、中、高三个学习阶段。

由上可见,几十年来围绕着如何处理"语"和"文"的关系问题,对外汉语教学界进行了多种尝试,积累了许多宝贵的经验。但是,各种做法各有特点,各有长短,似乎很难有一个绝对的好坏之分。迄今,"语文并进"和"语文分开",乃至于"先语后文",都有提倡者和坚持者,也都各自言之有理,持之有故,还有人提出了新的主张,显然在短时间内仍难以形成共识。实际上,有时虽然采取的教学框架是相同的,但是,具体做法也还很有差别,比如一种是同一门课(同一本教材)的"语文并进",一种可能是听说和读写两门课(两本教材)的"语文并进"。这表明,在汉语教学中,如何处理汉字教学跟口语教学(也包括跟语音教学、词汇教学、语法教学等语言要素)之间的关系问题,是一个相当复杂的问题,既涉及理论问题,更涉及实践上如何具体安排的问题。理论上说得头头是道,实际操作起来往往并不那么简单。这是由于汉字在形音义上的特殊性,以及它跟汉语之间的关系不同于其他种文字跟语言之间的关系所决定的。

因此,在这个问题上是否可以继续实验,继续探讨,而不必急于定于一尊。因为目前我们还没有找到更为科学的标准和可行的检测手段,来评价不同做法的优劣。各说各的理,各讲各的效果,是很难让人做出谁优谁劣的决断的,除非进行了实验对比,除非有了可信的评价标准。同时,"语文并进"、"语文分开"以及"先语后文"等教学路径,对于不同的教学对象,不同的教学环境,不同的教学目标,不同的学时学制,乃至于在不同的教师那里,都会各有用武之地,都可能取得很好的效果,比如上文⑦宋连谊的做法和要求。退一步说,"并进"也好,"分开"也好,"先后"也好,都是针对基础汉语教学的一个阶段,即便是整个基础汉语教学,它们之间虽然总体框架和路径不同,但是,基本教学内容(汉字、语音、词汇、语法)则是大同小异,更为重要的是,无论哪一种做法都不能不考虑"语"和"文"各自独立的系统性和相互之间的照应与联系的问题,而在这个时候不同的教法所采取的措施往往不是水火不相容的,有时是大同小异而已。因此,进一步完善和修正这些不同的做法,相互之间取长补短,也许比一定要在它们之间分出个高下更好一些。

五 汉字教学研究展望

5.1 综上所述,中国对外汉语教学界最近二十年来,关于汉字的本体研究和教学研究的领域正不断拓宽,在诸多方面都取得了可喜的成就。其中,在研究方法上,越来越充分显示出对汉字及其教学方法的个性研究和对比研究相结合,调查实验和理论分析相结合,定量研究和定性研究相结合,汉字本体研究和认知研究相结合。在研究队伍上,越来越呈现出国内学者和国外学者相互沟通,语言学家和心理学家相互启发,本体研究者和应用研究者相互借鉴。已有的成果,科学的方法,多元的队伍,这些良好的条件都为今后汉字及其教学研究取得更多的成果乃至重大的突破奠定了很好的基础。

5.2 但是,目前特别是横向比较来看,从教学上的需求来看,从我们要解决的问题和对这些问题的研究现状来看,汉字及其教学研究的成果还不能说很丰厚。一些方面的研究还是刚刚开始，比如面向对外汉语教学的汉字认知研究；基本建设研究也很薄弱，比如汉字教材的编写和研究；现有成果的梳理、吸收和利用还很不够。相对来说，汉字教学研究的队伍还不够壮大，国内从事汉字教学研究的人员相对较少，掌握汉字学理论、心理学理论和先进教育技术的汉语教师目前还是少之又少，专业的文字家和心理学家真正从事汉字教学研究的更是凤毛麟角。然而，我们也要看到，汉字的教学研究毕竟已经引起更多的人的重视和关注，包括国外汉字研究学者在内，整个研究队伍必然要壮大起来。事实上国内外已经有越来越多的青年学者（包括来自心理学和教育学的）加入到汉字教学研究的队伍中来，本文的综述中有许多就是他们的研究成果，这是令人鼓舞的。同时，研究成果也必将越来越多，对此我们充满信心。

5.3 最后，介绍一下近年来有关汉语和汉字教学的新的看法和由汉字教学引发的对整个对外汉语教学路子的新的思考。

（1）白乐桑(1996)：从教学理论的角度看，尤其是教材编写原则这一最关键的问题上，目前对外汉语教学面临着危机。大部分教材没有抓住汉语教学中最根本的问题，即怎样处理"字"这一语言教学单位。确切地说，无论在语言学和教学理论方面，还是在教材编写原则和课程设置方面，不承认中国文字的特殊性以及不正确地处理中国文字和语言所特有的关系，正是汉语教学危机的根源。作者认为，汉语的基本教学单位有两种：以字为基本语言教学单位的书面语言；以词为基本语言教学单位的口头语言。

（2）吕必松(1999)：汉字教学既是一个具体问题，也是一个带有全局的问题。因为汉字教学直接关系到整个汉语教学的路子。

一种语言教学采用什么路子,要根据这种语言及其文字的特点来决定。汉字有自己的特点,不同于拼音文字;汉字与汉语的关系也不同于拼音文字与其所属语言的关系。因此,汉语教学的路子应当有别于拼音文字的语言的教学路子。然而长期以来,对外汉语教学的路子,基本上是印欧系语言教学的路子。不严格区分口语体语言和书面体语言;按照"语文一体,语文同步"的模式组织教学内容和进行技能训练;把"词"和"句子"作为教学内容的基本单位;把汉字排除在语言要素之外,使其成为词汇的附属品。同时,我们没有向学生系统介绍口语体语言和书面体语言的区别;没有按照汉字本身的特点和规律进行教学,没有充分利用汉字和汉语某些易于理解和记忆的特点。充分认识汉字的特殊性以及汉字与汉语的关系的特殊性,是寻求新的教学路子的关键。文章明确表示,"汉字教学是汉语教学的组成部分","建立书面语言教学系统是改革汉字和汉语教学的当务之急",并具体提出了建立汉语书面语言教学系统的初步框架。此后,作者对上述基本观点进一步进行了全面系统的阐述。(吕必松 2000,2001,2003)

显然,无论是否同意这些意见,我们都应重视它们,因为这些意见不但十分明确而尖锐,也是具有导向性和影响全局意义的。从这个意义上说,他们的研究和思考则不但是值得欢迎的,更应引起我们的高度重视和深入的思考。因为这不仅仅是给汉字教学研究注入了活力,也很可能将对外汉语教学研究和教学改革引向深入。

参考文献
[法]白乐桑(1996)汉语教材中的文、语之争:是合并,还是自主,抑或分离?《世界汉语教学》第 4 期。

陈　绂(1996)谈对欧美留学生的字词教学,《语言教学与研究》第 4 期。
陈　慧(2001)外国学生识别形声字错误类型小析,《语言教学与研究》第 2
　　期。
冯丽萍(1998)汉字认知规律研究综述,《世界汉语教学》第 3 期。
[美]何文潮(2001)教授初学者汉字的金钥匙——电脑中文,《国际汉语教学
　　学术研讨会论文集》,《语言研究》2001 年增刊。
江　新(2001)外国学生形声字表音线索意识的实验研究,《世界汉语教学》第
　　2 期。
——(2003)初学汉语的美国学生汉字正字法意识的试验研究,赵金铭主编
　　《对外汉语研究的跨学科探索——汉语学习与认知国际学术研讨会论
　　文集》,北京语言大学出版社。
江　新、赵　果(2001)初级阶段外国留学生汉字学习策略的调查研究,《语言
　　教学与研究》第 4 期。
——(2002)什么样的汉字学习策略最有效?《语言文字应用》第 2 期。
李大遂(2003)中高级留学生识字量抽样测试报告,《暨南大学华文学院学报》
　　第 2 期。
李芳杰(1998)字词直通　字词同步——关于基础汉语阶段字词问题的思考,
　　《语言教学与研究》第 1 期。
李培元、任　远(1986)汉字教学简述,《第一届国际汉语教学讨论会论文选》,
　　北京语言学院出版社。
李文治、岳维善、张永亮(1984)字素拼合法在汉字教学中的作用,《语言教学
　　与研究》第 2 期。
刘社会(1990)谈谈汉字教学的问题,《语言教学与研究》第 2 期。
——(2004)对外汉字教学十八法,赵金铭主编《汉语口语与书面语教学》,北
　　京大学出版社。
刘　珣(2000)《对外汉语教育学引论》,北京语言文化大学出版社。
吕必松(1995)对外汉语教学概论(讲义)(第五章第四节:汉字和汉字教学),
　　《世界汉语教学》第 2 期。
吕必松主编(1999)《汉字与汉字教学研究论文选》,北京大学出版社。
吕必松(2000)试论汉语书面语言教学,广州华苑学术版《华文教学与研究》第
　　1 期。
——(2001)我对汉语特点的几点初步认识,《海外华文教育》第 1 期。

——(2003)汉语教学路子研究刍议,《暨南大学华文学院学报》第1期。
任　远(1985)基础汉语教材纵横谈,《语言教学与研究》第2期。
施家炜(2001)来华欧美留学生汉字习得研究教学试验报告,《中国对外汉语教学学会北京分会第二届学术年会论文集》,北京语言文化大学出版社。
——(1999)论汉字能力,《世界汉语教学》第2期。
石定果、万业馨(1998)关于对外汉字教学的调查报告,《语言教学与研究》第1期。
——(2001)误读与汉字读音认知,《中国对外汉语教学学会北京分会第二届学术年会论文集》,北京语言文化大学出版社。
——(2003)从汉字识别谈汉字与汉字认知的综合研究,《语言教学与研究》第2期。
王汉卫(2004)试论汉字教学的根本出路,北京语言大学对外汉语研究中心主办"对外汉语研究学术讨论会"参会论文,北京,2004－11－20。
[美]王　颖(2001)用多媒体教材学汉字:教学法与技术上的几点建议,《国际汉语教学学术研讨会论文集》,《语言研究》2001年增刊。
王碧霞等(1994)从留学生识记汉字的心里过程探讨基础阶段汉字教学,《语言教学与研究》第3期。
王学作(1980)汉字图表教学法浅谈,《语言教学与研究》第1期。
——(1980)析字教学法,《语言教学与研究》第1期。
肖奚强(2002)外国学生汉字偏误分析,《语言文字应用》第1期。
邢红兵(2003)留学生形声字声旁规则性效应调查,赵金铭主编《对外汉语研究的跨学科探索——汉语学习与认知国际学术研讨会论文集》,北京语言大学出版社。
徐彩华(2001)汉字认知研究的新进展与汉字教学,《中国对外汉语教学学会北京分会第二届学术年会论文集》,北京语言文化大学出版社。
徐子亮(1999)汉字的认知及教学方法,《中国对外汉语教学学会第六次学术讨论会论文选》,华语教学出版社。
[美]杨　铮(1987)谈汉语教学中的"先语后文"和"语文并进",《世界汉语教学》预刊第2期。
[英]叶步青(1997)汉语书面语的中介形式,《世界汉语教学》第1期。
易洪川(2001)关于培养留学生的汉字观,《国际汉语教学学术研讨会论文集》,《语言研究》2001年增刊。

[美]俞志强(2001)汉字教学的策略,《国际汉语教学学术研讨会论文集》,《语言研究》2001年增刊。

曾金金(2001)听写中的汉字偏误分析,《国际汉语教学学术研讨会论文集》,《语言研究》2001年增刊。

张朋朋(1999)语文分开、集中识字的思路和具体做法,《汉语速成教学研究》,华语教学出版社。

张旺熹(1990)从汉字部件到汉字结构——谈对外汉字教学,《世界汉语教学》第2期。

赵金铭(1989)《外国人基础汉语用字表》草创,《汉语研究》第二辑,南开大学出版社。

[美]郑锦全(1986)计算机汉字设计与汉语教学,《第一届国际汉语教学讨论会论文选》,北京语言学院出版社。

郑艳群(1997)从《多媒体汉字教学字典》看多媒体汉语教学的特点,《第五届国际汉语教学讨论会论文选》,北京大学出版社。

周小兵(1999)对外汉字教学中多项分流、交际领先的原则,吕必松主编《汉字与汉字教学研究论文选》,北京大学出版社。

对外汉语成绩测试管窥
——兼谈试题编写的改进

美国博敦大学 崔颂人

测试是对外汉语教学的一个重要的组成部分。它牵涉到我们对语言能力结构模式的理解认识,关系到我们能否从测试中获得有关教学情况的准确、具体的信息,影响到我们对课程设置、教学目的制定和教学组织的决策,以及对学生、老师或某个教学单位(program)的评估鉴定。因此,可以说一个对外汉语教学单位的测试情况,包括考试的设计、试题的编写、考试的实施以及对考试结果的理解诠释等,是该单位教学的成熟和健全程度的标志之一。

本文首先列举一些根据不同目的而设计的测试,然后简略地介绍一下关于分点测试(discrete-point testing,也可译为分立式测试)与综合测试(integrative testing)这两种测试方法的争论以及近十几年来美国语言教学界有关语言能力和语言测试的一些主流观点。通过分析中美两国二十余所大学及几个暑期短训班的考试情况[①],特别是与普通老师关系比较密切、对课堂教学直接影响较大的学习成绩测试(achievement tests)的一些具体问题,笔者拟从测试效度、信度和考试频率、成绩测试与教学目标、试题内容抽样、题型选择以及回流效应等方面,对成绩测试的有关问题进行初步的探讨。希望对外汉语教学界的同仁能够就这些问题进行更深入广泛的讨论,对成绩测试有进一步的认识,使成绩测试能更好地配合课堂教学,发挥其应有的作用。

一 测试的形式、目的和分类

语言测试的形式,大体有两种:口试和笔试。口试主要考核学生的听力理解和会话能力,笔试则可测试更广的范围。除了阅读和写作以外,笔试还可以考查学生的听力、语法、词汇,甚至文学和文化等方面的知识。近年来,随着电脑的普及,一些学校先后开发了各种汉语考试的软件,电脑也逐步成为了新的测试手段。例如,美国夏威夷大学首创的"电脑中文阅读水平测试"(The Computer Adaptive Test for Reading Chinese,简称 CATRC),香港中文大学开发的"普通话/广东话电脑口语水平评核测试"(Computerized Oral Proficiency Assessment,简称 COPA),得克萨斯州莱斯大学新近推出的"莱斯网上汉语编班测试"(The Rice Online Chinese Placement Test),以及俄勒冈大学的应用第二语言学习中心(The Center for Applied Second Language Studies at the University of Oregon)编制的"以(全国中小学外语)标准为基础的能力测量"(Standard-based Measurement of Proficiency,简称 STAMP)等,就是利用电脑进行测试的新尝试。

语言测试的种类,按照其性质和目的,可以有不同的划分。就对外汉语教学有关的测试来说,大体上有这么几种:能力(或水平)考试、编班考试、成绩考试、诊断考试等。

能力考试(proficiency tests),顾名思义,就是对一个母语为非汉语(或某种语言的)的人士的另一语言水平进行考核,目的是测量被测试者这种语言的真实运用能力。有时候会根据需要,对被测试者进行全面或某方面的评价甄选,看是否达到要求,来决定他们的录取或淘汰。联合国同声翻译的考试,恐怕是最严格的、全面的语言能力考试了。另一个例子是国际航线的飞行员或机场的空中交通管理员。虽然他们未必能够用英语高谈阔论国际政治经济事务,但是他们通过一定的英语能力测试,来证明自己能够自如地应付业务范围内的交谈,否则就无法胜任他们的工作。因此,能力考试与任何教学单位、任何教学大纲、任何教学内容、任何教学方法都没有直接的联系,也不考虑考生的学习经历,即他们的汉语是什么时候学的、在哪儿学的、学了多久、是怎么学的等等。它所关心的只是发现考生能够使用目的语,在听说读写方面,做些什么和做得怎么样。中国的汉语水平考试(HSK),美国外语教学协会(ACTFL)的汉语口语能力面试(Chinese Oral Proficiency Interview - OPI),以及应用语言学中心(CAL)的汉语能力测验(Chinese Proficiency Test - CPT)等,都是大家较熟悉的能力或水平测试。

编班考试(placement tests)一般是在新学年或新学期开始时,对学习汉语的新生现有汉语知识和技能进行比较全面的摸底考查,目的是尽可能把汉语水平相近的学生,按他们的语言程度和教学单位的具体要求,编在同一个班组,以便于今后的教学。虽然这种考试主要是检查新生的整体语言水平,在某种程度上类似能力考试,但因为与今后的教学有较密切的关系,所以或多或少要顾及学生以往的学习经历,出试题时一般会用比较通用的语法结构和词汇,有时甚至可能参考国内外某些较为广泛使用的教材。比较理想的编班考试一般都能体现出某个教学单位本身各个年级或等级教学的主要特征,切分点定得比较合理,能较好地把水平不同的考生区分开来。然而,编班考试只是把学生按程度分为几个大组,考试成绩的跨度和高低班的划分不一定十分准确,因此在开学后,还可能要根据个别学生的具体情况,进行必要的调整。编班考试虽然多数用于对新生固有知识的摸查,但是近年来,国内有些大学也开始根据各自的实际情况,对已在学的老生进行测试,把他们的成绩作为决定升级或复读的一项参考。

成绩考试(achievement tests)与能力考试相反,是和具体教学单位的特定语言课程密切相关的,其目的是要了解某个学生及全班对该课程的教学内容掌握的程度如何,能否真正达到教学目标。因此,这种考试就必然与某一门课、某一个班级的教学大纲、教学内容甚至教学方法有着直接的联系。具体的说,成绩考试通常指在不同教学阶段进行的各种大小测验和考试,包括课堂测验(classroom tests 或 quizzes)、期中考试(midterm examination)和期末考试(final examination)等。课堂测验,在不同的地区,不同的教学单位,都有不同的名称和做法。例如,在正常学年中,美国很多大学在教完一两课以后,都会用大概一节课的时间,针对该课的具体教学内容,特别是生词、汉字、句型、表达法和课文等,通过听力、填空、完成句子、翻译、阅读等形式,进行全面的综合考查。又如,美国一些大学举办的暑期短训班,基本上每星期都有一次类似的、时间大约为两小时的周考(weekly quizzes)。这样做的目的,是督促学生及时复习本阶段所学的内容,同时检查学生掌握的情况。除此之外,不少老师还经常定期(如暑期班每天,正常学年每周两次)给学生听写、默写、填空,以考生词、短语或句子为主的词汇小测验(vocabulary quizzes),帮助学生熟记该课的生词、课文。而国内的做法,据笔者了解,词汇小测验则可能居多,"每课一考"或周考的情况比较少。到了学期中间,大多数学校都会按照惯例,把从学期开始到此为止的教学内容给学生作一个系统的复习,然后进行总结性的考核,一般都包括口试和笔试,这就是期中考试。期中考试对于督促学生复习巩固前一阶段所学的知识和技能,暴露上半学期教学过程中存在的问题,调整下半学期的教学安排,都有积极的作用。然而,期中考试的时间有限,不可能面面俱到,考查所有学过的汉字、词汇、语法。因此,编写试题时必须根据教学大纲的要求,突出本教学阶段的重点难点,注意题目的代表性、综合性和系统性,既考学生的语言知识,又考他们的交际能力。期末考试是对整个学期的教与学的实际效果的全面检查。其目的和意义与期中考试大致相同,不过有些期末考试还兼有升级或结业评价的作用。由于期末考试是关于整个学期的,其时间跨度大,教学内容丰富,所以测试的范围自然就更广,分量也更重,一般期末考试(笔试)的长度可达两三个小时。有些老师认为,期中期末考试的试题应该完全以教学大纲、使用的课本和教材的内容为基础。这种看法似乎颇有道理,因为考试的内容都是学生听过或见过的,这样考试至少是公平的。然而,这样做也有它的缺点。假如教学大纲的设计有问题,或者教材选择不当,考试的结果可能会引起怀疑,因为考试的出色表现不一定等于成功地达到课程预定目标。例如,课程的目标之一是提高学生的阅读理解能力,可是考试却完全是单句而没有短文,或者只是把课文的对话改写为内容完全相同的叙述性短文。这样的考试并没有测出学生是否能够真正达到预定的教学目标——经过一个学期的训练,学生的阅读理解能力确实有所提高。关于这一点,我们将在下面再作详细的讨论。

诊断考试(diagnostic tests)的目的在于找出学生在学习过程中存在的问题及其原因,根据考试反映出来的问题,调整今后的教学计划,帮助学生克服有关方面的缺点。诊断考试基本上是针对语言使用的"准确性"(accuracy)而设计的,即句子是否合乎语法、用词是否得当或发音是否标准等等。它可以是单项的(如美国学生普遍有困难的撮口呼的发音),也可以是综合的(如用"把"、"了"和各种补语的完形填空,既考阅读理解又考语法)。诊断考试的优点是针对性强,能够反映出每个学生对具体语言点掌握的程度,有利于个人化的教学(individualized instruction)。虽然各种考试都有潜在的诊断功能,但要使测试真正能起到诊断的作用,却在于考试过后对错误的分析和教学的调整。定期进行的课堂测验也能提供相当有价值的反馈信息,然而要得到有关某个学生对某个语言点掌握的具体情况,却不及专门的诊断考试。我们往往需要一定数量的例子,才能证明某学生在不同的情况下,在某个语言点的使用上,作出了我们认为在本质上有区别的选择,并呈现出一定的规律。课堂测验一般时间都比较短,一个语言点往往只有一两道题,而仅有一两个例子是不够的,因为学生很可能是碰运气选择了正确的答案。因此,诊断考试对每个要考查的语言点,都要求有一定数量的考题,篇幅相对来说也比较长。但正因为这样,据我所知,在美国单纯用作诊断的汉语考试基本上没有,就是其他大语种,像西班牙语、法语等,也为数不多。但是,这并不表示诊断考试不重要,甚至没有存在的必要。美国全国外语中心(National Foreign Language Center)的前主任 Richard Brecht,就曾多次对外语教学领域普遍缺乏诊断考试的现象表示关注,希望能根据语言具体应用的范畴,开发出一整套与教学大纲紧密配合的诊断测试[②]。像

Spolsky(1992)、Bachman 和 Palmer(1996)等著名的语言测试专家,也有专门的文章谈及诊断测试。而 Bachman 和 Palmer 在 90 年代初从事的研究项目之一,就是为某个电话公司开发了一个基于某英语教学大纲的诊断成绩考试(syllabus-based diagnostic achievement test)。对外汉语教学在诊断测试方面,目前可以说仍是一片空白,实在有必要尽快填补。

二 关于分点测试法与综合测试法之争

在此,有必要提一下上个世纪 70 年代以来两种不同的测试方法,即分点测试(discrete-point testing)和综合测试(integrative testing),及其各自依据的语言能力结构模式之间的争论。分点测试是以结构主义的语言学理论为基础,在心理学行为主义的影响下,采用了心理测量学的方法而建立起来的。其基本理念是:语言由语音、词汇、句法等成分组成;语言可分解为听、说、读、写等技能;语言能力就是运用各种语言成分的能力以及在听、说、读、写等方面操作各种语言成分的技能。因此,语言学习就是了解某个语言系统的各种成分,熟习不同等语言技能并使之形成习惯;而语言测试则是对某些语言成分或者对某种技能的考核。分点测试法的倡导者是 Lado(1961),他认为只要通过对语音、词汇、语法句型等方面的知识,在听、说、读、写不同的技能上分别进行单独测试,便可了解考生的语言能力。因此,典型的分点测试一般每次只考一项技能(如阅读),一道考题往往也只限于某语言成分的属下的一个专项(如汉语词法中的量词)。而使用的题型主要是多项选择题(multiple choice)填空。分点测试法的致命弱点是区分过细,往往只注意"点"而忽略了"面",试题多拘泥于单词、句型的语法形式而不讲求语言的实际运用,不注意具体的交际情景、对象和内容,并且常限于短语、句子而少涉及语段、篇章。

与分点测试法对立的是综合测试法。其主要代表是 John W. Oller Jr.。他(1979:424)认为"语言能力的结构或许更像一团黏稠物质而不像一部可以随时毫不费力地被拆成部件的机器。"这种被 Oller 称为单一能力假说（unitary competence hypothesis, UCH)的语言能力模式声称语言能力是一个不可分割的整体,因此不可能以分立的形式单项逐条地进行测试。Oller 猛烈抨击了分立单项教学和测试的各种弊病,指出这种方法把语言分割为语音、词汇和句型等,破坏了语言的完整性,既不真实,也不自然。他批评语言分析和机械的句型操练只讲究形式而不注意内容。分立单项的方法,用来教学不可能使学生真正学会一种外语,用来测试则无法考出学生真实的语言水平。Oller (1979:212)认为"整体大于各部分累积的总和"。分立单项教学和测试就像英语童谣里的蛋形矮胖子 Humpty Dumpty 一样,虽可拼合起来却无法完整地复原。他甚至说:"目前许多英语作为第二语言教学的机构（programs)的教学实践、教科书和课程,把听说读写活动分离开来,很可能不但毫无意义,而且在实际上是有害的。"（Oller, 1979:458)因此,Oller 主张考试必须是综合性的,而且必须同时涉及多种语言成分,使用两种或多种语言技能。而短文听写和完形填空,则是最好的形式。

尽管 Oller 关于教学和测试应注重语言的交际功能和实用性有积极的意义,但是他提出的单一能力假说以及关于测试的方法论却是错误和武断的。首先,单一能力假说很快就被不同的研究所否定。例如,Farhady(1982:44)根据对英语作为第二语言能力测试(ESL proficiency test)的分析,发现考生在六个不同部分的成绩,如听力、阅读、词汇等,随着考生的母语、专业以及身份(本科生或研究生)的差别,都会有显著而广泛的不同。其他学者的研究,像 Bachman 和 Palmer(1981,1982),Upshur 和 Homburg (1983)等,也证明单一能力假说不能成立。Palmer 和 Bachman (1982)指出:语言使用的两种技能——口语和阅读在方向(输入和输出)和途径(听觉和视觉)上均有所不同,在心理上也有明显的区别,因此是可以单独测量的。后来,Oller 本人(1983:352)也不得不承认:"单一能力假说是错误的。"其次,他推崇的测试方法也有一定的缺点。譬如听写,有时就很难判断错误到底是考生没听懂还是写错了。另外,评分的主观性、改卷(尤其是大规模的考试)时需要投入的人力和时间,都会对测试的信度、效度和经济性有一定的影响。而在实践中,无论是像美国的教育测试中心(ETS)这样的专门测试机构举办的大型能力考试或入学考试,还是普通老师在日常教学中使用的成绩考试,都在不同的程度上采用分点测试的形式来考核学生的语言知识和技能。

虽然语言能力可以划分为具体的语言知识,也可以在听说读写等方面测试考生的语言技能和交际水平,但这并不意味着我们就该回到传统的分点测试的老路上去。因为语言教学界经过二十多年的研究讨论,特别是在 Bachman(1990)提出交际语言能力模式(communicative language ability, CLA)后,对语言能力的认识已更加全面、明确、深刻。90 年代以来的主流观点是,交际语言能力是一种能够根据语言使用场景的具体情况,运用语言知识,通过心理生理机制来表达和解释意义的能力。它不是孤立静止的单一体,而是由多种因素构成的。按照 Bachman 提出的模式,交际语言能力包括三大部分:语言能力(language ability)、策略能力(strategic competence)和心理生理机制(psychophysiological mechanisms)。这三者之间是一种互动的关系,而非简单的、互不相干的平行并列关系。其中的语言能力由语言组织能力(organizational competence)和语用能力(pragmatic competence)组成。前者是指语言使用者对语言知识的掌握,能够判别和生成合乎语法并且有意义的句子,能够理解段落、文章的主旨,将句子或段落有条理地连接排列成篇章的能力;后者是指语言使用者能够根据具体的交际场合、对象和意图,灵活运用语言。具体地说,语言组织能力就是通常测试比较重视的语法能力(grammatical competence),包括大家熟悉的句法、词法和语音知识,以及在测试中时常被忽略,负责连接句子、使之成段成篇的语篇能力(textual competence)。此外,还有由语义能力(semantic competence)、功能能力(functional competence)和社会语言能力(sociolinguistic competence)组成的语用能力。其中语义能力决定话语表达的具体内容;功能能力体现说话人的意图,社会语言能力负责语言与其使用的特定场景之间的相互联系。在语用能力的这三种成分中,以往的测试,除了语义以外,一般都不太注意语言所表达的交际功能和在社会、文化方面使用得是否得当。因此,以语音、词汇或语法为考核重点,单独考核某一语言成分知识的分点测试法,已不能满足交际语言能力测试的要求。

事实上,分点测试法和综合测试法就像一条延长线上的两端,各有其合理的成分,亦有其局限性。语言测试,尤其是成绩测试,无可避免地要对作为具体教学内容的语音、词汇和语法进行考核。

而另一方面,语言能力又常常表现在能够根据实际的场景和特定目的,以连贯的语段而不是孤零零的片言只语为单位,与具体的对象进行互动和有意义的交流。所以,只有按照测试的目的和需要,在这两种方法中取得某种平衡,才能有效地考核学生的语言能力,检查我们的教学效果。也就是说,课堂的成绩测试不仅要注意学生语音、语法、词汇的准确性,而且应该注重在具体语境中为特定目的进行交流而使用语言的真实性。

下面的图形可以说明分点测试和综合测试这两种方法的折中,以及其混合体在成绩考试中的特征:

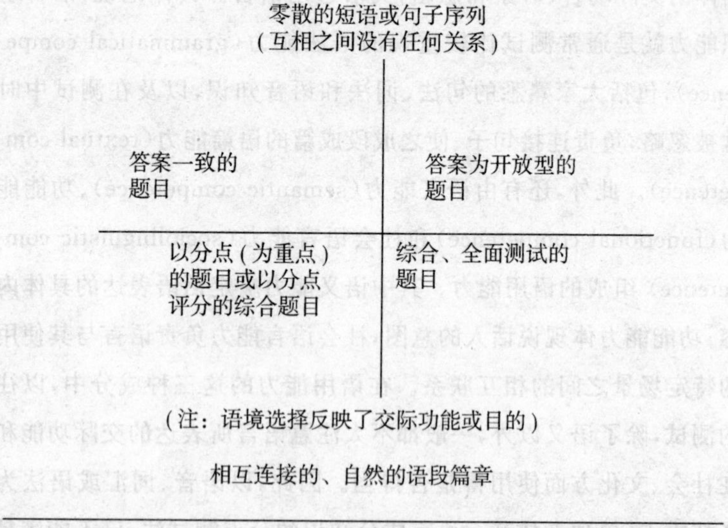

```
                零散的短语或句子序列
               (互相之间没有任何关系)
                        │
                        │
       答案一致的        │    答案为开放型的
         题目           │       题目
  ──────────────────────┼──────────────────────
       以分点(为重点)    │    综合、全面测试的
       的题目或以分点    │       题目
       评分的综合题目    │
                        │
                        │
        (注:语境选择反映了交际功能或目的)
              相互连接的、自然的语段篇章
```

图一 混合的成绩考试试题特征

摘自:Hadley 1993:420

图中的横轴表示试题按语言成分划分的具体程度。越靠左区分越细,试题的正确答案只有一个,可以是词甚至语素;越靠右区

分越粗,试题的答案是开放型的,往往不限于一个,而且有一定长度,可以是段落甚至篇章。例如,要了解学生对"了"掌握的情况,分点细致的试题(靠左端)可要求学生在句子中适当的地方,填上"了",而综合性强的试题则可让学生写一段话,说明他们昨天做了哪些事情。后者在评分时可以单独考虑"了"的使用,也可以全面衡量短文的质量。纵轴表示考试中使用的语言的自然或真实程度。上端是听说教学法典型的句型操练式的句子,互相之间没有任何关系;下端则是有上下文、有对应,类似在真实交际情景中使用的自然话语。

理想的成绩测试应该包括落在横轴不同点上的各种试题,这样既可以考核要求学生掌握的语言点,又可兼顾语言的实际运用。同时,试题应尽可能落在纵轴的下半段,尽量使句子话语出现在上下文连贯、真实、自然的语境。当然,属于哪个区的试题占多大的比例才算合理,完全取决于学生的程度和测试的目的。如果是初级班,或者考试偏重于诊断性质,试题可靠近图中的左下区。相反,如果是中级或高级班,或者能力测试的成分较大,试题可靠近图中的右下区。总之,试题的编写必须根据实际情况而定。

三 管中窥豹——中美两国成绩测试的初步印象

笔者最近有机会了解到中美两国二十余所大学和几个密集短训班有关测试的一些情况,也接触到部分的成绩考试试卷。这个数目相对两国开设对外汉语教学课程的学校的总数来说,无疑是九牛一毛。另外由于手头上的资料不足,时间短促,对这个问题的了解确实像管中窥豹,加上本人的水平有限,所以在此只能谈一下自己的初步印象和一些十分肤浅的看法。如果有任何错误,完全是笔者个人的责任,同时也欢迎大家批评指正。

下面的表格显示了这些教学单位成绩考试使用的主要试题形式及其测试的语言知识和技能范围:

表一 成绩考试的试题形式及其测试范围

笔试形式	测试范围	说明
写出相应的拼音或汉字	听音、辨音、记音(含声调),书写汉字	单音、单字、词语或句子
配对	语素组词,动宾/动补式词语搭配,同/反义词,逻辑关系,同类事物	用直线连接两组词、词组或短语
填空	汉字或语素、量词、动词、副词或成语、短语等各类词语的使用,补语或宾语等句子成分	句子为主,偶有短文
多项选择	用适当的字、词、短语或分句完成句子,选择正确答案,选择正确的语义、词序或语序,辨认语句中的错误	词汇和句法多数是句子,听力或阅读理解可以是句子或对话、短文
完形填空	根据上下文的内容和语法关系,用合适的词语填空,使段落或短文意思完整并合乎语法,综合应用考查	基本是非定距的合理删词完形填空,多数提供可选用的词语
把零乱的词语连接成句子	正确的词序语序	独立的句子
用指定的词语回答问题	词语、句型的用法,上下文语义的连贯	一般仅指定一个词语,但个别的可达四五个之多

(续表)

用指定的词语完成句子或对话	词语、句型的用法,上下文语义的连贯	指定词语在一到三个之间,基本是一句或两个话轮内的简单对话
用指定的词语改写句子或复述	对相关词语的语义的理解和用法的掌握	多数是句子
句式转换	肯定句变否定或疑问句,正常语序的句子变为"把"、"被"或话题-说明句,单句变复句等	绝大部分是独立的句子
判断正误	语义或语法的掌握,或内容的理解	词语、句子或用作听力、阅读的对话和短文
造句	对指定词语的语义、用法的掌握	句子
改错	汉字、词语的写法、语义、用法的掌握	多数是句子
听写	拼音、汉字的正确书写,内容的理解和记录的准确,综合应用考查	单音、单字、词语或句子
回答开放性的问题	有关内容的理解、个人意见的表述、综合运用有关的语言知识和技能	段落为主,可指定使用的词语
翻译	母语或媒介语与目的语之间的转换,综合运用有关的语言知识和技能	句子或段落,个别可提示或指定使用的词语
短文写作	按指定题目或范围(包括描述图画),进行连贯表述,综合运用有关语言知识和技能	一段或数段,可指定使用的词语

(续表)

口试形式	测试范围	说明
朗读	发音声调、轻声重读、语流延停	多以一对一的形式进行,可允许短时间的准备
回答问题	听力理解,就指定的内容范围以口头表达形式进行互动交流	多以一对一的形式进行,一般没有准备
自述	按指定的内容范围进行连贯表述	同上,可指定使用的词语,可允许短时间的准备
造句	对指定词语的语义、用法的掌握	同上,须使用指定的词语
学生之间对话	听力理解,就指定的内容范围以口头表达形式进行互动交流	一对二,可指定使用的词语,可允许短时间的准备
学生与老师讨论	听力理解,就指定的内容范围以口头表达形式进行互动交流	一对一,可指定使用的词语,可允许短时间的准备
个人口头报告	在众人面前,就某方面的话题进行连贯的口头表述,与听众进行互动交流	在全班进行,可指定题目或指定使用的词语,多数经过一定的准备
小品表演	使用学过的语法词汇,写成短剧或小品,在众人面前表演,有一定的娱乐性	二至四人一组,可在全班进行,可指定使用的词语,多数经过一定的准备
看图说话	把图表显示的信息,以口语的方式进行连贯的转述	多以一对一的形式进行,可指定使用的词语,可允许短时间的准备
角色扮演	按指定的情景和角色,综合运用有关的语言知识和技能完成规定的交际任务	多以一对一的形式进行,可指定使用的词语,可允许短时间的准备

上文提到,成绩考试的主要目的,是在不同的学习阶段,检查学生对所学内容的掌握程度,是否达到了教学大纲事先规定的目标。因此,成绩考试试题所采取的形式和覆盖的内容,必须能够客观地反映教学大纲的要求和具体的教学内容,并且通过学生的语言行为,体现其对语言的交际功能有所掌握并能灵活运用。教学阶段越长,考试内容的覆盖面自然就越广,使用的形式可能也就越多。假如一份期末考试的笔试卷只有三页,既无听力又无阅读,只有选词填空,用指定的词语完成句子、造句和用100至150字答一道像"谈谈你对中国地理或历史了解多少"的题这四项内容(这样的试卷确实存在),即使某个学生考这份试卷得了96分,这个分数也无法为我们提供足够的证据,说明该学生经过一个暑期的密集强化训练,在语言知识和技能上达到美国一般大学三年级中文课程结束时应有的水平。同样,像下面这样一个初等二级会话班第二学期的期末口试,也很难使我们相信学生在中国经过两个学期的学习,每星期五天,每天至少几小时的学习,口语会话能力竟然仅达到这样的水平:考试形式:共有6个话题可供选择。学生抽签选其中的一个话题进行叙述,或说一段对话,字数为150字左右。然后,老师就学生所述内容或相关的内容进行提问。

话题

1. 介绍自己的家庭成员

参考用语:那还用说、(看)得出来/(看)不出来、像……一样、长得像……、到时候……、连……都……、原来……是……

提问:你家有几口人?你爸爸妈妈都工作吗?你爸爸做什么?你妈妈做什么?你长得像你爸爸还是像你妈妈?你有哥哥、弟弟、姐姐、妹妹吗?他们做什么?你的哥哥/姐姐结婚了吗?你喜欢跟你的爸爸妈妈住在一起吗？你有爷爷、奶奶、外公、外婆吗？……

（由于篇幅的关系，其他的五个话题略去）

对这份试卷，笔者有这样几个疑问：首先，试题要求学生从六个话题中"抽签选其中的一个话题进行自述，或说一段对话"。如果口试是老师和学生以一对一的方式进行的话，学生又怎么可能自己和自己"说一段对话"呢？其次，学生自己根据要求，按照话题进行了长度大约为150字的叙述后，老师再提出与叙述的内容相同的问题，岂不是多余？再次，在老师提问的这十个问题里，有一半是带"吗"字的是非问句。也就是说，考生只须简单回答"是/不是"、"有/没有"、"喜欢/不喜欢"，就可算完成任务了。这样的问答或者对话到底有什么实际的意义？这样的测试究竟又在多大的程度上反映了教和学的客观效果？

以上提到关于考试的题目在多大程度上涵盖了需要测试的内容，以及我们能否对学生的考试成绩作出有意义和恰当的解释，使我们有充分的理由，根据某个学生考试的表现，对该学生的汉语达到什么水平做出合理的解释和判断的问题，就是教育测试中常说的"效度"。效度高的考试，往往能够在相当大的程度上代表它要测量的目标，同时也能使测试者对考试成绩作出有意义、适当的解释。如果不能做到这两点的考试，则是效度低的，因而就没有什么意义。例如，假设我们想了解学生的汉语写作能力，却不要求学生写作文，而只是用多项选择题考他们的语法，这样的考试就没有什么意义。又如，某大学初级会话班的期末考试，其中40％的分数属于笔试，包括听写（四个短句子）、在数词和名词之间填写适当的量词、填空、用指定的词语回答问题、把零散的词语连接成句子等。而占60％的口试试题，只是写着：(1)读课文：10％，(2)谈话：

50%。试卷既没指定是哪些或哪篇课文,又没说明谈话的内容范围和要求。既然是会话课,而且口试所占的比例大于笔试,为什么直接测试口语会话能力的试题却是如此简单呢?另一个相似的例子,是某大学初等听说课的期末考试,其中听力和口语的各占60%和40%,前者三页半纸共分三大部分48道题,而后者却不成比例地只有短短的七行,列出六个诸如"谈谈你们国家的节日习俗"、"我的爱好(体育比赛、音乐等)"等话题,要考生从中抽签选取一个说一段话,但没有进一步说明具体要求。无论从考试内容安排、分数的比例还是时间的长度来看,这个考试的重心显然都不在口头表达方面。诸如此类的考试成绩,其效度恐怕都是有疑问的。

成绩考试的每道试题,就像课堂教学中的各项教学活动一样,都应该有比较具体的目标。遗憾的是,有些试题却令人难以捉摸其真实意图,即它们到底要考什么?为什么要采取这样的方式?下面是某大学四年级的期末考试,可算是目的不明的一个例子:

Translate the underlined parts into Chinese. (把下画线部分翻译成汉语)

Confucian confusion　　　by Fancesco Sisci

BEIJING - Is China really Confucian? Almost 100 years after the May Fourth movement overthrowing old China and setting the foundation for a new Chinese language, there seems to be widespread agreement on the fact that China is a Confucian civilization. However, the May Fourth movement - considered the starting point of a new China by both Beijing and Taipei - was actually a rebellion against Chinese Confucianism, which remains firmly entrenched in a country that appears strangely confused about Confucianism.

The "New China" was born out of a tradition that explicitly rejected Confucianism. But the notorious criticism of Confucius during the Cultural Revolution was just the tip of the iceburg. In the 1920s and the 1930s, the vast majority of Chinese intellectuals considered Confucianism the very reason for China's decadence. The Chinese Communist Party was consequently organized along lines that opposed traditional Confucian values of family and kinship. Chairman Mao's family was massacred by nationalist troops, but if we read between the lines of the history texts, we realized Mao let his siblings die in order to save the party. When confronted with the choice of saving his wife and children or endangering the lives of many party members, Mao chose his comrades over his kin.

（注：以下略去两整页没有下画线的英语原文。）

The breakdown of communist ideology, especially in the 1990s, didn't fully resuscitate old family values. Large traditional clans, comprising dozens of nuclear families, had been largely wiped out. Further trends of migration from the countryside to the cities confirmed this new current; clans with a patriarch residing over hundreds of kinsmen had virtually disappeared in the face of disintegration due to ideology and urbanization.

（注：这是考试要求翻译的最后一段，离全文结束还有一页。）

这是一篇长达3页半的英语文章,作为期末考试,要求受过大约400学时左右训练的四年级学生把其中有下画线的三段,在闭卷的情况下翻译成汉语。我们不禁要问：高年级汉语课的期末考试为什么要让学生看这么长的英语文章？这样的考试究竟是考英语阅读还是英汉翻译技巧？翻译无疑是一种对语言知识和技能进行有效的综合测试方法，但是如果把这样的翻译作为期末考试的主要手段(另一部分是要求学生用汉语写一篇 3500 至 4000 字的专题报告)之一，是否妥当？

第二个例子，是另一所大学二年级的单元考。其中一道试题，是刚学完的课文的一段，要求学生把删去的词语填上后，再翻译成英语：

上个学期，天明收____表哥____南京寄____的一____信，信____提到中国体育运动____情况。八十年代以____，中国的体育运动有了很大的发展，中国运动员奥林匹克运动会____拿____了很多金牌____银牌，不少人还打____了世界纪录。很多中国人为此感到骄傲，____为这是整个国家的____。

这道试题的目的也颇值得商榷。因为既然是刚学过的课文，学生对其内容应该已经比较熟悉，为什么还要拿来当试题，而且考英语翻译呢？它到底是要考学生的汉语阅读理解能力还是考他们的英语水平？当学生通过课堂上老师的讲解和小组讨论以后，课文的内容已不再是新信息了。这样再来考他们的阅读理解能力，已经没有意义。因此，这道试题充其量只能起一半的作用——考学生的汉字或生词，而由于在内容上过分接近课文原文，未能达到考阅读理解的目的(假如原来设想是这样的话)。

在笔者接触到的试卷里，有一个普遍现象，就是通过回答问题、完成对话等形式考语法句型。作为阶段性的成绩考试，对学过的句型和表达法进行考核，是绝对有必要的。然而，假如某些句型

反复出现在一年级至四年级的试卷的话,就不能不引起我们的注意了。下面摘录的就是这种在不同年级的试题中多次出现的句型之一:

A 大学一年级试卷:

(完成句子) A:昨天他为什么没来?

　　B:＿＿＿＿＿＿＿＿＿＿＿＿＿＿＿。(因为……,所以……)

B 大学一年级试卷:

(回答问题) A:她今天为什么没来上课?

　　B:＿＿＿＿＿＿＿＿＿＿＿＿＿＿＿。(因为……,所以……)

C 大学二年级试卷:

(完成句子) 他所以常常觉得寂寞,＿＿＿＿＿＿＿＿＿＿＿＿＿＿＿＿＿。(是因为)

D 大学二年级试卷:

(回答问题) A:你为什么选中文课呢?

　　B:＿＿＿＿＿＿＿＿＿＿＿＿＿＿＿。(有兴趣,因为……的关系)

E 大学本科二年级试卷:

(回答问题) 小李为什么被取消了考试资格?(之所以……是因为……)

F 大学三年级试卷:

(完成对话) A:为什么当前的社会离婚率越来越高?

　　B:＿＿＿＿＿＿＿＿＿＿＿＿＿＿＿。(因为……而且……所以……)

G 大学四年级试卷:

(翻译) The reason why people read are happy is that they

have another world.

（之所以……是因为……）

这种"四年一贯制"的情况,是偶然的巧合还是别的原因,确实是个有趣的问题。这到底是教材编写者的某种默契,还是我们中文老师对某些句型在整个语言能力结构内所占的位置的共识？恐怕一下也无法说清楚。但是,令人费解的是：难道像"因为……所以……"、"不但……而且……"、"既然……就……"这样的句型,真的就如此难学,需要在不同的年级反复测试？还是我们对这些句型情有独衷,要不厌其烦地一考再考？这样的题目出现在一二年级的试题并不足为奇,可是如果多次出现在三四年级的成绩考试时,我们就的确需要认真考虑一下它们作为高年级考核内容的目的和理由了。

此外,相当一部分学校的成绩考试包括了造句这一项内容。不但笔试有,甚至连口试也有。例如,某大学一年级说话班的期末口试卷就写着：

二、造句、回答问题：40%

1. 这两天
2. 听说
3. 不……也不
4. 劳驾

……（以下是6个口试的问题,暂且略去）

大家都知道,在课堂教学中,造句是一种不太高明的手法。用来考试,同样也很难得到什么好的效果。曾经有过这样一个笑话,说的是让小学生用"难过"来造句,结果就有人造了这么个句子："我家门前的大水沟很难过。"如果我们在改卷时碰到这样的句子,真不知道该怎样打分才好。

还有不少学校的考试使用了改错或找出句中的错误等方式。作为课外练习,这些做法对词语句型的掌握,提高学生对某些错误,特别是因母语的干扰而造成的错误的敏感度,逐步建立起Krashen(1982)提出的"监测机制"(monitor)是有一定帮助的。但是用于考试,本人却有所保留。因为通常学生在考试时都会或多或少有一定的心理压力,而改错,也就是有意识地启动这种监测机制时,往往需要充裕的时间、较低的心理压力和良好的环境和心态,但是我们都很清楚:几乎没有一个考试能够保证提供这样的条件。另外,试题里的这些错误,是否可能借考试这样特殊的机会,给学生以负面的输入,对他们原有的错误起到一定的强化作用,也是个值得探讨的问题。

句式转换是语法教学和练习,尤其是低年级的教材中常见的,这种形式在考试中也不例外。除了把肯定句变成否定或者疑问句以外,也可以把正常语序的句子改为"把"字句、"被"字句等。下面就是考试中出现的一些句式转换的例子[3]:

A 大学一年级试卷:

(改变句式)

    1. "把"字句　　　　　　下课以后,我要去邮局寄信。

    2. "是……的"　　　　　他没有骑自行车来。

    3. "就/快要……了"　　下星期我们考试。

    4. 否定句　　　　　　　昨天下午我去商店买了一点东西。

B 大学二年级试卷:

(用括号里的词语改写句子)

    1. *他拿来了他做好的中国菜给我们吃。(把)

2. 妹妹洗了洗这件花衣服。(把)

3. 我送给我朋友一本字典。(把)

4. ＊没有特别的事,除了有病以外,他都去上课。(一般)

5. ＊这家食品店很小,但是做出来的点心都很有名。(居然)

6. ＊我买一本汉语书。(了)

C 大学一年级试卷:

(用括号里的词语改写句子)

1. 我把给家人和朋友的新年礼物搞错了。("被"字句)

2. ＊我弟弟吃饭的时候喜欢看电视。(一边……一边)

3. ＊天气不下雪,我不能念书。(反问句)

4. ＊我打算今年寒假去美国,我去美国旅行。(Vp1＋Vp2)

5. ＊我越来越习惯骑自行车上街了。(一天比一天)

6. 北京的夏天比较热。(A 不 A)

D 大学中等一级试卷:

(用括号里的词语改写句子)

1. ＊中秋节前后,需要的月饼数量最大。(消费量)

2. 他的钱快花光了,吃饭都不够,更不够买过冬的衣服了。

　　　(别说……,即使……也……)

3. 困难太大了,老张来都解决不了问题。(即使……也……)

E 大学二年级试卷:

(用我们学过的句型改写下面的五个句子)

　　1) 不但……而且……; 2) 非得……不可; 3) 既……
又……;

　　4) 对……来说; 　　5) 随着

1. 用茶袋泡茶很方便,不过这不是喝好茶的办法。

2. *一家家外国商店在中国开张,中国人开始熟悉外国人的生活方式了。

3. 这个学期我修了一门中文课,还修了历史、电脑等别的几门课。

4. 我喜欢唱歌,也喜欢跳舞。

5. 要想学好中文,一定要花很多功夫才行。

F 大学四年级试卷：

(Rewrite the following sentences into highly emotional and descriptive sentences. 把下列句子改写成有强烈感情色彩和描述性强的句子)

1. *她的脸上的样子很不高兴。我们问她怎么了,她哭得很厉害。

2. *老张的工作没有了,他没有精神。后来,他很困难地决定去工地打工。

3. *他的工作经验很辛苦。冬天天气很冷,风很大,他还要在外边干活。

4. *李先生决定他自己比别人聪明很多,看人的样子总是很骄傲。

　　句式转换和改写句子这样的形式,尤其是像"把"字句和"被"字句这些特殊句式,无论是用于教学或者测试,都必须非常谨慎,否则可能有误导的危险,给学生造成错误的印象,以为两种句式在意义上是全等的。吕文华(1994:234)很早就指出:"在教'把'字句时,经常采用变换句型的练习方式。……这种练习方式对学生体会'把'的语法功能是把宾语提前很有好处。但是如果教师只是让学生改句子,而不作意义上的对比和区别,那么这种练习对外国人来讲只会产生其他效果。学生以为两个句子都正确,这样说对,那样说也行,甚至产生错觉,以为只要是动词谓语句都可以用'把'将宾语提前,这显然是错误的。"实际上,如果我们把上面要求改成"把"字句的句子和它们的"把"字句形式对比一下,就会发现两者在语义和用法上都不尽相同。另外,什么时候用"把"字句和"被",还要看具体的语境和上下文。光从形式上知道怎样套用"把"或"被",不等于在真正需要的场合,正确地使用这些句式。上面的句子除少数以外,很多听起来(有 * 记号的,有些是经转换后)都觉得不太自然,有些甚至非常别扭。当然,我们理解出试题的老师为了提供足够的条件,让学生能用得上指定句型的苦心,但是如果把这些听起来奇奇怪怪、连我们自己平常都不太说的话或者不怎么用的表达法,教给学生又有什么意义?把那些有语病的话放在考试里,让学生记住了,岂非误人子弟?

同样,把零散的词语连接成句(连词成句)也是低年级平常在教学中使用得比较多的,它对熟悉汉语的词序语序确实比较有效。但是,这种形式作为试题有时也会出现问题,因为试题所提供的词语,可能会有不同的组合,虽然句子的意思不一定是测试者所期待的,但是却合乎语法,逻辑上也没什么问题。这使我想起来多年前本人念研究生当中文助教时闹的一个笑话。一年级教完趋向补语和可能补语后,为了考学生关于这些语法的否定形式,我出的试卷,其中连词成句的部分有这么一道题:

我 门 狗 不 不 没 进 出 来 去 开 也

本来希望得到的回答是:

门没开,我进不去,狗也出不来。

可是,出乎意料之外,却有学生搞出了这么一个既合语法,又有意思的句子来：

门没开，狗不进来，我也不出去。

这样的试题就达不到它原定要考可能补语的目的，不但浪费了篇幅有限的考试中的一道题，而且也浪费了学生和老师宝贵的时间。总之，考试不等于课外练习，试题和作业在目的上有着本质的区别。一些有效的练习形式，不一定就能原封不动地照搬到考试上来。

说起成绩测试，我们很自然就会想到在某个教学阶段里教过的汉字、词汇、语法等具体的语言知识。这绝对是正确的，因为作为教学的重点内容，当然应该定期考核。但是，语言学习的主要目的，是能够使用语言进行交流，这一点也是不辩之实。问题是，我们的成绩测试在多大的程度上体现了语言的交际功能？据笔者观察，这些试卷里有相当数量的试题，还是不太重视结构与功能的结合，未能在两者中取得合理的平衡。下面的例子，可见一斑：

☆ 只求用上指定的语法而不顾语义和语用：

o 用表示动作完成的"了"改写：

1. 我买一本汉语书。
2. 他要两杯咖啡。
3. 他跟我一起去中国饭馆。

o 用"把"翻译：

1. I returned the dictionary to her yesterday.
2. Don't forget your student I. D.
3. They looked on me like a little brother.

o 二年级期末考用下面的词语造"把"字句：

1) 课文　念

2) 中文书　送

3) 桌子　搬

☆ 虽然采用了问答或完成句子/对话的形式,但着眼点仍在句型不在内容:

　　○ 你的钱包是怎么丢的?(趁)

　　○ 赵老师为什么批评小王?(打招呼)

　　○ 足球很精彩,大家＿＿＿＿＿＿＿＿。(忍不住)

　　○ A:＿＿＿＿＿＿＿＿?(是……的)

　　　B:桌子下边儿。

　　○ A:你为什么来×××学习?

　　　B:＿＿＿＿＿＿＿＿。(论)

　　○ A:我想去旅游。

　　　B:＿＿＿＿＿＿＿＿。(免得)

　　○ A:学校应采取有力措施解决考试抄袭的问题吗?

　　　B:＿＿＿＿＿＿＿＿。(由于……因而……)

　　○ 我们以前的汉语水平差不多,＿＿＿＿＿＿。(比)

　　○ ＿＿＿＿＿＿＿＿,谈不上了解。

　　○ 戒烟的关键是＿＿＿＿＿＿＿＿。(决心)

　　○ ＿＿＿＿＿＿＿＿(V 得),差不多两点睡觉。

　　○ 海琳的伯母一天到晚为家里的事＿＿＿＿忙得团团转。

　　　　A. 就　　B. 而　　C. 非　　D. 才

☆ 忽视语言的互动性,特别是口语对话,学生总是处于被动、"受审问"的位置上,似乎他们与中国人交谈,根本就无须问问题:

　　○ 口试问答题(相互之间毫无关系):

1. 你住在哪儿？
2. 留学生宿舍离教室远吗？
3. 你家有什么人？
4. 昨天你几点睡觉？
5. 今天几月几号？
6. 你认识2班的老师吗？

○ 根据情景说话（等于独白）：
1. 你的好朋友今天穿了一件很好看的衣服
2. 去朋友家玩，他家很干净，也很漂亮
3. 你的同学考试成绩全班第一，你向他祝贺
4. 朋友过生日
5. 有人在教室抽烟
6. 朋友开车开得很快

☆ 只注意句子而不重视语段：
○ 改错（一个句子有两个错，请找出来，改成对的）：
1. 虽然吃好吃的东西很舒服，你要注意健康，如果你不注意健康，你会得很大的病，会给你很多的麻烦。
2. 说中文对他来说一点毫无问题，再说他在中国方面的事很有兴趣，所以他应该去中国看看。
3. 他们班上的个个学生，都很喜欢看篮球赛，可是不是都篮球赛很有意思，所以很多人不想花太多钱看球赛。

（注：这些句子，除了明显的用词、句法错误以外，就没有其他问题了吗？）

○ 填空（害得、乐坏了、简直、承认、鼓励、缺点）

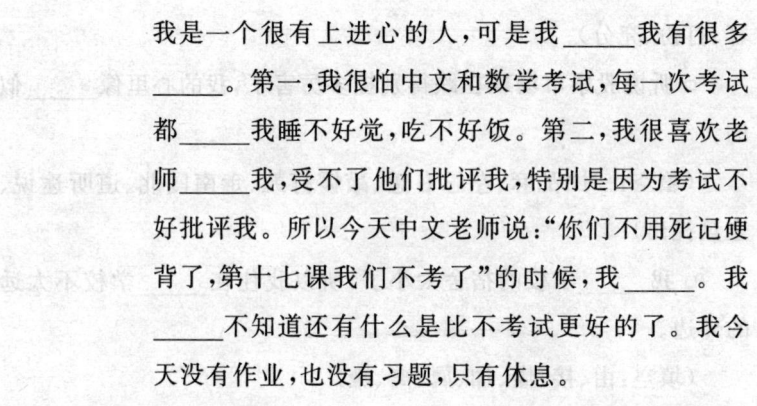

我是一个很有上进心的人,可是我_____我有很多
_____。第一,我很怕中文和数学考试,每一次考试
都_____我睡不好觉,吃不好饭。第二,我很喜欢老
师_____我,受不了他们批评我,特别是因为考试不
好批评我。所以今天中文老师说:"你们不用死记硬
背了,第十七课我们不考了"的时候,我_____。我
_____不知道还有什么是比不考试更好的了。我今
天没有作业,也没有习题,只有休息。

(注:有没有必要这样多次重复"我",特别是作宾语的时
候?)

汉字、词汇和语法句型固然重要,但是它们并非交际语言能力
的全部。只有当它们与具体的交际任务和语用场景结合起来的时
候,才显得有生命、有意义,才能反映出一个人的真实语言水平。
结构和功能不应是对立,而应是互补的。只有在两者之间调和折
中,取得合理的平衡,才能客观地体现语言能力。教学理应如此,
测试也不例外。

成绩测试还有一个值得注意的问题,就是试题的语言必须规
范自然、条理通顺、合乎逻辑。下面的这些句子,按本人和几位同
事的语感的判断,都有点儿问题:

▫ 你说的这个故事很有意思,请你_____,我想听更多。
(填空:V下去、V下来、V起来、V不/得了)

▫ 晚上到了,她的男朋友来接她……(填空:的、得、地)

▫ 飞机两个小时以后_____起飞,我们还不着急。(填空:才、
就)

▫ 这个人太_____,所以很多同学都反感他。(填空:虚伪、好

客、打扮、充分)

□听说股票市场现在跌得别提多厉害了,我的心里像_____似的。

(填空:一团乱麻、左思右想、敲锣打鼓、走南闯北、道听途说、全盘托出)

□我_____学校的宿舍太小了,所以我住在_____学校不太远的外边。

(填空:由、接、懂、加、属、离、嫌)

□我把朋友_____介绍给了父母。(填空:赶快、说不定、恨不得、一一、不得不)

□每个人都希望过富裕的生活,但是不能_____地伤害别人。

(填空:乐趣、仍然、约束、自由、规范,归纳,随心所欲、情愿、享乐、起码)

□最近几十年来,政府一再提倡人们改掉文言的习惯,这说明老百姓现在沟通的语言还不_____。(填空:普通、文明、规范)

□我爱我的父母,他们在我的生活中起了很大的_____。

(选择填空:影响、作用)

□坐火车我往往睡不着觉,到夜里两点钟头脑还非常_____。

(选词填空:清楚、棒、巧、诚实、古老、悠闲、主要、干净)

□听说这种牙膏能一周见效,两个月内白发全无,常明_____地买了2盒。

(成语填空:名扬天下、了如指掌、毫不犹豫、实事求是、不知所措、手舞足蹈)

□北京的东西很便宜,买日用品、买衣服都花很少的钱。(改写句子:无论……都)

□ 没有特别的事,除了有病以外,他都去上课。(改写句子:一般)

□ 他拿来了他做好的中国菜给我们吃。(改写句子:把)

□ 这本书不错,＿＿＿＿＿＿。(完成句子:没有像)

□ 中秋节前后,需要的月饼数量最大。(改写句子:消费量)

□ 我的中国朋友想游览日本,你能告诉我去哪儿好吗?(回答问题:想……去,想……去)

□ 他学习那么认真,考试成绩肯定不会错。(听力选择题题干)

□ 人类不能为了眼前利益去破坏生存环境。(听写)

□ 他没有什么家庭负担,经济上基本独立了。(听写)

由于老师们都很忙,除了上课、改作业以外,还要搞研究,加上阶段性考试编写试卷时间往往都比较仓促,所以偶尔出点差错在所难免。可是,对外汉语教学作为一个专门的事业,汉语在美国作为一种正在逐步进入主流的外语,本人认为,我们必须重视这个问题。因为在某种意义上,试题与教材对学生来说,都是一种范本。假如我们作为老师,作为测试者,都不能说出、写出自然、规范、通顺的汉语,又怎能去教学生,考别人呢?

四 关于改进成绩测试的思考

以上是笔者观察到的、中美两国大学对外汉语成绩测试中的一些问题。现在提出来,不是要作一个好坏优劣的评判,而是希望通过讨论,能够找出更有效的测试手段。本文拟从以下的几个方面,对提高成绩测试的质量和改进试题编写,进行初步的探讨。

第一,提高测试的效度和信度是改进成绩测试的关键。Bachman(1996)在论述测试的有用性(usefulness)时指出,这两者是衡量测试质量最重要的指标。简单地说,效度就是测试所用的方法和试题的内容能否体现我们希望考的东西;考试的结果在多大的程度上符合我们在编写考试时立足的语言结构理论模式,并在我们根据考生的表现对其语言水平进行判断、解释时,能为我们的判断解释提供足够的证据。前者就是所谓的内容效度(content validity),而后者则是结构效度(construct validity)。特别值得注意的,是编写试题时必须考虑测试目的语使用(target language use, TLU)的范畴(domain)与考生需要完成的任务之间的关系。例如,一年级考听力(目的语使用),如果试题及回答(任务)使用考生的母语或拼音,效度就要比用汉字的题目要高,因为即使不认识汉字,也不会影响答题。

信度指的是测试结果的可靠性和稳定性。如果在某一时段内,一组学生在不同场合或不同时间考同一份试卷,由不同的人评分,所得分数相差无几,或者先后考两套题形相同、难度相近的考试,两次考试结果的相关系数高,其信度就高;否则信度就低。信度是效度的必要条件,如果得出的结果不可靠,考试自然无效。但信度并非效度的充分条件。因为如果用一个语法考试来测学生的作文水平,即使信度再高,也没什么意义。不少学校每个学期只有期中和期末两次考试,而且内容基本不相重,期中考试往往只管上半学期的内容,期末考试只管下半学期的。加上试题数量有限,这样的成绩考试的信度恐怕就不太高。但是,假如我们合理地增加考试频率,是否可能提高成绩测试的信度呢?例如,美国的有些学校在每教完一课以后,都有一次基本题型与期中或期末考接近,但分量较少的周考或单元考,而期中期末考试会对学过的主要语言点重复测试。多年的实践证明,这样做的效果还是很不错的。一方面它可以给教学提供反馈,使老师能针对考试中的问题,及时调整教学;另一方面,它可以重复考核重要的语言点,使测试的信度也有所提高。

第二,测试的题目应能体现具体的、以学生的语言行为来描述的教学目标,即关于学生经过某个学习过程后,能够用目的语做那些本来不会做的事情这样的详细说明。长期以来,似乎咱们中国人都是以课本为大纲,以教材内容为目标,所谓"教书"是也。至于学生在念完书以后,能够运用课本上的哪些知识或技能去做什么,学生在接受教育以前和以后,在可观察的有关行为上有什么区别,世世代代的老师恐怕考虑得都不多。在我们的教育传统里,行为目标是一个非常陌生的概念。据本人的观察,无论是中国还是美国大学的对外汉语教学大纲,一般都是站在老师的角度,描述老师要在这门课教什么或是老师希望学生做些什么。虽然有时也会提到学生,但基本上都是说要求掌握的字、词和句型的数量,真正说明学生学完某门课后能够用汉语做什么,即以具体的语言行为来描述其教学目标的实在是少之又少。下面摘录的是两个比较典型的例子:

中等一级会话课教学目标:

通过课堂教学活动使学生会用正确的语调朗读和说话,学习一些汉语口语中常用的词汇和口语句式,提高留学生口头表达能力以尽快适应陌生的语言和生活环境。培养学生在使用汉语时能够准确地表情达意,并注意言语的得体性。

中等一级读写课教学目标:

掌握词汇1500个左右,进一步深化语法知识,掌握常用句式150个左右。培养学生能成段阅读的能力和运用所学词语、句式,就某内容较为流利地进行口头或书面成段表达的能力,提高学生运用汉语进行日常生活、学习和一定范围内的工作交际能力。

但是,假如我们换一个角度,以学生的行为来描述课程的目标,对于教学和测试,是否会更有利呢?以美国大学一年级上学期中文课的教学大纲为例,可以定为:

到本课程结束时,学生能够以连串的、简单的短句:

1. 讲述自己家庭成员的基本情况,如姓名、年龄、职业、爱好等;

2. 叙述自己在学校一天主要的学习、生活作息时间;如上课、吃饭、睡觉等;

3. 描述某个熟悉的地方(如自己的房间或教室),如家具、陈设及方位等……

到学期快结束时,就可以出类似的试题,以口试或笔试的形式,对学生进行考核。这样制定的教学目标,以及根据这样的目标编写的考试,无论是对教师还是对学生,都是有好处的。既然我们承认语言是一种工具,是技能,那么学习以后就必然会有一个使用的过程,而使用的过程就必定有外显行为。如果我们在制定教学大纲时,就能把预期的教学效果,也就是教学目标,以具体行为的形式列出来,这对于日后教学的实施,以及效果的检查(即测试),不是有依据了吗?如果考核的结果与原定的目标相符,就可以证明教学是成功的,相反的话,就是失败的。这样就可以避免很多的盲目性。而对学生来说,因为有明确的目标和具体的要求,平时学习可能会更积极主动,考试时也会有针对性地复习准备。

第三,成绩考试篇幅有限,因此必须抽取有代表性的样品作为测试内容。由于我们的教学都会涉及一定的词汇、语法,所以成绩测试就必然要包括考词汇和语法的部分。但是,所谓的有代表性,并不只限于结构,还要看所抽的样品,能否表现出我们感兴趣的语言行为,并且使我们尽可能客观地评定分数,把它作为考生在某阶段语言能力可信、有效的指标。如果更严格点,还要考虑到测试在时间上和实施过程中是否经济,能否产生积极、有利的回流效应。Hadley(1993:451)就抽样编写成绩考试,特别是编写像周考或单元考的步骤,提出了以下的建议:

1. 从要考核的课或单元,列出考试应覆盖的材料的清单,包括主要的语法、生词、篇章连接标志以及想包括的文化内容。

2. 决定哪些方面是想强调的,选定测试的形式。

3. 把第一步列出的内容分配在选定的不同题型,注意在要测试的各种技能中都有合理的侧重。

4. 给考试的每部分写一个简单的小故事、对话或一段话,把选定的测试内容包括进去。注意要慎重选用真实语料(authentic materials)。在使用真实语料前,必须保证学生有充足的机会接触这类语料。课堂考试不应让学生做他们不熟悉或与平常做的差别很大的事。在编写试题时,可以考虑根据具体情况,适当多加一些全面、综合测试的题目或一些分点测试的题目。

第四,选择合适、高效的题型,尽量在考核语言的形式,即发音、词汇和语法的同时,在更大的范围内测试语言能力,包括在语句语义的关联、交际功能以及语言在社会文化方面是否得当等等。在笔者接触的试卷里,有不少试题就出得非常巧妙,不但有创意,而且体现了交际语言测试的原则。以下的选词填空试题,就是很

好的例子:

1. 了　着　过

A:麦克,去人民大学怎么走方便？坐车还是骑车？

B:人民大学我去_____。你最好骑车去。

A:要骑多长时间？

B:那次我骑_____半个小时。这是地图,你带_____吧,不知道路的时候可以看看。

2. 不如　比　没有　不比

A:你们的教室真冷,我们班教室_____这么冷。

B:大概是因为我们的教室在北边吧。

A:我们教室的温度可能_____你们教室高三四度。

B:这个教室也_____你们班的亮。

虽然很多试卷都有"用指定句型回答问题或完成对话"这种形式,但大多数还只是停留在句子层面上,基本上是一问一答,而且在内容上也没有什么深度。下面这道二年级周考的试题,却使人耳目一新。它利用美国学生都熟悉的一个事故,在一定的范围内,既有适当的控制,又给予自由发挥的空间,让学生成段地连贯表述:

用句型回答问题(可选用5个句型):

听说去年八月美国东北部有一个停电的事故,这对人们的生活有什么影响？

(①……,结果……；②……受到……影响；③据……介绍/说,……；④除了……以外,……；⑤估计……；⑥不但……而且……)

这道试题也很有特色,它要求考生在阅读理解每句话的基础上,再把这些句子连接起来,组成文理通顺、前后连贯的一段话,而

且还考了"小姐"这样一个称呼的含义变化的社会语言文化知识:

连句成段

　　A. 因为我是餐厅服务员,所以我已经习惯别人叫我"小姐"

　　B. 好好的一个称呼,变得一说出来就让人不由得去猜想:"这个女的是干什么的?"

　　C. 我觉得因为"小姐"这个词被那些坏女孩弄坏了

　　D. 但是,下了班以后,再听见别人叫我"小姐",我心里就有点不舒服

（答案为 ADCB）

有的试题虽然看起来考的只是"接收性的技能"（receptive skill）,可是富有想象力的老师也能使它们带有一定的互动性:

（初级听力试题,要求选择合适的回答完成对话）

　　1. 他学习那么认真,考试成绩肯定不(会)错。（原文如此）

　　　　A. 那还用说　　B. 不用说　　C. 看上去

　　2. 你的中国菜做得真不错。

　　　　A. 不要客气　　B. 哪里哪里　　C. 没有

有时就是试题考的是拼音、汉字或者语素这样小的语言单位,只要设计得好,也可以在更大的范围内测试语言能力。例如:

　　A. 根据拼音写汉字:

　　　　1. 妹妹说要去买一些＿＿＿票,还要买一瓶酱＿＿＿。(yóu)

　　　　2. 把＿＿＿上的行李＿＿＿给我。(dì)

　　B. 选字填空:

　　　　1. 这儿有＿＿＿种有＿＿＿的洗衣机,您买一＿＿＿怎么样?（合、各、台、名）

　　　　2. 我孩子一＿＿＿坐＿＿＿没有问题,不会不舒＿＿＿。

(船、股、般、服)

C. 请找出三个派生词,并写出不同的两个:

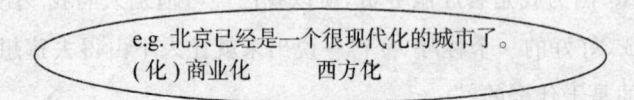

> e.g. 北京已经是一个很现代化的城市了。
> (化)商业化　　西方化

我最喜欢的书有两种:一种是外国文学,我最喜欢的文学家是Shakespeare;另外一种是关于介绍工艺品的书。我常常在周末坐公共汽车去朝阳区的商店逛逛。在店内,除了有很多北京本地人以外,也有很多外地人,看起来现在中国老百姓都非常注意不断提高自己的教育水平。

1(　)_____　2(　)_____　3(　)_____

本人发现,在我们的试卷中多项选择题占了相当大的比例,有些甚至占了整份试卷的三分之二。虽然多项选择题比较客观,改起来也非常方便,但是选择题也有一定的局限性。Hughes(1989)指出,测试语法时多项选择题往往只考辨认而忽略生成,但能够辨认句子的正误不等于能生成语法正确的句子。即使有这种能力,这样的考试所提供的信息也是不完全的,因为供选择的句子来自试题而非考生本人。而一般的选择题只有三四个选项,猜测的可能性相当大,但测试者却无法证实,而且考试作弊非常容易。选择题的试卷虽然监考和改卷容易,但出试题的难度较大,特别是要出好的选择题非常困难,像语法测试,往往就很难找到合适的干扰题,严重限制了某些语法项目的考核。另外,这种考试的回流效应可能是消极、有害的。很多学生用选择题来复习和练习,但考了高分并不等于具备相应的交际能力。

笔者近日在网上看到国内的一些语文教育专家和著名作家对

中小学语文教育的批评。其中有几点,像"肢解"语文,考太多、太零碎的局部知识,过分强调标准答案,不重视综合性;语法教学让人厌倦,过于理性、专业;语文阅读脱离语言环境等,很值得我们注意。报道提到,连大名鼎鼎的作家王蒙面对自己小孙子语文课作业的选择题①都"傻了眼"。虽然本人不了解目前国内中小学语文教育的情况,也不知道中国的中小学语文教育和对外汉语教学互相之间的交流或影响,但是联想起美国中文教学的情况,本人认为,国内的语文教育专家和著名作家提出的这些批评,是不无道理的,我们在从事第二语言教学或外语教学时,都要有所警惕。阶段性的成绩考试毕竟和大规模的标准化考试不同,因此必须注意慎用而不要滥用多项选择题。另外,试题的语言要尽可能自然、真实、通顺、规范,要注意情景的真实性和交际的真实性,千万不要以"题"害意,为了试题形式而损害了语言内容,把活生生的语言变成一连串互不相干、支离破碎的样品或符号。

第五,考试对教学的影响,叫做回流效应(washback effect,也可译为反拨效应或后效作用)。回流效应可以是积极、有利的,也可以是消极、有害的。假如某个考试被老师和学生看得特别重要,那么对这个考试的准备将会左右大部分甚至全部的教学活动。如果考试的内容和方法与课程的教学目标不符,就可能产生消极、有害的回流效应。反之,如果考试的内容和方法与课程的教学目标相符,能够准确地检测教学效果,客观地评估学生的外语交际应用能力,则可能产生积极、有利的回流效应。

国内曾有"考试是指挥棒"这样的说法,认为考试主导一切,教学必须跟着考试转,根据考试的内容来安排。与之相反,国外却有人(Davies,1968:5)说:"好的考试是教学顺从的仆人,因为它追随和仿效教学。"这两种把教学和考试当作被指挥者和指挥者、主人和仆人的看法，都各有其片面性。因为发号施令的一方出错，必然会误导百依百顺的另一方。在我看来，教学和考试应该是相互配合的伙伴关系，而不应该是一方服从另一方的上下级关系。只有这样，考试才能对教学产生积极的回流效应，产生正面的影响。

下面的一些做法，至少在理论上，可以有助于取得积极、有利的回流效应：

甲、重点测试希望学生具备的能力，并且在这些部分的考试成绩上加权，而不是平均分配各部分的分数。

乙、在测试内容上，尽可能广泛抽样，挑选有代表性的、能显示教学大纲设定目标的特定语言知识和交际行为的项目，编写试题。

丙、直接测试要考核的知识或技能，如要考写作就要求作文，考口语就用互动式的面试或通过电话/网络交谈。

丁、采用标准参照测试，并使学生清楚具体的成功达标要求，知道能够做什么，做到什么程度，即可得什么成绩。有些学校已经把考试的样题放到网上，学生一看就可估计甚至知道自己的大概成绩，这样也有利于调动学生的学习积极性。

戊、测试应立足于学生的行为目标而非具体的课本内容和老师上课所作的讲解，也就是说，必须看学生能用所学的语言做什么。不仅要考学生学过了多少个汉字和词语，还要考他们能否看懂用同样的汉字和词语写成的文章；除了要知道学生对语法掌握的程度如何，还要了解他们能否通过目的语和别人交流。

己、成绩测试的特点之一，是能够提供反馈。假如学生考完试后，能在最短的时间内得到除了分数以外，更具体的，特别是有关错误的评语和改正的建议，甚至有机会和教师进行交谈、讨论，也会增大积极的回流效应。有些学校采用了一种"档案夹"(portfolio)的评分方法,要求学生在考试以后,根据自己的错误,及时重做有关的题目和练习,使考试成为补习或重新学习的机会而不是某课某单元的学习终点,也收到比较好的结果。

五 余论

过去十多年来,对外汉语教学取得了长足的进步,对外汉语教学的研究也逐步向着多学科、全方位发展。但是,从中国众多的人口、悠久的历史、灿烂的文化以及日益增强的国际地位来看,汉语在世界上的影响仍然相当有限。按照美国现代语言学会(Modern Language Association, MLA)最近的调查,2002年全美大学注册学习汉语的人数为34153人。汉语在美国高校开设的所有外语课中,名列第六,排在西班牙语(746267人)、法语(201979人)、德语(91100人)、意大利语(63899人)和日语(52238人)后面,还是个小弟弟。因此,要开创对外汉语教学这一大事业的新局面,使汉语在全世界成为真正的强势语言,我们就必须全面提高对外汉语的教学水平,其中也包括对外汉语的测试水平。毫无疑问,经过近二十年的努力,中国的标准化测试《汉语水平考试 HSK》已日趋完善,而且参加考试的人数也在不断增加。然而,笔者认为,对大多数汉语老师和学生,特别是对美国的汉语老师和修汉语的学生来说,影响最大最直接、使用最多的,还是平常的课堂测验和阶段性的成绩考试。据了解,美国大学生在纽约、洛杉矶、休斯顿、密歇根等地的几个测试中心参加汉语水平考试的人数,从 2002 年至今,每年不足全美注册学习汉语大学生总人数的百分之一,也就是不到 341 人。相比之下，由于成绩测试特有的强制性、经常性和经济性，它可以直接、多次地影响到所有学习汉语的学生。因此，搞好教学过程中的经常性、有针对性的成绩测试，对提高学生的汉语水平，为学生参加像"汉语水平考试"这样正式的能力测试做好充分的准备，都有很大的现实意义。对处在教学第一线的老师来说，掌握试题编写的原则和技巧，研究成绩测试的理论和实践，其重要性可能并不亚于对汉语语言学知识和教学法理论等方面的学习和研究。假如我们每一位老师都能充分认识成绩测试的重要性，从各个方面扎扎实实地改进我们的成绩测试的话，相信我们的整个对外汉语教学水平和研究水平，都将会出现一个全面的提升。汉语进入美国外语教学界的主流，汉语真正成为在世界上有影响力的强势语言，也会在不久的将来成为现实，而不仅仅是对外汉语教学界的梦想和奢谈。

附注

① 笔者对这些学校、教学单位以及老师提供有关的宝贵资料表示最衷心的感谢。由于篇幅有限，恕不一一列出具体的名字。

② Richard Brecht 与中文教师学会前会长白建华教授之间的交谈。

③ 带 * 号的句子，可能本身有问题，如 D 大学的"中秋节前后，需要的月饼数量最大。"也可能经过转换以后变成有语病的句子，如 C 大学的"我弟弟一边吃饭的时候一边喜欢看电视。"

④ 报道提到的选择题题干是："窗外有棵杨树。"要求选出与题干意思最接近的一句话，三个选项是：A. 一棵杨树长在窗外；B. 窗外有一棵树，是杨树；C. 从窗内看出去有棵杨树。

参考文献

程瑛(2004)"国家汉语战略浮出水面，汉语正改变世界大脑"《瞭望东方周刊》,人民日报出版社.

国家对外汉语教学领导小组办公室汉语水平考试部(1996)《汉语水平等级标准与语法等级大纲》,高等教育出版社.

国家对外汉语教学领导小组办公室(2002)《高等学校外国留学生汉语教学大纲》(及附件),北京语言文化大学出版社.

刘珣(2000)《对外汉语教育学引论》,北京语言文化大学出版社.

刘珣(主编)(2002)《新实用汉语课本》,北京语言文化大学出版社.

刘润清、韩宝成(2000)《语言测试和它的方法》(修订版),外语教学与研究出版社.

吕文华(1994)《对外汉语教学语法探索》,语文出版社.

张凯(2002)《标准参照测验理论研究》,北京语言文化大学出版社.

American Council on the Teaching of Foreign Languages (1986) *ACTFL Proficiency Guidelines*. Hastings-on-Hudson, New York: ACFTL.

Bachman, Lyle F. (1990) *Fundamental Consideration in Language Testing*. OxfordUniversity Press.

—— (1991) 'What does language testing have to offer?' *TESOL Quarterly*. 25, 4: 671-740.

Bachman, Lyle F. and Andrea S. Palmer (1982) 'The construct validation of some components of communicative proficiency.' *TESOL Quarterly* 16, 4:449-465.

—— (1996) *Language Testing in Practice*. New York: Oxford University Press.

Bai, Jianhua (1998) 'Constructing tests that reflect instructional goals.' *Journal of the Chinese Language Teachers Association* 33, 2: 71-80.

Brown, Douglas (1994) Principles of Language Learning and Teaching. Englewood Cliff, NJ: Prentice Hall.

Davies, A. (ed.) (1968) *Language Testing Symposium: A Psycholinguistic Perspective*. Oxford: Oxford University Press.

Farhady, H. (1982) 'Measures of Language proficiency from the learner's perspective.' *TESOL Quarterly* 16, 1:43-59.

Hadley, Alice Omaggio (1993) *Teaching Language in Context*. (2nd edition) Boston, MA: Heinle & Heinle Publishers.

Hughes, Arthur (1989) *Testing for Language Teachers*. Cambridge: Cambridge University Press.

Krashen, Stephen (1982) *Principles and Practice in Second Language Acquisition*. New York: Pergamon Press.

Lado, Robert (1964) *Language Testing*. New York: McGraw-Hill.

Oller, John W. Jr (1979) *Language Tests at School*. London: Longman.

Spolsky, Bernard (1992) 'The gentle art of diagnostic testing.' In Shahamy, Elana and A. Ronald Walton (eds.) 1992. *Language Assessment for Feedback: Testing and Other Strategies*, pp. 29-41. Dubuque, IW: Kendall/Hunt Publishing Company.

Upshur, John A. and T. J. Homburg (1983) 'Some relations among language tests as successive ability levels.' In Oller, John W. Jr. (ed.) 1983. *Issues in Language TestingResearch*. Rowley, MA: Newbury House Publishers.

Valette, Rebacca M. (1969) *Directions in Foreign Language Testing*. ERIC Cleaninghouse on the Teaching of Foreign language and of English in Higher Education, and Modern Language Association.

—— (1977) *Modern Language Testing*. Second edition. New York: Harcourt, Brace, and Jovanovich.

Welles, Elizabeth B. (2004) 'Foreign language enrollments in United States Institutions of higher education, fall 2002.' *ADFL Bulletin*. 35, 2-3, Winter-Spring 2004. TheAssociation of Department of Foreign Languages.

论汉语书面语法的形成与模式*

美国哈佛大学东亚系、北京语言大学 冯胜利

一 白话文的提倡与写作

当代书面语是五四白话文运动的产物。白话文流行以前,中国知识分子惯用文言,所以当时的书面语即文言文。虽然白话口语的报纸早在清末就已出现,甚至提出过"我手写我口"的主张(黄遵宪),但直至胡适、陈独秀发起的文学革命,白话文才最终代替了文言文。白话文的运动可以1917年胡适的《文学改良刍议》一文为起点,他说:"吾以为今日而言文学改良,须从八事入手。八事者何? 一曰,须言之有物;二曰,不模仿古人;三曰,须讲求文法;四曰,不作无病之呻吟;五曰,务去滥调套语;六曰,不用典;七曰,不讲对仗;八曰,不避俗字俗语。"其中"不模仿古人"是反对文言,"不避俗语"是提倡白话。胡适认为:文言是死文字,创造的文学是死文学;白话是活文字,创造的文学是活文学。近百年来,汉语的书面文字经过这场文学革命的洗礼后,如今已"普天之下,莫非白话"了。

---

* 本文曾发表于《汉语教学学刊》2005年第1期。

现在,书面汉语白则白矣,然而其所谓"白话文字"却始终没有一个统一的标准。我们不妨从早期白话的比较谈起。请看:

> 然西洋之思想与我中国之思想,同为入世间的,非如印度之出世间的思想,为我国古所未有也。(王国维《论近年之学术界》)

> 近年文学上有一最著之现象,则新语之输入是已……

> 抑我国人之特质,实际的也,通俗的也;西洋人之特质,思辨的也,科学的也,长于抽象而精于分类。(王国维《论新学语之输入》)

王国维的上述文字,虽不可谓之文言,但也绝非口语白话。可以说这是文言转向白话时"非白不文"的过渡文体。其特征就是"文白掺杂,非文非话"。再看陈寅恪的文字:

> 我要请的人,要带的徒弟都要有自由思想、独立精神。不是这样,即不是我的学生。你以前的看法是否和我相同我不知道,但现在不同了,你已不是我的学生了,所以周一良也好,王永兴也好,从我之说即是我的学生,否则即不是。将来我要带徒弟也是如此。(陈寅恪《对科学院的答复》)

这也不是文言,同样不是口语白话。真正接近口语的白话要属俞敏的文字。譬如:

> 单分析'彼其'或者'夫己',是有点儿为难。……可是一翻到臧语里去,可就找着对点子了。臧语里的 p'agi 是个指示字,意思是'那边儿的'或者是'那边儿'。用他的时候儿,可以放到让他规定的那个字头里,可是放到后

头也行……要拿'彼其'跟他一比,咱就可以懂了。(俞敏《俞敏语言学论文集》)

这种文字,不仅接近口语,真可谓京味十足(参画线部分)。可惜的是,俞敏先生的白话不是当代书面白话的典型。最典型的当代白话文当属毛泽东、费孝通等的一类文字。尽管毛费二人的文章已奉为白话文的典范,其中也有未尽涤除的文言痕迹。譬如:

当然,这并不是说,凡是汉族所扩及的地区,原来在这些地方居住的民族都被吸收为汉族了。事实并不如此,即在目前,汉族聚居的地区里还是有少数民族杂居在内。(费孝通《中国少数民族的发展》)

仅仅这六七十字,其中就有"所扩及"、"吸收为"、"并不如此"、"即在目前"、"聚居"、"在内"等文言遗迹。其实,这并不奇怪,因为时下坊间流行的白话文体,很多都是下面这类文字:

写文章,偶尔引一两句子曰诗云之类,以增强内容的分量,当然可以,但这引文还是以文言的面貌出现,没有"化入"现代文,并不是本文所谓借鉴。另一种情况是,兴之所至,随手抓来一些文言词语,放在现代文里,圆凿方枘,文白不能水乳交融,更不是本文所谓借鉴。借鉴,要取其神而遗其形;或者偶尔采用少数词语,这虽然是取形,放在现代文里却顺理成章,能够更恰当地表意,像鲁迅先生的有些作品那样,当然也未尝不可。总之,要把来自文言的东西融会到自己的笔下,而不是搀杂在自己的文章里。(张中行《文言津逮》)

这段文字不仅代表了当代书面语普遍流行的文体,同时也说明了这种文体的来源与根据,亦即:文白交融——当代书面语体是文白交融的产物。其中的"文"是涤除未尽呢？还是"不得而已"呢？我认为，典型的书面正式语体，不能没有文言的成分。像俞敏先生那样的"说话文字"，写学术论文尚有不够正式之嫌，若以之为报刊社论、国际公告，就不免有失大雅了。恐怕这也就是为什么至今也只有先生一人为之而已的原因所在吧。不管怎样，事实是：正式语体必须含有文言。文言白话仍然没有、也不可能彻底分家。这是本文所欲指出的第一点。

二　文白的关系与界线

无疑，有的白话文太文，有的则太白。太文则文言味过重，太白是口语成分太多。二者都将造成交流的困难：太文不易懂，太俗更不懂（方言的障碍，如"伍的"等）。更重要者：太文则不像"话"，太白则不庄重。这是本文所欲阐明的第二点。

严格地说，白话不能有文言。可是文与白分得开吗？当然，文言和白话是有分别的：文言是以秦汉书面语为标本，脱离口语而写成的文字；白话是参照口语而写成的文字。可是，张中行又说：

两者又有千丝万缕的关系。即以词汇和句法而论，它自有异点，可是同点也不少。还有，在历史上，它们虽然是分了家的，可是分得不够彻底，不只你来我往不少，有时甚至还合伙过日子。这就使我们不能不想到界限问题。（张中行《文言和白话》）

分界的难处是"什么叫白？"胡适在《白话文学史·自序》里说：

我把"白话文学"的范围放得很大，故包括旧文学中那些明白清楚近于说话的作品。我从前曾说过，"白话"

有三个意思:一是戏台说白的"白",就是说得出、听得懂的话;二是清白的"白",就是不加粉饰的话;三是明白的"白",就是明白晓畅的话。依这三个标准,我认定《史记》《汉书》里有许多白话,故《乐府》歌词大部分是白话的,佛书译本的文字也是当时的白话或很近于白话,唐人的诗歌——尤其是乐府绝句——也有很多白话作品。

胡适的定义确乎很"白",但也难以解决问题。张中行驳难道:"看来这三个意思可以单用,就是只具备一个条件也算,如果是这样,那就远到《孟子》和《战国策》,近到《阅微草堂笔记》和《春在堂随笔》,都成为白话作品了,因为不只明白晓畅,而且不加粉饰的。"这样放大范围,结果当然是文言和白话的界限更加模糊。难怪周作人在《文学革命运动》一文中说:

即在胡适之先生,他从唐代的诗中提出一部分认为是白话文学,而其取舍却没有很分明的一条线。即此可知古文白话很难分,其死活更难定。"(《中国新文学大系·史料·索引》)

古代的文白难以分界,当代的白话是不是很清楚呢?前引费孝通、张中行的文章是白话,但他们的白话里仍搀有文言。其实,其他人的文章又何尝不是如此?请看王力的《小气》(参有下画线部分):

吝啬的人,我们说他小气;妒忌的人,我们也说他小气。小气,自然不够伟大;即使不是十足的小人,至少该说是具体而微的小人。但是,如果小气的人就算是小人之一种,则小人满天下,而足称为君子者,实在太少了。

一个人舍不得钱,叫做小气。本来吗!钱是我辛辛苦苦挣来的,捐借固然不能轻易答应,就是送礼请客,又

> 岂能毫无盘算，使它等于"白花"的冤枉钱？积极方面，应该是能积谷时先积谷；消极方面，应该是得揩油处且揩油。气越小，肚皮越大；量越大，肚皮越瘦。一毛不拔自有一毛不拔的哲学。今日拔一毛，明日拔一毛，名声传开了，四万万五千万同胞每人都希望来拔一根，这还得了吗？

这是白话，没有问题。然而其中确有不少地方都很"文"，所以仍然是文白相间。看一看时下的文章，谁的笔下绝无文言呢[①]？其实，文章越正式、越庄重，就越离不开文言的成分。譬如："为现代化而努力奋斗！"这句"非正式而不说"的当代口号中，"为……而……"就绝非口语。且不说这句话口语很难说，就是能说也不会那么庄重有力了。我认为：典雅、庄重则离不开文言。问题还不仅如此，当代书面正式语体还自己创造出了一种即非文言亦非口语的独立形式（冯胜利 2003）。譬如：

> 对社会制度必须不断加以改造。

> 我们一定要对这个问题进行研究。

口语里不会用"加以"，也不会说"进行"，譬如：

> （甲还乙车）甲："瞧！您的轧不灵了，得修一下了。"

> （甲还乙车）甲："瞧！您的轧不灵了，?? 必须加以修理了。"

> （甲还乙车）甲："瞧！您的轧不灵了，??? 必须进行修理了。"

但是，在正式的场合（如交通规则），同样的事情可以表述为：

> 轧皮失灵，必须加以修理！

> 轧皮失灵，必须进行修理！

因此我们可以得出这样的结论：在当代书面语（正式语体）里，没有绝对的白，尽管绝对的文已被淘汰。换句话说，文与白的关系不是一个简单的"界线"的问题。这可以从以下三个方面来看。第一，如果"文"指文言，"白"指俗话，那么文白的界线本不存在，因为老百姓嘴上的话并没有前面所引的"文言"成分。第二，如果"文"指当代的书面语（written language），"白"指当代的口语（oral speech），那么二者就不仅仅是个界线问题，而是两个独立体系的问题，因为当代书面的正式语体不仅有"文言"，而且还有自己创造出的，即非文言亦非口语的独立形式。当然，一般讨论文白界线时，"文"指文言，"白"指白话文（当代书面语体）。即使是这样，文白的界线也不是问题的核心。因为大量的文言成分已然融入当代的书面语体，化为其中的有机成分，分也分不开。如果"文"已化为"白"（的一部分），那么同样不是一个简单的分界问题。真正的问题是：哪些"文"（文言）可以化入"白"（白话文）？哪些"文"已然化入了"白"？以及理论上的，为什么"文"需要化入"白"。当前的事实是：普天之下，莫非白话。然而近百年来的不解之谜是：为什么普天白话仍离不开千年古文呢？

三 文与言判，非苟而已

为什么当代白话文没有全部抛弃文言成分呢？我认为，不是她没有抛弃，而是她不能抛弃。这一点，国学大师黄季刚先生早就有所预言：

> 言辞修润即成文章，而文与言讫于分乖者亦有。故撰述之家，求其文之简当，或志在行远，亦必美其采章。简与美相乘，自与造次口谈不能同状，此即以语为文之民，亦必有其区别。非然者，谓之无文无不可也。又言在

唇吻,随世迁流;文著于书,其性凝固。故有《尔雅》解《诗》、《书》之诂;《輶轩》记绝代之言。

常语趋新,文章循旧,方圆异德,故雅俗殊形矣。且夫人为之事类,皆爻法于他,罕能自创。婴倪效语,庄岳教言,陶染所成,若出天性。而文章既有定体,美恶复有公评。举世名篇,嗟不盈掬。拟之作势,必是前代之文。模放既久,与之同化,句度声辞,宛有定规。所以诗歌虽广,常用者不逾四五七言;形体猥多,恒见者大多止三五千字。

语言以随世而俗,文章以师古而雅,此又无足怪矣。尝闻化声之道,从地从时。从地则殊境不相通,从时则易代如异国。故越歌《山木》,从楚译而始通,秦语素青,俟郑言而方晓。况以近事,昆腔宾白,非吴侬则厌其钩辀;元代王言,在今人必迷其句读。是则文兼常语,适使满胡,不若一秉古先,反得齐同之律。

综上所说,文与言判:一由修饰,二由迁移,三由摹放,四由齐同。非苟而已也。(《黄侃日记》199页)

这里列出了四条书面与口语区别的原因所在,其中尤以"常语趋新,文章循旧,方圆异德,故雅俗殊形"及"语言以随世而俗,文章以师古而雅"两段最为精辟,它揭示出一条白话流行而文言所以仍然不灭的根本原因:正式语体必须和口说语体拉开距离,而文言正是拉开口语距离的必要手段,因此,"文与言判,非苟而已"。用今天的话说就是:书面语和口语的区别是必然而非人为的,它是正式、典雅必须与随便、通俗区别开来、拉开距离的必然产物。这就是为什么20世纪的白话文仍然离不开千年古老的文言成分的原因所在。在这点上,传统的章黄之学确有先知卓见。当初是文言文与口语的距离,现在是白话文与口语的距离,内容虽异而本质则一。白话文的写作从开始"我手写我口"到今天力争与口语拉开距离的过程和事实,足以证明季刚先生的先见之明。当然,我们不能忘记:没有当初的白话文运动,就没有今天白话书面语体与通俗口语的区别。这一点,不仅当时反对白话文运动的人始料未及,就是提倡白话文的人也未曾料到。总之,语言有语言的规律,文言文与白话的不同以及白话文与口语的区别,在语用范围内,均可视为"文与言判,非苟而已"这一规律的控制作用。

四 雅俗之分

事实上,汉语语体的文白雅俗之分,由来久已。《汉书·艺文志》云:"《尚书》,直言也。"直言即白话。就是说,自古以来就有所谓白话文。然而这并不意味着说话作文可以一白到底。章太炎说:

> 文章之妙,不过应用,白话体可用也。发之于言,笔之为文,更美丽之,则用韵语如诗赋者,文之美丽者也。约言之,叙事简单,利用散文,论事繁复,可用骈体,不必强,亦无庸排击,惟其所适可矣。——《章太炎先生国学讲演集》汤志均先生整理

这还只是就文学艺术和文体区别而言。其实,"白"不能离"文"的主要原因还不是艺术的追求、修辞的手段;究其实,是要区分口语与书面语的不同,是要拉开彼此之间的距离。所谓拉开距离,就是要区分正式与随便、典雅与通俗的不同。何为雅俗?黄侃先生有言曰:

> 宋词出于唐诗,元曲出于宋词,正如子之肖父,虽性

情形体酷似,遭逢既异,行事亦殊。又雅俗有代降,其初尽雅,以雅杂俗,久而纯俗,此变而下也。雅俗有易形,其初尽俗,文之以雅,久而毕雅,此变而上也。由前之说,则高文可流为俳体;由后之说,则与颂可变为丽词。然二者实两行于人间,故一代必有应时之俗文,亦必有沿古之词制。观于元曲,胡语村谈,杂然并入,而亦文之以诗词中锦字隽言。斯可以知雅俗参错之故。及夫时序一更,则其所谓雅者依然;而所谓俗者,乃不复通用。

故学宋词者,只能徘徊于姜吴之闾阎,而无道以至周柳之门澜;填北词者,虽以玉茗、稗畦见多拟熟,终觉去蒙古时人有间。何也?时代变而风尚变、方言变、常语变、习惯变,纵欲与之悉同而不能也。夫男女燕私,裳衣颠倒,古今情事不殊,而所以道之不能无异。"待来时喁上与厮噉则个"宋人之亵言也;"敢交点钢锹劈碎纸糊锹"元人之亵言也。今日有能解者乎?故文者,文之也。效人俗则不能,率己俗则不必,亦循其中道而已矣。(《黄侃日记》214页)

季刚先生的这段话似乎尚未引起人们的注意,然而它必将触及语体发展、文体演变的研究,不仅在语言学和汉语史领域,就是文学和文学史的研究也不会等闲视之。这里季刚先生不仅涉及雅俗的历史、分别及其相互的转变,而且指出了二者既可并行不悖又有各自的分工与作用。"一代必有应时之俗文,亦必有沿古之词制",就是说,一代必有一代的通俗语体,同时也必有它的正式语体。这就等于从雅俗对立的角度预示了白话文最终要独立于口语的必然结局,因为二者在语言表达中的职能本不相同,所谓"方圆异德,故雅俗殊形"。不仅如此,黄先生还进而指出雅俗变换中"变而下"与"变而上"的不同方式。其所谓"其初尽俗,文之以雅"以及"与颂可变为丽词"者,不正是白话文从普通百姓的语言发展出今天"从事、加以、进行"等正式书面语体所遵行的一条"由俗而雅"的道路吗?根据季刚先生的理论,今天书面的正式语体当属"变而上"者。当然,雅俗之用也有开始是"胡语村谈,杂然并入",等到"文之以锦字隽言"则可"雅俗参错"的情况。毫无疑问,这也是今天书面正式语体所遵循的又一条历史之路。有趣的是,汉语居然可以古今杂糅,文白交错。这在其他语言若非绝无,也属仅有。是什么原因让汉语可以杂古于今、融合无间呢?这是本文所要探索的另一个奥秘。

五 韵律语法——文白兼容的历史成因

上文看到:变俗为雅则不能不求助于文言,而其结果就造成当代书面语体的文白交错。然而,文白所以能够交融,文白如何参错,却是一桩千载未发之覆。我认为,这个问题必须从语言学上来解释。前者属语言史的问题,后者则是当代书面语法的问题。无论是历史还是当代,这两个问题均可归结为一条规律,即:韵律制约的文白交错。从韵律的角度来解释汉语的文白兼容,实即章黄之学"以声音通训诂"这一原则的运用与推展。先师颖民(陆宗达)先生殷勤传学,反复敦教;"训诂之旨本乎声音"。声音,在章黄那里不仅仅在于通源、考义、明本借;同时也是汉语构词造句之所本,即如季刚先生所言:

中国语言以单音为根,一音之发,必表一完整之意,与西人之为复语宗族不同。其间有二音者,必本于胡语,

> 如珊瑚之类是也。(黄侃《文字声韵训诂笔记》99页)
>
> 中国语言音单语复,故往往变单字为双字。而每一名有单名双名二者。如"天"称"皇天"、"昊天"是也。双名在质言则为赘疣,而于文言则须用之。由于音单调复,单名多变为双名,因之制成诗歌、骈文、联语等文体。他如节奏之语言,亦皆由此形成也。《世说新语》中人语言音辞多极整饬,后世则剧台宾白亦然。(黄侃《文字声韵训诂笔记》100页)

这里所谓"音单语复"或"音单调复"(字音虽单但语调需复),用今天的话来说就是"音节词(＝音单)"和"双音步(语调复)"的韵律机制。② 其中"双名在质言为赘疣,于文言则须用之"的说法,道明了书语典雅,所以双音的事实(注意:文中的"文言"盖指"文雅"或"文学"而言)。我们认为:文白相间离开"语言节奏"中"音单语复"的韵律机制就无从"融合",诗歌骈文只是其中的一种而已。从历史上看,文言与白话的相容实即汉语历史发展的必然结果。这一点,从空动词到轻动词的类型转变上可以清楚地看出来。我们知道,今天用轻动词表达的形式如"打鱼",在上古可直用单音词"渔"来表达,③ 而"打、弄、搞"一类轻动词的运作,在上古绝然不见。它们是什么时候出现的又是怎么出现的呢?这个问题直接牵涉到后来文白交错的行文法式。为说明问题,我们先看"渔"和"打鱼"的句法结构,如下图所示:

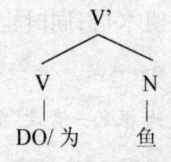

```
        V'
       / \
      V   N
      |   |
    DO/为  鱼
```

就是说,句法上"渔"和"打鱼"的结构是一样的(Hale & Keyser 1993)。具体说,如果图中的"鱼"移动到空动词 DO(做)的位置上,那么它就变成了一个"隐性"的动词,意思是"做一件对象为鱼的事"(亦即"渔=打鱼")。如果空动词 DO 靠一个有音形式和语义抽象的轻动词来实现,那么就用"打"一类轻动词来充填,成为显现的动宾短语。前者是句法同源词的产物:"鱼"孳乳出"渔"(Feng 2003);而后者则为"音化"轻动词的结果:"鱼"派生出"打鱼"。

显然,古今汉语的区别就在于如何实现这个空动词 DO。古代靠移位,后来靠"音化"(=填充),于是造成古今类型上的重大差别。

那么是什么时候、什么原因使得这个无音的 DO(空动词)变成了有音的"打"了呢?根据历史韵律句法学的研究(冯 2004),这个问题可以得到初步的解释,即:阻止这里核心词移位的内在原因同样是"双音韵律词"加"普通重音指派"的双重要求。不难想象,经移位产生的结果仍是单音(鱼→渔)。单音不成步(音虽单但语需复),因此仅靠移位,在很多情况下都不能满足音步必双的要求,因此也不能保证普通重音(NSR)的实现。在音步和重音这种双重压力之下,于是激活了当时语言(UG)中潜在的"使用轻动词实现空动词"的句法运作,以此来满足韵律的需要。显然,用轻动词取代(或并入)空动词 DO 的做法,不仅可以造成双音的韵律效果、满足韵律成词的需要,同时还可借此满足普通重音的要求(重音可由载音轻动词指派到它的宾语之上,造成[w s]韵律结构)。这就是为什么空动词被轻动词取代的韵律原因。

下面诸例更可以说明"从空动词到轻动词的类型转变"实源于

韵律的需要。首先,如果造成双音(轻动＋宾语)是韵律的要求,那么(1)取代空动词的时代不能早于双音节音步建立的时期,(2)载音轻动词的创造和使用也必在双音节发展时期才能产生。事实正是如此。请看:

发:发觉《汉书》

作:作梦、作声、作田、作偶、作业、作乐、作婚、作友……作决定、作阴凉、作游戏、作分别、作祭祀、作朋友……《佛本行集经》

打:打鼓《佛本行集经》

徐丹(2003)和胡敕瑞(2003)观察到:上古大量隐含于单音形式的概念正好在汉代(特别是东汉)纷纷通过双音形式呈现出来。其实,"隐"所以能"显",大多是借助了轻动词的填补作用。有趣的是,轻动词的出现恰在韵律词大规模、大幅度的发展的汉末六朝。同时,当时(或稍晚)填充空动词的轻动词也不止一个,譬如:"击"、"怀"、"发"、"启"、"起"、"着"、"抱"、"加"、"行"、"生"、"兴"、"出"等,均纷纷用来"填空"。这说明:当时需要大量的轻动词来填充空动词的位置。换言之,诸多不同的填充词正是语言应韵律之需而发展的初期现象,否则无法解释为什么单在这个时期突然爆发出来一批语义"赘疣"的轻动词来。

当然,它们中间有的并不都"轻(虚)",但这正是我们理论所预测的结果。因为以"轻"补"空"在汉语史上这还是第一次。当时的语言并没有预先备下轻动词,储以待用。典型的轻动词是发展的结果,而不是其原因。同时,填充的动词虽不轻也无妨,因为这里根本的目的不是填充词轻不轻,而是它有没有"音"、能不能构成双音步。能,则可;不能,则废。事实上,正是因为韵律的这一要求,才不计轻重或虚实。同时,正是这种韵律的要求才让有些动词在空动词的位置上,虽有实义而最终变虚、变轻(否则就会退出历史舞台)。尽管韵律求双音而不计虚实,我们还是可以看到有些历来表示抽象意义的动词的积极参与。譬如,"发觉、作梦、作声、打鼓"等形式中的"作"、"打"、"发",就不仅变成了一个动作性极弱的虚化动词(事实上,"发、生、起、作、打"等,本身都是轻动词),更重要的是,"发觉、作梦、作声、打鼓"(《佛本行集经》)本身就是沿用至今的轻动词表达形式。就是说,今天所谓的"打、弄"等虚动词,是经过历史语法的反复创造和不断洗筛过程后而得到的结果。更重要的是,它们都出现在汉末这一双音节音步建立的时代,先秦是绝对没有的。由此可见,载音轻动词的出现应在汉末(尽管还不甚成熟),而其所以出现原因则是韵律。换言之,古今汉语的类型转变始于汉末,而其转变的动力则源于韵律。下面我们再以实词"鼓"为例,看看它是怎样丢失其"名词动用"的功能的。比较:

鼓=动词
种种无量无边天诸伎乐。不鼓自鸣。又出无量歌赞音声。《佛本行集经·卷二》
一切音乐。不鼓自鸣。《佛本行集经·卷八》

挝打+鼓
在先挝打欢喜之鼓。尽其身力。而扣击之。《佛本行集经·卷八》
手执一锤。挝打大鼓。《佛本行集经·卷三十六》

击+鼓
闻彼欢喜鼓声……是谁忽然敢能击我甘蔗种门欢喜之

鼓。《佛本行集经·卷八》

尽其身力,即击大王欢喜之鼓。《佛本行集经·卷八》

是故我今以欢喜,缘击欢喜鼓。《佛本行集经·卷八》

大王威德,击无量鼓……复吹无量无边螺贝。《佛本行集经·卷八》

击大鼓者,彼出家已,证得菩提。《佛本行集经·卷十五》

打十鼓。

打欢喜鼓。《佛本行集经·卷八》

即于众中打论议鼓,而告之言。《佛本行集经·卷三十八》

至已即打论议之鼓。《佛本行集经·卷三十八》

时彼大众,或有踊身掷在虚空,或复腾铃,或复打鼓。《佛本行集经·卷八》

复教打鼓振铃,遍告城内人。《佛本行集经·卷十四》

天魔军众忽然集,处处打鼓震地噪。《佛本行集经·卷二十九》

经夜后分,欲打鼓时,明星将现。《佛本行集经·卷三十六》

世尊当知,夜已后分。不久打鼓,明星欲出。《佛本行集经·卷三十六》

处处打鼓,求欲论议。《佛本行集经·卷三十八》

先秦的"鼓"可用为动词,但经过"空动词到轻动词"的转型以后,"鼓"不再"动用"了。值得注意的是,在《佛本行集经》中,"鼓"虽仍用为动词,但其动用只出现在韵律词中:"[不鼓]$_{PrWd}$自鸣"。就是说,像《左传》那样"齐王鼓……"的句子不见了,大量的是"鼓"

用为宾语。这是非韵律而不能"名词动用"的第一步。此外,"鼓"的动词一旦是双音节("挝打"),"鼓"绝不能单,因此没有"挝打鼓"的说法。这是韵律制约的又一层。更重要的是,"打鼓"一般都出现在韵律求双的语境里,譬如:

复教打鼓振铃,	复教＊鼓振铃,
处处打鼓震地噪	处处＊鼓震地噪
欲打鼓时,明星将现	欲＊鼓时,明星将现
处处打鼓,求欲论议	处处＊鼓,求欲论议

毋庸置疑,这里变"鼓"为"打鼓"皆以韵律为动机。由此可见,到了汉末六朝,没有韵律则不能"活用",不能活用则求诸"轻动",这就是韵律句法在汉语史上的促变作用。

韵律促发轻动词的原因还可以从当时更广阔的韵律背景上来看出来。"被"字句的形成与发展(冯 2000)、并列动词的出现("[射中]共王目"),动结式的隔开与合用(冯 2002)等等,都是韵律构词和韵律句法催动的结果;汉魏之际双音词的突飞猛进以及当时"四声始备、四六为文"等韵律现象,都是音步结构逐步定型及使用的不同表现。在这个韵律深入语言各个角落的时代,几乎一切可用韵律及为韵律所用的地方和手段,都无不竭力地穷其所极。正因如此,大量的语词在这一时期都从"隐含(单音)"发展到"呈现(双音)"。譬如:"臂→手臂"、"泪→眼泪"、"笋→竹笋"、"雪→白雪"、"金→黄金"、"矛→长矛"、"白→雪白"、"渍→水渍"、"拱→拱手"、"娶→娶妻"、"漱→漱口"等等,不一而足。季刚先生说:"双名在质言则为赘疣,而于文言则须用之"的道理,正在于此。所应注明的是:这里的"文言"不是"文言文"的文言,而是文学或文雅的语言,更严格地说,是韵律节奏的语言。更应注明的是,这种韵律节制的"双名赘疣"是韵律结构发展的结果,它们先见之于文,后进入口语,所以当时大量的新生双音节词语,至今犹存。

由此可见,汉语从单到双的历史演变可以用"一填、二加、三变换"的方式来概括:"填"是用轻动词填代空动词而变单为双(鼓→打鼓);"加"是添加附加语或补述语从而使单变双(渍→水渍、拱→拱手);"变换"是用一种双音表达式取代从前的单音形式(沐→洗头、浴→洗澡)。显然,这里"一填二加三变换"的出现和发展,都不过是这曲"韵律交响乐"的其中一章而已(a sub-case of the global requirement)。

作为一种语言类型的演变,"空动词诱发的句法移位"尽管后来不再合法而废弃不用(今天不说"电话他"),但是它并未根绝。正相反,空动词促发的句法移位同古汉语的其他语法和词汇一道,从句法层面移用到了构词层面,亦即从 S-Syntax 转到 L-Syntax(构词句法层面)。这可以从如下几方面看出来。

第一,在现代汉语里,空动词引发的句法移位一般带有很强的习语性。譬如:"锁上锁"可以,但是"*门上门"不行、"骂街"可以,但"骂家"不行。这正是它在构词句法(morphosyntax)层面存在的表现。因其不能任意衍生(generate),所以运用不自由。不自由正说明这种现象不是句法层面系统运作的产物。

第二,空动词引发的句法移位一般带有强烈的个例性。例如:"端正姿势"可以(从"使姿势端正"而来),但是"*端正字迹"则不可;"切这把刀"可以(从"用这把刀切"而来,冯胜利 2005),但"夹这双筷子"却不行。这显然不是纯句法运作的结果。相反倒是成语化(idiomatization)的特征。正因为这种运作被限制在构词句法的层面,它的运作才不像古汉语那样自由能产。

第三,空动词引发的句法移位带有很强的韵律制约性。譬如:
讲学北师大(在北师大讲学) * 讲学术北师大

住笔(使笔住)	*住笔墨
住嘴(使嘴住)	*住嘴巴
住手(使手住)	*住双手、*住手脚
他 困在 山里了(使困)。	*他困了。
雪 困住 他了(使困)。	*雪困他了。
年近二十(年龄跟二十接近)	*年龄近二十
不敢近人(不敢跟人接近)	*想近人

从表面上看,上述现象似乎出现在句法的表层,因为"讲学北师大"是通过动词"讲"移至空动词(在)而后得到的;"住笔"是"住"移到空动词"使"的位置才有的;"困在……"、"困住……"都是并入(incorporation)的结果。诸如此类都是句法的运作。然而,必须注意的是:如果没有韵律的制约、没有靠动词并入组成的韵律词(如:讲学、住手、困在……均为双音节标准韵律词),句法表层的组织再合句法也不能接受。就是说,上述现象的合法性受到严格的韵律构词法的制约。韵律构词属于构词法的范畴,动词移位受到严格的韵律构词的限制,说明它的运作直关词法,而不是简单句法运作而已。

第四,"古语今用"带有严格的韵律词法制约性(少数进入日常口语、极常使用的,如"好饮酒"的"好=喜欢",属于例外)。譬如:

| 外聘教授(从外面聘用) | *外聘请 |
| 外逃数次(向外面逃跑) | *外逃跑 |

外居多年(在外面居住)　　　　＊外居住

他[不知]我是中国人　　　　　＊他知我是中国人

上面的"外"与"知"是"古语今用"(它们在口语中不能独立使用)。根据我们整理调查(见下文),现代(书面)汉语中,将近250个左右的单音词具有这样的韵律要求(《汉语书面语法手册》初稿)。这些单音词都是现代常用的古代单音词语。在古代汉语里,它们可以自由往来,独立出现;在现代汉语里,它们非与另一个单音成分组成双音而不能独立使用。因此,我们称之为"韵合词(＝韵律合成词)。

我们认为:当代韵合词的韵律条件不仅反映并保留了汉语转型时语言对空动词句法的韵律要求,而且表现了汉语古今类型转变时,古代语法和词汇向韵律词句法(Prosodic Morphosyntax)"集体搬家"的必然结果。换言之,韵律对"动词移位"以及"古语必双而后独立"的要求,本身就是一种新生的语法——韵律语法。当然,并非所有的古语均可用于当代的语言(主要因为语义陈旧),但问题是:倘若今用,则必合韵律。由于这种新生的语法离开韵律就不能生存(不合法),所以我们把古语所赖以生存的法则称之为"韵律语法"。注意:寄生于韵律的古代语法和词汇,由于它们和口语的距离而多被用于书面的正式语体,所以旨在与口语拉开距离的书面语法,从本质上说也就是一种韵律语法。其定义可表述如下:

韵律语法　如果该语言的计算系统(Computational System)必须在韵律规定的条件下才能合法运作的话,那么这种语言的语法就是韵律语法,亦即:韵律制约下的构词造句法。

(a) $*[\sigma] \to [\sigma\sigma]_{韵律词}$

单音节不足构成一个音步因此不成韵律词,故古语必双而后独立(如"果知");

(b) $[\sigma\sigma]_{韵律词} \to [\sigma\sigma]_{韵律词} + [\sigma\sigma]_{韵律词}$

韵律词必选韵律词与之搭配,故书面语"双必合双"而后上口(如"进行");

(c) 文章的内容越庄雅,韵律词的要求就越严格。

由此可见,古代词语在这种书面语法中虽死犹生,因为它们不仅至今犹在,而且在当代书面的遣词造句中极其活跃。毫无疑问,文白所以能够兼容正是汉语历史转型时创造出的一种韵律语法,如果谓之"历史的必然"也未尝不可,因为是韵律迫使古代词语进入了"构词句法的层面",使之"避难有所"(使它们有了存在的条件);而扩大雅俗间的距离又不得不让它们物尽其才(使它们有了活跃的动机)。因此,存在的条件加上活跃的动机,"古今相容、文白参错"也就成了不期而然的必然结果。

六 近百年来白话正式语体的语法模型

1. 一个刚刚成熟的新型语言

从上面的讨论中我们看到:现代汉语的书面语体不仅是一个新生的语体,而且渊源有自。它既不是古代的文言,也不纯是当代的口语。它是一个源于口语又取自文言的独立的体系。研究当代书面语的来源、形成、发展和规律,还仅仅是一个开始。本文旨在抛砖引玉,希望引起学界(语言学本体研究和对外汉语研究)的重视,共同开发这块未曾耕垦的处女地。垦荒需要工具,开辟这个语言学和对外汉语教学上的新领域,同样需要工具,而这里的工具不是别的,就是当代语言学的新理论和新方法。当然,新的领域的开辟和研究,必然导致工具的革新与创造。这又是它在理论语言学上的重要意义。我们应当看到:当代的书面语体是我们面对和使用的一个新语言,至今还不到一百年,相对几千年的文言文来说,她还是一个婴儿。然而,这正是她价值所在。研究当代书面语体不仅将对了解和研究人类语言的形成与发展有帮助,其结果对语言理论也当作出相应的贡献。有志于是者,此其时也。

2. 白话正式语体的组构成分

那么这个新语言究竟有哪些构成成分呢?这里仅粗胪己见,以求教于大方之家。无疑,现代汉语书面语体(或曰"白话正式语体")是以北京口语语法为基础而建立发展起来的一套独立的句法系统。这就是为什么研究现代汉语的人,大多不分口语和书面,因为传统上它们是一套语法。然而,这里所要指出的是,书面语体自有和口语不同的词法和句法的运作(冯胜利 2003)。它不仅有一套从文言中提取的句式(如"为……而……"等),更重要的是建立在以韵律规则为框架的韵律语法之上。简言之,汉语书面语体的语法是以口语为基础,以韵律规则为框架的一种韵律语法的体系。这是就其总体建筑结构而言,就建筑材料而言,它还提取了方言和外来语中的诸多成分。当然,外来的成分必须在内部语法机制允许的情况下才能生存。我们知道,从语言的发展变化看,语法在接收外来影响上最保守,而词汇则是开放的。现代书面语体吸收了大量的口语、方言以及外来语和文言文中的词汇。所以,其构成成分可以用下图来表示:

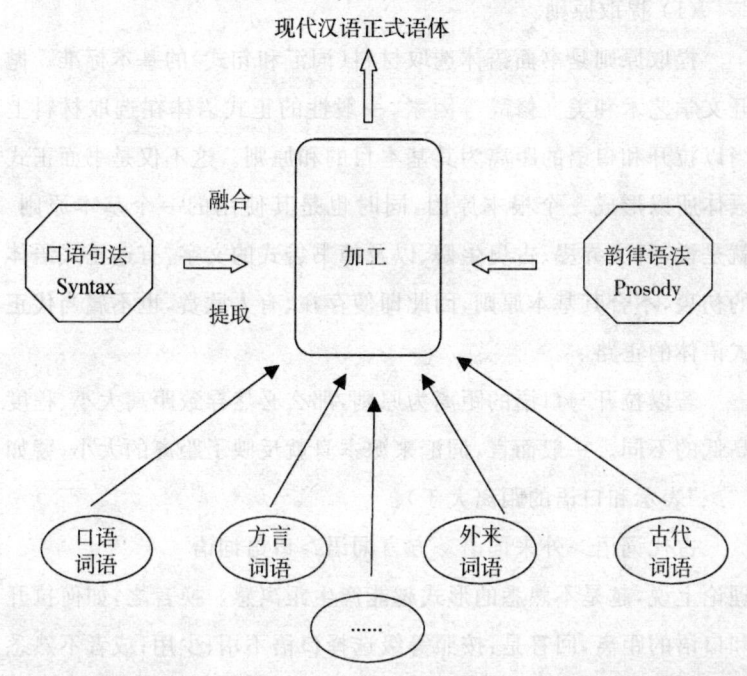

```
                    现代汉语正式语体
                          ↑
                          │
              融合    ┌─────────┐
    ┌─────┐   ⇒    │         │    ⇐    ┌─────┐
    │口语句法│        │   加工   │          │韵律语法│
    │Syntax│   ⇐    │         │    ⇒    │Prosody│
    └─────┘   提取    └─────────┘          └─────┘
                    ↗   ↑   ↑  ↖
                  ↗    │    │    ↖
    ┌────┐    ┌────┐  ┌────┐   ┌────┐
    │口语 │    │方言 │  │外来 │   │古代 │
    │词语 │    │词语 │  │词语 │   │词语 │
    └────┘    └────┘  └────┘   └────┘
                    ┌────┐
                    │ …… │
                    └────┘
```

据上图所示,当代书面语可以定义为:以口语、方言、外来语和文言词语为材料,以韵律语法为框架,建立在口语语法基础之上的一种正式语体。

3. 正式语体形成的基本原则

上述的组构成分说明了当代书面正式语体的基本格局及其材料来源。不言而喻,书面语中所取的材料,来源不一,性质不同,其规格也彼此互异。因此,绝不能信手拈来,任意拼合;否则圆凿方枘,结果必然非驴非马。什么原则能让它们彼此相配,冥合无间呢?这里,我只尝试性地提出如下数条,作为一般性正式语体的基本原则:一为提取原则、二为加工原则、最后是融合原则,兹分论如下。

(1) 提取原则

提取原则是书面语体选取材料（词汇和句式）的基本标准。抛开文学艺术和美文修辞等因素，一般性的正式语体在选取材料上当以拉开和口语的距离为其基本目的和原则。这不仅是书面正式语体所以形成一个根本原因，同时也是其使用的一个基本原则。就是说，舞文弄墨、古奥生僻、以及掉书袋式的文字，有违正式语体的初衷，不合其基本原则，因此即使存在、有人欣赏，也不属当代正式语体的正路。

若以拉开与口语的距离为原则，那么必然导致距离大小、程度高低的不同。一般而言，词汇来源本身就反映了距离的大小，譬如（">"表示和口语的距离大于）：

古代词语＞外来词语＞方言词语＞口语词语

理论上说，越是不熟悉的形式越能产生距离感。换言之，如何拉开和口语的距离，回答是：按照等级选择口语不用、少用；或者不熟悉以致陌生的形式，以此造成和口语距离由小到大的差别，从而达到正式庄重的效果。这就是说，书面语的写作首先是提取材料的训练。如本文附录所示，我根据自己的研究和调查，将常见书面语体使用的正式语料（包括单音节文言词、双音节书面词以及当代书面文言句型）作了一般性的穷尽收集，名之曰《现代汉语书面语法手册》。当然，《手册》的编纂尚未竣工；然而待完善以后，我们希望它可以给现代汉语书面正式语体提供一套"常用语料"，既可满足提取的需要，亦能作为提取的根据。

(2) 加工原则

书面语体的材料固然重要，但是未经加工，拿来就用，写出的文字必不合书面语法。譬如"果（＝果然）"，拿来放到句子里写成

"他果知道被人欺骗了"就必不成话。原因何在？未经加工之过也。语义上说,这句话并不错,句法上看,这句话也没违法。为什么不能说呢？因为它违背了韵律规则。注意：凡是违背韵律之法者,皆不上口。古人叫"不辞",今天叫"非法"。这就是我们给书面正式语体提出的第二大原则：提取古语（或其他来源的形式）必须以嘴说上口为标准。就是说,选用古语,必须加工使之上口；若生塞硬填,必然不伦不类。张中行先生称之为"搀杂"——像饭里的沙子,让人难以下咽。他说：

"采用少数（古代）词语,要怎么样才是融会而不是搀杂。情况千变万化,很难具体说明。勉强说,可以用耳朵作个尺子,量一量,凡是听起来生硬,明显觉得不像日常说话（包括谈论学术问题）的,是搀杂而未融会,反之是已经融会而不是搀杂。"——张中行《文言津逮》

根据我们的理论,融会的情况尽管千变万化,但万变不离其宗。这就是上文所述的韵律语法。根据韵律语法的规则,我们现在可以具体说明什么是搀杂、什么是融会。譬如："他果知道被人欺骗了"是搀杂,因为"果"是单音古语,但古语必双而后能立,因此"他果知被人欺骗了"就是融会,因为"果知"变单为双,自然上口。可见,所谓"融会"就是把"单音古语"融入双音音步,①而所谓"用耳朵作个尺子"就是拿韵律作标准。一句话,"上口"就是"韵律和谐"。因此,不但"果知"上口,"果能……"、"果将……"等等,均文从字顺。由此可见,没有韵律的理论,则"千变万化,很难具体说明",即使找到了尺子,也难以说清为什么。现在我们可以清楚地说：韵律是加工的"尺子",合乎这把尺子才说起来上口、听起来顺耳。

其实,文如口出,也是古人的标准。譬如：

"凡记言文体,当使若出其口"——裴松之《三国志·陈泰传注》

"主记言应用口语"——刘知己《史通·言语·杂说下》

这还是说"记言"的文字,更明确地要求"口耳文字"者是李渔:

"从来宾白只要纸上分明,不顾口中顺逆,常有观刻本极其透彻,奏之场上便觉糊涂者,岂一人之耳目,有聪明聋聩之分乎?因作者只顾挥毫,并未设身处地,既以口代优人,复以耳当听者,心口相推,询其好说不好说,中听不中听,此其所以判然之故也。笠翁手则握笔,口却登场,全以身代梨园,复以神魂四绕,考其关目,试其声音,好则直书,否则搁笔,此其所以观听咸宜也。"——《李渔随笔》

这话虽就剧台宾白而发,但千古文章的道理是一致的,因为"言语者,文章关键、神明枢机,吐呐律吕,唇吻而已"。(《文心雕龙》)注意:文章"上口不上口"是靠语感来判断的,而语感的建立得之于反复读咏,烂熟于胸。然而,文章"怎样才能上口"则不是天生的(书面语一般在成人时习得),它需要依法操作,故而必得之于理,源之于学。譬如"之"字,在现代汉语里人人都用,但能否上口,如何上口,却非人人尽晓。比较:

北京的春天	*北京的春
北京之春	*北京之春天

在上面的例子里,"之"与"的"正呈互补分布:用"之"处不能用"的";用"的"者不能换"之"(熟语或标题如"……之我见"者例外)。无疑,"*北京之春天"不上口,"北京的春"也不顺耳。为什么呢?原因在韵律:今天的"的"是一个前附助词,而古代的"之"则是一个后附助词。均为助词,但其韵律性质不同。此其一,第二,"的"字

轻读,但"之"不能轻(古代可以,但不能以古律今)。因此,就韵律结构而言,"北京的春"是"((北京的)(春))","春"字孤身殿后,韵律失衡,所以不上口。⑤ 而"北京之春天"的韵律结构是"(((北京)(之(春天)))","之"不轻于是和"春天"组成一个超音步。如前所述,古语必双而后独立(韵律词),显然[之(春天)]有违规则(非标准韵律词),故不上口。可见,上口与否必以韵律为尺度。而书面语体一不上口则佶屈聱牙,不能卒读。因此,口耳是书面语体合法与否的一大原则。

(3) 融合原则-I:以浅显为贵。

有了材料,有了尺度,并不等于可以造出预期的产品。原因很简单,材料还有精粗之别,雅俗之差。选材不当,仍然不能达到预期的目的。就书面语体而言,虽然古语、方言以至于外来语均可入文,但是把生奥的古语、偏僻的方言、不懂的外语等,不加区别地一律融入白话,虽然合乎韵律而可以上口,但仍有不能入耳之弊。所以,标准的书面语体当以浅显为原则。这一点,胡适之说可以为师:

"我的长处是明白清楚,短处是浅显。……我抱定一个宗旨,做文字必须要叫人懂得,所以我从来不怕人笑我的文字浅显。"《四十自述》

换言之,融入白话的古语也必须是浅显可知者。然而,是不是浅显的古语就可以为求典雅而极尽其用呢?譬如:

吝啬者,谓之小气;妒忌者,亦谓之小气。小气自然不够伟大;纵非十足小人,至少当为具体而微者。然而,若小气者即为小人之一种,则小人满天下,而足称为君子者,实鲜矣。

显然,这不是白话文。这说明即使是浅显的古语也会造成文章不

古不今、非驴非马的弊病。事实上,上面的原文是:

> 吝啬的人,我们说他小气;妒忌的人,我们也说他小气。小气,自然不够伟大;即使不是十足的小人,至少该说是具体而微的小人。但是,如果小气的人就算是小人之一种,则小人满天下,而足称为君子者,实在太少了。(王力《小气》)

这就给我们透露出书面语体的一条重要原则:古语、今言必须相间为用。这一点,我们下面专门讨论。

(4) 融合原则-II:文白相间

纯口语的"白"形不成书面的正式语体,但纯古雅的"文"也不属于当代的书面白话。其结果自然就是"文白参互"而后可。在这一点上,古人的经验很值得借鉴。譬如,宋词的用字造语之法,即取文白相间的原则。黄侃先生说:

> "有用时俗语为形容接续介系助句之词,而其中加以熟语造语者。如刘翰词:'怨得王孙老','得'字时俗语也。刘克庄词:'蓦然作暖作晴三日','蓦然'字,时俗语也。韩𤲞词:'待不眠还怕寒侵','待'字,'还怕'字,时俗语也。余皆熟语矣。有用时俗语而天然工致绝类文言者。如辛词:'是他春带愁来,春归何处,却不解带将愁去'是也。有貌似文言,实从俗语翻出者。如谢懋词云:'无觅处,只有少年心'是也。有纯用时俗语而杂以文言仍不掩俗者,如赵与(金御)词:'有人嫌太清,有人嫌太瘦,都不是,我知音'是也。有虽无时俗语虚字,而实时俗语之熟语者,如周晋词:'薄幸东风,薄情游子,薄命佳人'是也。"(《黄侃日记》128 页)

我们现在尽可反其道而用之:古人是"文"中夹"白",而我们则可

"白"中夹"文"。事实上，书面语体正是这样形成的。请看(阴影部分标识"文"的说法)：

吝啬的人，我们说他小气；妒忌的人，我们也说他小气。小气，
　　1　　　　2　　　　3　　　　4　　　　5
自然不够伟大；即使不是十足的小人，至少该说是具体而微
　6　　　　　7　　　　　8
的小人。但是如果小气的人就算是小人之一种，则小人满天
　　　　　　　　　　　　　　　　　　9　　　　10
下，而足称为君子者，实在太少了。（王力《小气》）
　　11　　　12

这段文字颇具代表性。全段一共12句（严格说是12逗），其中较"文"的有五处，故文中的文白比例大抵是5/12。就是说，其中有40%的文，60%的白，文白交替的比例接近于黄金分割率。如果我们把上面的比例转换为波浪式图形，就更能形象地表现出"文白相间"的交替模式。请看：

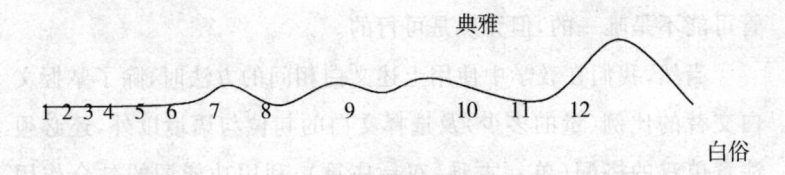

典雅

1 2 3 4 5 6 7 8 9 10 11 12

白俗

文白交替波浪图

我们认为，文白相间必须遵循一定的比率，而比例的上线当然要根据文章的性质而定。无疑，具体上线的比例究竟是多少可以继续研究，这里所要指出的是：文章的"典雅度"或"庄重度"是可以测量和计算。测量"典雅度"，在以前这是难以想象的，而现在，我们

有了测量的工具和方法(尽管还不甚完善),"典雅度"的测量不仅成为可能,而且也具体可行。总之,这里的目的是想通过书面语体的语法研究,并以此为指导收齐正式语体的"建筑材料"(语料),从而达到用统计文中使用的正式语料的方法来计算文章的"典雅度",使文中难以把握的典雅成分变成可以进行计算的量化对象。我们相信,随着研究的深入和方法的不断精密,这一设想是可以实现的。最能说明问题的是,我们现在基本上可以说:王力先生上面的文字具有 40% 的"典雅度"。如果把我们的语料和组合标准编入电脑程序,那么机器就可以在几秒钟之内告诉我们任何一篇文章的"典雅度"是多少。同时,如果"典雅度"反映了书面语习得中的"难度"的话,那么,采用同样的方法,我们可以立刻测出该文的"难度"量有多大。这不仅在对外汉语教学上具有重大的意义,同时对本国的语文教学也将是一个重大的突破。因为我们至今还没有一个现代汉语文章难度的测量标准,而在其他语言中(如英文),这种测量方法早就司空见惯了。由于汉语自身的特性,使我们根本无法照搬国外的测量方法。而这里发明的一套工具和方法,尽管可能不是唯一的,但无疑是可行的。

当然,我们在教学中使用上述文白相间的方法时,除了掌握文白交替的比例(量的多少)及选择文白的句位与语境以外,还必须注意单双的搭配(单=古雅、双=庄重)、利用功能词的黏合作用(的、他、也、了……)、调节韵律构词与节奏语调(韵律构词和节奏造句)之间的关系以及兼顾文章的前后气脉,不使中断而一贯到底。凡此种种,不仅是写作技巧的训练,同时也是我们将来需要进一步深入研究的重要课题。

七　结语

　　林纾在 1919 年致蔡元培的信中说:"非读破万卷不能为古文,亦并不能为白话"(见《畏庐三集》)。他的话虽为反对白话而发,但此说并非绝无道理,因为正式语体的白话文的确采用了大量的文言文。问题是当代人难道真的"非读破万卷古文不能为白话"吗?倘果真如此,那么到何年月中国人才有资格写白话文呢?更有甚者,外国学生又到何年月才能学会写白话文呢?就今天的白话文而言,林纾的"非读破万卷古文不能为白话"的确言过其实,然而,张中行先生的"行文借鉴"不也强调先学文言而后能借鉴吗?他说:

> 想要古为今用,必须今已经通了,对古也有相当的认识。因为文言尚未学会,你就不知道它有什么优缺点,也就不能借之为鉴;现代文不通,没有定形,你就不能以之为本,来吸收身外的营养。由此可见,所谓行文借鉴,在学习文言的进程中是后期的事。后期,却并非不重要,因为既然要学,就总会有后期;又,如果有提高现代文的作用,我们就没有理由不重视它。　　——《文言津逮》

我想,张先生这么说的一部分原因是由于如何达到文白交融,水乳不分的境界"很难具体说明":

> 取其神而遗其形,如果能够做到,水乳交融没有问题。问题是采用少数词语,要怎么样才是"融会"而不是"搀杂"。情况千变万化,很难具体说明。(同上)

如果"很难具体说明",那么结果"只能意会"而"不能言传"。学习的人也就"非破万卷而不能白话"了。必须指出:当代书面语体虽然与文言文有着千丝万缕的联系,但是,是否一定要先学会文言才能写好书面语呢?如果本文提出的方法和原则正确的话,如果我们收集的书面语料足以适用的话,那么依照这些原则和方法来掌握构成书面语的材料,习得者就不必"先学好文言"再来写当代书面语了;而所谓"行文借鉴"这种终生事业(对外国学生而言恐怕是来生事业),也就可以变成"行文习得"的课堂操练了。这并不是说学好文言对行文没有帮助(这是不争的事实),而只是说"文白交融"是有规律可循、有材料可据的,因此是可以集中学习,独立完成的(可参《附录五》哈佛五年级学生作文)。

必须指出:行文的技巧、写作的水平,还有文白的水乳交融等,论捷径,没有;论具体的方法,则非有理论而不能把握。作文本如流水行云,捉摸不定。虽有妙处可言、法度可循,一旦具体固定,则死无生气。文而无生气何以言文?因此,很少有人企图规定作文的具体法则。行文的艺术和文章的语法本是两回事。艺术贵变化,语法重规则。不区分这两点就无法研究行文(遣词造句)的具体方法。即使想了解行文的语法,没有理论,也只能望"行云流水之文"而兴叹。现在我们有韵律句法学和韵律构词学的理论,同时还有历史韵律句法演变的理论指导,自然应该比前人对书面语体了解得更多。因为百年以来,白话文的书面语体日已形成自己的一套书面体系,而其核心就是韵律语法。不仅如此,经过多年的研究和总结,我们初步统计出了书面韵律语法所使用的核心材料(单音节文言词、双音节书面词以及当代书面文言句型),这为我们的研究和教学打下了一个实践的基础。这篇文章只是尝试性地提出正式语体和通俗语体的区别、书面语法的独立性、文白兼容的历史成因、文白兼容的韵律原理、文白兼容的具体方法、文白兼容的具体比例以及书面语法的组构模式。

汉语书面语体的综合研究还只是一个开始,限于时间和篇幅,其中很多问题未能提出,提出的有些也未能展开深入的讨论。挂一漏万,在所难免。尽管如此,本文的研究仍有其现实及潜在的多方面意义。譬如,汉语书面语的文白规范、书面语的界定和范畴、文章难度等级的测定(Readability)、汉语写作等级的鉴定、对外高级汉语教学的内容、标准和方法甚至如何提高中小学语文教学的具体途径等问题,都是本文直接或间接、显在和潜在涉及和回答的问题。

附注

① 小说对话一类文字除外。

② 马融《长笛赋》"观法于节奏,察变于句投",这里论"节奏"而兼及"句逗",且借之以"观法、察变",可视为关注韵律与句法之最古者。

③《说文》"渔,捕鱼也",《史记鲁世家》"观渔于棠"。《左传》"公将如棠观鱼者",孔《疏》"捕鱼谓之鱼"。

④ 当然,"跟谁融会"、"怎么融会"也大有讲究。《汉语书面语法手册》归纳为二十几种方式,参《附录二》。

⑤ 此可证古语今用有不得已者:此处若不用"之",则不合语法。

参考文献

冯胜利(2000)《汉语韵律句法学》,上海教育出版社。
——(2002)汉语动补结构来源的句法分析,《语言学论丛》178-208。
——(2003)书面语语法与教学的相对独立性,《语言教学与研究》第2期。
——(2004)韵律触发的句法演变,第五届国际古汉语语法研讨会论文,台湾中研院语言学研究所 8/20-22/2004
——(2005)轻动词移位与古今汉语的动宾关系,《语言科学》第1期。

徐丹(2003)趋向动词"来/去"与语法化,Paper presented at the Center of Chinese Research of Peking University. 25 December, 2003.

胡敕瑞(2003)《从隐含到呈现——试论中古词汇的一个本质变化》,北京大学出版社。

Feng, Shengli (2003) Prosodically Constrained Postverbal PPs in Mandarin Chinese. *Linguistics*. Vol. 41, No. 6.

Hale, Ken and Samuel Jay Keyser (1993) On argument structure and the lexical expression of syntactic relations. In Kenneth Hele and Samuel Jay Keyser (eds.), *The View from Building 20: Essays in Linguistics in Honor of Sylvain Bromberger*. 53-109. Cambridge: MIT Press.

——(2002) *Prolegomenon to a Theory of Argument Structure*. The MIT Press.

附录一 《常用单音节词汇组双表》(节选)(体例、行距要一致)

下列单音词在汉语书面语体中虽使用频繁,极为能产,但它们全都受到韵律规则的严格制约。就是说,这类单音词不能独立出现,而必须和另一个单音词组成一个标准韵律词才能使用,故称之为"嵌偶单音词"(monosyllabic words used in disyllabic template)。从韵律句法学的角度看,嵌偶单音词的本质属性是"句法自由、韵律黏着",因此凡是超出音韵律词标准规格的组合,都不合法("×"标识不合法的形式)。

A

爱 ài　　可爱的 lovable, adorable, beloved

　　　　爱妻 beloved wife、爱车 lovable car、爱子 beloved son

　　　　【误例】×爱的妻子、×爱的儿子

案 àn　　案例 case

　　　　本案 this case、连发三案 three cases that occur one

after another

【误例】×这个案、×连续发生三个案

暗 àn　　暗中 untold, in the dark, in secret

暗恋 crush, untold love、暗喜 unrevealing happiness, untold pleasure、暗送 secretly deliver

【误例】×暗恋爱、×暗喜欢、×暗赠送

B

奔 bēn　　奔跑 run, scamper

狂奔 run madly、奔往 rush to、奔向 march towards

【误例】×疯狂奔、×奔前往、×奔朝向

饱 bǎo　　充分地 fully, enough

饱经 fully experienced、饱览 read extensively、饱学 fully learned

【误例】×饱经历、×饱阅览、×饱学习

暴 bào　　突然/疯狂地 all of a sudden, like mad

暴亡 a sudden death、暴食 to overindulge one's appetite、暴征 levy excessively

【误例】×暴死亡、×暴饮食、×暴征收

倍 bèi　　加倍地 double, duplicately, multi-fold

倍觉、feel strongly, sense strongly、倍增 increase multi-fold, multiply

【误例】×倍觉得、×倍增加

附录二 《常用单音节词汇组双表》使用方法(节选)
—— 现代书面语单音韵合词的组双办法

从上面单音"韵合词"的表里,我们可以看到:现代汉语书面语体里(formal style)有大量的"句法自由"(syntactically free)但是"韵律黏着"(prosodically bound)的单音节词。它们非常能产,使用频繁,是书面语写作最重要的组成部分。然而,由于它们不能单独使用,所以一直被看作构词里的黏着语素(bound morpheme),没有对它们进行专门的研究。没有研究,也就不了解它们的句法性质;不了解它们的性质,自然也就谈不到有目的的教和有成效的学了。这些词汇,不仅对外国学生来说不敢问津,就是中国学生也只能在暗中摸索,不到中年则很难掌握。即使最后达到炉火纯青的地步,也还是只知其然而不知其所以然。

为什么现代汉语有这样一批单音词呢?读者可以参考冯胜利《论汉语书面语的形成与模式》。它们到底有多少呢?我们通过对大量的报刊、杂志、论文、著作的统计,得到了 250 个左右最常用的"单音韵合词"(=必须组合成韵律词的单音词,亦即:monosyllabic word that must be combined [with another] as a PrWd)。顾名思义,"单音韵合词"要求和另一个单音词(或者也是单音韵合词,或者不是)组成一个韵律词,才能独立使用,否则就不合语法。就是说,单音韵合词不是修辞的问题,而是语法的要求——是书面语语法的核心成分。学习汉语的书面语(formal Chinese),这是关键的第一步。这一步,用最简单的话来说,就是把这些单音词变成双音词。换言之,使用它们的办法是"组单成双"。当然,组单为双不能随便,因为不同的词和词性有不同的组双办法。尽管组双的办法可以千差万别,它们还是有规律可循的。下面我们就介绍四类二十三种单音组双的常见办法。限于篇幅,下面只举例子而不加说明(详参《现代汉语书面语法手册》)。

一、前加法

  1. 前加助动法 动词：<u>应</u>予、<u>可</u>予、<u>可</u>逆、<u>可</u>知、<u>将</u>感……

  2. 前加否定法 动词：不觉、不畅、不畏、不宜、不知、不予、不甘……

         形容词：不良、不善、不妙、不满、不暖、不易、不幸……

  3. 前加副词法 动词：刚愈、已臻、只恐、只觉、只擅、早知、已予……

         形容词：太简、极佳、太迂、太苛、很静……

  4. 前加"被"字法 动词：被盗、被窃、被邀、被占、被欺、被知、被挫……

  5. 前加"有"字法 有劳……有趣、有险、有备、有害、有幸、有助……

  6. 前加指示法 名词：本校、我校、鄙校、此校、贵校、他校、该校、某校……

  7. 前加数字法 两国、四校、三餐、四周(周围)、四季……

  8. 前加动词法 名词：杀婴、脱衣、爱校、爱农、废资、办校、订餐、发薪……

二、后加法

  9. 后加名词法 动词：吃水、发白、返校……

         形容词：爱妻、爱车、别国、别事、彩照、

彩电、残币、残汤……

10. 后加动词法　　副词：　暗恋、饱经、暴亡、遍寻、遍邀、并置、并存、惨遭……

　　　　　　　　动词：　代办、代购、补交、补测、漏写、漏填、改学、改写……

11. 后加方位法：　　　　桌上、桌下、屋前、屋后、鼻上、额上、校内、馆外……

12. 后加"于"字法：甘于、善于、乐于、惯于、聚于、精于……

13. 后加"以"字法：予以、加以、足以、难以、借以、给以、得以……

14. 后加"而"字法：副词：　继而、忽而、幸而、进而、时而、久而、间而……

　　　　　　　　连词：　从而、然而、甚而、反而……

15. 后加"为"字法：实为、确为……

16. 后加"有"字法：怀有、富有、赋有、患有、获有、具有、领有、享有……

17. 后加补语法：　　围住、围起来、困到、困出、困下去……

　　　　　　　　围得他上气不接下气、困得走投无路……

　　　　　　　　两国结下了友好关系、结下不解之缘……

18. 后加"介宾"字法：　围在院子里、困在山里……

三、嵌入法（Insertion）

19. 嵌入［所 V］法　　　所知甚少、为人所欺、为生活所困

20. 嵌入［V＋O］法　　　育人、烦你……、念你……、望你……、害人、害己、避灾、避

难……

21. 嵌入[[V+O] N]法　　灭蝇药、脱衣舞、育儿袋、望远镜、润肤霜、验钞机、准考证……

22. 嵌入[[V+N]+VP]法　他披衣站立起来……×他站立起来披衣……
他持枪走进屋子……×他走进屋子持枪……

四、排比对仗法（Parallelism and Antithesis）

23. 选词可以面较<u>广</u>,意较<u>确</u>；你<u>前</u>追,我<u>后</u>堵；<u>前</u>怕狼,<u>后</u>怕虎。

附录三　常用双音节词语搭配表（节选）

书面正式语体中使用着大量的双音节词汇,其中有相当一批受到韵律的制约。下列双音词皆需与另一双音词组织成"[双＋双]"（或[双＋多]）的韵律格式,才能合法使用,故称之为**合偶双音词**(disyllabic word used in disyllabic Couplets)。现代汉语里有将近400个左右的合偶双音词(以《HSK 中国汉语水平考试词汇大纲》中的丙级以下的词汇为准)。在使用它们的时候,凡不足[双＋双]的组合,均不合法。（"×"标识不合法的形式）。

A

安定 stabilize, reassure

　　～人心、～国家、～情绪、～局势、～秩序

　　【误例】×安定人、×安定心

安装 install

～机器、～电话、～门窗、～空调、～玻璃、～电冰箱、～电路

【误例】×安装门、×安装电

B

办理 deal with, handle, manage

～机票、～重要事宜、～手续、～签证

【误例】×办理票、×办理事

保持 keep, maintain

～安静、～速度、～记录、～联系、～传统

【误例】×保持静、×保持快

保留 retain, hold back, reserve

～传统风味、～文化遗产、～意见、～观点

【误例】×保留味、×保留书

保卫 defend, safeguard

～人民、～家乡、～祖国、～边疆、～安全、～大桥

【误例】×保卫人、保卫家、保卫国

保障 guarantee, ensure

～供给、～运输、～人权、～安全

【误例】×保障给、×保障运、×保障权

报道 report, cover

～事迹、～新闻、～消息、～情况

【误例】×报道事、报道人

暴露 expose, reveal

～思想、～真情、～目标、～秘密

【误例】×暴露想、×暴露情、×暴露秘（泄密）

爆发 break out, erupt

～战争、～掌声、～怒火、～革命

【误例】×爆发战、×爆发声、×爆发火

附录四　常用书面语句型表(节选)

Bei

【书面】NP 备受(……的)VV；备 V

经济发展备受重视。

在国外,他备受歧视。

他来到这所学校后备受学生的欢迎。

他一生在外,备尝艰苦。

他从事学术多年,备知其中的甘苦。

东亚系毕业以前,须备览天下奇书。

【口语】NP 受到(……的)很大的/特别的 VV；完全 V

经济发展受到很大的重视。

在国外,他遭受了很大的歧视。

他来到这所学校后特别受到学生的欢迎。

他一辈子在外面工作,吃尽了苦头。

他搞学问搞了很多年,完全了解其中的苦和乐。

东亚系毕业以前,必须要看完天下奇书。

Ben

【书】本 NP

我们应本中国传统来说明中国文化。

不本事实无法成说。

作者本此得出结论。

【口】根据 NP

我们应该根据中国的传统来说明中国的文化。

不根据事实就没办法建立学说。

作者根据这个得出结论。

Bi

【书】言必称……

【口】嘴里离不开……

孔孟之徒，言必称尧舜。 后代孔孟一类的人，嘴里都离不开尧舜。
当代学者，言必称科学。 当代的学者，嘴里都离不开科学。
文人无聊，言必称古人。 文人无聊，嘴里总离不开古人。

Bian

【书】遍 V 【口】V 遍了，到处 V
在燕京图书馆他遍观天下奇书。 在燕京图书馆他看遍了天下少有的书。
在北京他遍访知名学者。 在北京他到处拜访知名的学者。
我遍查字典，终无所获。 我查遍了字典，最终还是没有找到。

Bing

【书】兼 V 【口】同时 V
书面语写作，当骈散兼行。 书面语的写作应该同时使用对句和散句。
王国维论红楼梦兼容东西方之理论精华。 王国维对红楼梦的评论同时容纳西方和东方理论的精华。
这篇文章兼有古今的史实。 这篇文章同时有古代和现代的历史事实。

附录五　哈佛大学五年级学生作文选

（本文作者系在中国学过一年的非亚裔学生，这里只取该生作文最后一页，未经任何改动。）

......

大山此人与他事业的好坏纷纭复杂,不易于千篇一律,也不可完全断定。他无疑颇具本领,有长于艰苦工作的语言天赋,能忍受刻苦的学习,也不是完全没有原则的。虽然非恶鬼非圣贤的大山生活在世界的关注之下,可是他也是常人,有常人的好坏之处。大山与别人一样,好坏参半,他终于也只能单关自身。此时,我是否应该道歉?其实,以加倍深刻地理解大山本人的情况,我应该访问一次加拿大,尝受加拿大冬天的甚寒,体会到加拿大人的冷漠,参观大山的母校多伦多大学,惜哉无空,我无奈上因特网寻找与加拿大有关的网站。有"加拿大就业指南"(我应否把此网页传送给大山呢?),新华社的"加拿大概况",和各种海外移民以及留学生"须知",但没有足堪交代大山此人的资料。

此时,我同屋嘻嘻的笑声扎破了我扭曲的思维之网。我深叹了,拍拍他的肩膀,关掉了机器,想去就寝。不知道是不是因为个人的疲劳,我好像忽听窗外的什么声音,其声鸣鸣然,可能是黑天的猫头鹰吧,或是路上的车辆,不管是何处响来的声音,它侵入了我的梦乡、我似乎整个夜晚都在听到:

"呜呼大山,你出卖了我们!"

汉语教学与科技的融合
——何去何从[①]

美国南加州大学　李艳惠

　　近数十年，计算机信息科学发展速度惊人，电脑辅助语言教学的各种尝试和成果，更是层出不穷，从 70 年代郑锦全教授的 PLATO 以及 Kim Smith 的汉语教学软件到现在，电脑辅助汉语教学的技术发展可以用一个广告用语来描述：You have come a long way, baby![②] 科技发展对汉语教学的深入影响到处可见：美国中文教师学会学报特别以一专刊讨论汉语电脑科技以及语言教学(May 2003, Chinese computer technology and language teaching)。所出专刊(monographs)中的文章也有类似讨论（CLTA monographs 2 and 3)。在网络上，有关汉语教学的资源更是多如过江之鲫，目不暇及。随便在网络上稍微搜寻一下有关汉语或汉语教学的某个项目，就有数不完、看不尽的网页，让人眼花缭乱。[③]

　　资源这么丰富，我们还可能缺什么呢？我们是不是都应该马上就全盘科技化，把科技带入我们的教学，达到提高教学效率和效用的理想呢？教师是否可以立刻减轻工作负担，学生能够立刻以最有效的方法获得最高的学习成果呢，事实并非如此。我们常听到老师的抱怨声，说他们在教学上所花费的时间反而多了，学生没交作业的借口也多了(我已经直接送到老师的 e-mail 信箱里了。

我的电脑坏了。学校的电脑不能上网……)。这到底是什么地方出了差错？为什么科技好像不但没有真正达到帮助学生的学习,提高教学的效率,反而带来麻烦？我们到底应不应该使用这些新资源？要怎么使用？

针对这些问题,我们试图以美国大学中文课程的教学为例,通过各种实验研究,来探索答案,并寻求最佳解决之道。本文拟从汉字,阅读和书写、课外练习几个方面来讨论,对一些与教学配合使用的辅助教材(请参阅附注3)④进行评析。

一 汉字教学与电脑辅助练习

我们要发展课件或决定使用某个辅助教材,应先知道问题在哪儿,是要解决什么问题(Bai 2003)。以汉语教学而言,汉字通常被认为是最难学习的。所以,有很多文章讨论汉字学习的心理因素、认知过程、教学方法等问题,⑤也有很多学习汉字的辅助课件不断地出现。例如各种笔画顺序的练习,在线汉字辨识以及电脑生字卡等。这些辅助教材是否达到了原先设计的目的？我们有必要作以科学的分析。

首先,以南加州大学中文组所设计汉字网页(http://www.usc.edu/dept/ealc/chinese/newweb/character_page.html)为例,它依据的是《中文听说读写》。(Integrated Chinese) 自从这个网页开放以来,我们收到很多来自世界各地的信函,赞同我们的设计,觉得这个网页非常有用,能够真正地帮助学生认识汉字,老师在课堂上可以不必花太多的时间介绍笔画顺序,学生可以随时参考练习,而且比一般的汉字练习本有用。因为学生可以直接而又清楚地看到笔画的移动顺序、方向,而且笔画转换速度还可以调快慢。这网页可以说基本达到了原先设计的目的。来信者还提出不少要求,其中最主要的要求是,希望将网上整套汉字笔画练习及其发音、意义,组词等全部下载到他们自己的电脑中,以便使用。学生的这些要求都证实了我们自己的判断:网络资源虽然方便,但有时也会出现诸如在线练习速度比较慢、不易控制等问题,所以,最好还是把常用的软件和资源放在自己能控制的电脑系统中。

虽然这个网页非常有用,用过的学生和老师都很喜欢。但是根据每学期对学生使用这网页的评价调查结果,我们认为,网上汉字练习系统并不能完全取代课堂汉字教学以及学生的纸笔练习。大部分学生还是希望老师能在课堂上花点时间介绍汉字,他们在老师的具体指导下自己动手练习。根据学生的愿望,我们改革了原先的汉字教学方法。现在的做法是,在刚开始学习中文时,老师在课堂上把汉字书写的基本原则介绍给学生;在介绍生字、生词时,再重点地重复性地介绍有关汉字的构造和笔顺。在这个过程中,我们还要求学生想一些故事帮助他们记忆汉字。我们的汉字网页则起汉字练习本的作用,学生可以用他们喜欢的网上练习的方式学写汉字。除了要求学生抄写课文或重要的句子外,老师在纸质汉字作业方面并不做硬性要求。这种折中采用电脑资源兼顾传统练习汉字的方法,得到学生的普遍赞同,老师的评价也相当令人满意。

这种做法也印证了印京华(2003)对汉字学习所作的研究报告。印京华对美国大学生记忆汉字时使用的方法作了问卷调查报告。在明德大学暑期学校连续进行三年的问卷调查,收回有效问卷193份。结果表明:有超过半数的学生使用自制的汉字生字卡来帮助记忆汉字字形的占66％,记忆字音的占59％,记忆字义的62％。而使用电脑化生字卡来帮助记忆汉字字形、音、义的学生仅有12至16人,比例没有超过8％。在这些学生中,只有两个人认为使用电脑化生字卡是记忆字音的最佳方法。"在美国学生中流行的并被多数学生认为是有效的记忆汉字的学习方法可概括为:费力多于巧妙。比如在记忆汉字如何写的方面,最流行同时也被认为是最有效的方法是费力地反复书写,记忆汉字发音的方法也趋向于费力。因此并不巧妙的'看与汉字对应的拼音'和'反复诵读'是两个最流行的,同时也是被大多数学生认作是最有效的学习方法。"(p.77)。为什么呢?"对大多数学生来说,那些看来'费力'的学习方法实际上是最简单的方法,因为使用这些方法时所须更多的不是认知型技能,而是运动型技能。但是那些'巧妙'的学习方法却需要更多的认知型技能。比如,利用汉字的部件(包括声符和义符)只是来帮助记忆汉字的形、音、义就属于认知型的技能。但这又恰恰是学生缺乏的并有待大量学习并得到充分训练的技能。而传授诸如此类'巧妙'方法所需的知识和对此类技能的训练又不可能在初级或中级阶段'毕其功而一役',不得不分散到汉语学习的各个阶段……"(p.77)。另外,以前也有根据神经语言学的研究报告。发现学习汉字时,如果能够以手动的方式,顺着笔画依序写出,记忆比较深刻(Chen 1997)。这就好像一个人坐着别人开的车子,不太容易记住走过的路。只有自己开了一次,就马上记得一清二楚了。也难怪学生除了要有网络资源以外,还希望有传统笔纸的练习。我们常常可以看到学生拿着一叠小卡片,每张卡片是他们自己精心设计的汉字学习卡,上面是用他们自己的方法记下每个汉字学习的资料。学生可以边走边看,边吃边看。可见,这种方法有时比最先进的汉字电脑辅助技术还方便。

以上所讨论的是学生纸笔练习的汉字学习记忆的观念。近几年来，渐渐有人提出这种看法：现在计算机技术这么发达，只要一触键盘，汉字就可以打出来了，根本不需要用手去写。最能代表这种理念并真正有系统地付诸实行的是美国纽约 Baruch College 和宾州 Bryn Mawr College 所研发的 Penless Chinese Language Learning：A Computer-Assisted Approach（http://www.penlesschinese.org）。这个网页以一个特制的专用软件为工具，学生输入拼音和调号后，屏幕上就会出现一些同音字或字音相关的字，学生对这些字进行筛选，找出所需的汉字。也就是说学生只要知道拼音，大概晓得字的样子，他们就有办法"写"出汉字。根据 Penless 发表的研究报告，这个计划非常成功。控制组的正确率可达百分之五六十，实验组的则高到大约百分之九十，甚至百分之百。这个实验结果似乎表明，我们在汉字教学中也许应该尽量推广电脑打字技术，以免除手写汉字，"一字一字"记忆学习的辛苦。但是如果仔细审视这个实验的设计和过程，我们也许不会那么有信心地想马上就采用这个方法。第一个问题是，这种方法会不会影响到学生长期阅读能力的培养。我们知道，通常学生只是在初学汉语的阶段，学写汉字比较辛苦，过了这段基础训练以后，他们的根基打稳了，汉语（包括汉字）学习就容易多了。而用 Penless 学习，在开始时是比较轻松，进展可能也比较快，但持续下去，到了中级甚至高级阶段，并不一定那么轻松。因为，学生一旦离开 Penless 这个软件，他们可能写不出、认不出汉字。更况 Penless 软件的词库目前还是常用课本词汇的集合，收字有限。学生进入中高级阶段，所接触的汉字可能会超出软件词库，这样，利用 Penless 软件学习汉字也有一定限制。

美国加州州立大学长堤分校谢天蔚教授(2003)作过以不同软件让学生打入汉字的错误分析研究，发现有些学生甚至不看电脑上出现的选择是什么，随便乱输入。造成不少困扰。我们在南加州大学也做过这样的实验：由于考试时要求所有学生使用电脑打字，而且电脑的软件必须转成学生不能使用在线字典等各种资源，所以我们以一般纸笔考试做实验，试图将写汉字的负担变成认识汉字的工作。具体操作是：考试时，先将生字表发给学生。这生字表不按课本中出现的顺序，且不以词为单位排列，而是一个一个字排列。这种设计的依据是：学生考试时，一点背景也没有的学生往往比较吃亏，他们必须记住很多生字、生词，而且，还得一笔一画地在有限的时间内急着写完。如果给学生生字表，至少能够利用他们识字的能力，不一定完全要能凭记忆写出百分之百正确的字。但是没想到实验结果并不如预期。学生觉得要从字表而不是词表中找出正确的字，并不简单，如果硬采用这种方法，会浪费很多宝贵的考试时间。我们因此放弃这种做法。还是归回让学生一定要能凭记忆写出汉字的做法。学生认为，他们虽然要花很多时间练习，但学得很扎实。

另外，谢天蔚教授目前也在做同样的实验：第一个学期，学生还是手写字，第二个学期以后才开始以电脑打字、做作业、考试。现在，我们还没有得到这项研究的实验结果，不知道这种混合方法的实际效果，更不知道最好的混合方法是应该从什么时候转换？转换之后是否还应该再加入学生手写的练习？什么时候可以开始不输入调号(蒋冕华 1998)？什么时候可以开始以词为单位输入？

因此，我们也许可以下这样的结论：根据目前实验的情况来看,电脑机载练习应该只是辅助性的汉字练习技术。电脑可以减少老师在课堂上花在介绍练习汉字的时间,但不能完全取代。只有通过老师在课堂上的教授以及学生本身的主动练习,电脑辅助汉字练习才能达到最好的效果。

二 阅读和写作教学与电脑辅助练习

计算机信息科学的发展给汉语教学带来的另一个重要影响是,强化了学生文本阅读和书写的训练。在阅读方面,从早期简单地在练习文本中添加词汇讯息到目前利用在线字典阅读文本,学生的阅读负担减轻了许多。例如:利用南极星的文书处理软件,只要移动一下鼠标,文本中的字义、字音就可自动出现文字旁边。最近几年,随着文字处理和翻译系统的发展,有的软件可以自动把文章依词分列,[⑥]因此,学生阅读长篇文章已经不是问题了。

关于在线阅读对学习语言的好处,Bai(2003)曾有研究,他引用Gettys, Imhof and Kautz(2001)实验结果,认为用电脑辅助的方法大量而快速地阅读文本,可以大大提高学生的词汇量。现在有一些研究文章都讲到关于用电脑辅助进行文本精读和泛读的好处和大量的在线阅读对语言学习的重要性。可以从分词的效用来观察,Lu(1997)曾详细介绍了分词的理念和做法,Chang(2002)在其博士论文中也公布了用电脑软件和分词训练学生阅读能力的实验结果。他们的研究表明,分词对阅读比较难的文章才有效,对一般不特别难的文章,效用则不鲜明。

我们还可以从平时的教学活动看电脑辅助阅读的优点。语言课常常要求学生去找资料完成某个任务,比方说,要学生安排旅游,介绍旅游点,购物办晚会,找邮局,医院等等。学生在网络上寻找资料,然后,割贴到南极星上,马上就懂了。从这几年我们学生的期末评鉴报告看,利用电脑辅助工具展开这些活动对阅读帮助很大,学生对这种机载阅读的方法也很满意。

另外,在写作方面,由于电脑的辅助,我们已经可以从第一个学期开始就让学生写成段成篇的文章了(Mou 2003)。在南加州大学,我们一直要求学生做这种活动:学期开始时,就让学生定一个题目(通常是跟自我介绍有关的题目)。然后,每个星期,要学生以电脑打字交上一段,老师看完后,标明需要修改的地方,还给学生,以后,每个星期一段,到学期终了,学生把所有完成的段落合成一本小书,加上图画,变成一本非常可观的书。还有学生甚至用Powerpoint或自设网站把所写的东西美妙地呈现出来。这些作品是学生自己的,学生非常喜欢。可见,用电脑辅助的方法学习写作,从最低年级开始就显现出很多效果。

当然,我们还要做更多客观的实验,以求能确实掌握怎么使用电脑辅助阅读和写作才是最有效用的。

三　课外作业与电脑辅助练习

电脑辅助教学的另一个目的是减轻老师的工作。现在,教师不仅可以利用电脑更正学生的错误,还可以让学生使用电脑做功课。然而,电脑辅助学生做练习的效果到底怎样?老师的工作量真的减轻了吗?学生的学习效果有没有受到影响?正面还是负面的影响?我们可以通过下面两个例子来说明。

南加州大学中文组根据《中文听说读写》编制了南加州大学中

文教学网上作业 Integrated Chinese: A multimedia companion (Cheng and Tsui Publishers)。该网上作业包括听、说、读、写以及综合练习等内容,被制成 CD 放在网上。学生可以到语言实验室直接上网练习,也可以从网上下载练习资料回家里练习。完成功课后,他们再把练习结果传送给老师。在口语练习方面,由于目前传送的技术问题比较多,我们暂时先不要求学生传送这一部分内容。我们用这种方法做了一个学期的实验,尽管效果不那么理想,教师还是对让学生利用电脑做作业以减轻自己工作量的做法充满信心。这是因为,学生是第一次完全以电脑做功课,且做得好坏直接影响到学期成绩,他们都希望能成功地做完作业,并在网上传给老师。当然,在实验中,我们也遇到这样的情况,一些学生对电脑没信心和把握,要在老师一而再、再而三地说明下(有时在每个练习前都给予详细的解说,甚至还给了例子)方肯去做;更有甚者,有的学生似乎根本就不看这些重要解说,一味地依赖老师的帮助来用电脑做功课;还有些学生在网上传送作业后并不能不确定其作业是否被老师收到,所以重复传送了好几次。由此可见,在学生最初使用电脑辅助练习时,教师虽然少了改作业的时间,却在教学生如何使用这种方法上花了很多时间。但尽管如此,参与实验的教师对这种方法有一定信心,认为待学生习惯用电脑操作以后情形应该可以改善。

为了解这种方法在学生方面看法,我们曾做过问卷调查,其中一个问题是"如果可以选择使用电脑或纸笔来完成作业,你们会希望选哪一个?"答案分为两类:本来就不习惯用中文输入系统操作电脑的人,觉得用电脑练习比较浪费时间;而常用电脑的人觉得,虽然用电脑做作业比较便捷,但考试成绩跟用纸笔似乎没有什么差别。

另一个例子来自南加州大学语言中心主持的实验计划。1999年到2002年，由 The Andrew W. Mellon Foundation 赞助了一个采用科技辅助外语教学的评鉴计划，所有的外语教学单位都参与了这个计划。在这个计划实施中，西班牙语是参与人数最多的语种。学生每个星期完全用电脑完成作业，再将其传给老师。这项计划在2002年有了初步的实验报告。结果发现，多数学生不喜欢用电脑做作业。其主要原因有两个：(1)电脑容易出错，且不方便，不能一边跟同学聊天、吃饭，一边做功课；(2)上网时间集中，网络拥挤，在线速度慢。大部分学生都等到最后该交作业才着急上网，而此时上网人数太多，影响练习资料下载的速度。另外，有的老师私下也非常反对电脑辅助教学，经常在课上向学生抱怨使用电脑的坏处。这也会影响学生对使用电脑做练习的态度。为了调动学生使用电脑的积极性，从2003年起，该项计划对实验做了一些改善。采用将不同班级学生交作业的时间错开，改善电脑主机的配置，增强网络传送的速度等方法，使学生上网的时间更充裕。另外，因为每年授课人都要轮换，反对电脑辅助教学的老师也减少了。到2004年总结该项实验情况时，结果是喜人的。大多数学生认为用电脑辅助做练习的方向是对的，它可以增强学生对提高自己语言学习能力的信心；教师也对因电脑辅助练习为他们省下大量批改作业的时间而欢欣鼓舞。

以上两个例子表明，用电脑练习代替传统的笔纸练习是有潜能的。其成功与否主要在于：(1)学生和教师对电脑软件的适应以及他们对信息技术接受的程度；(2)教师能否全力扮演支持的角色；(3)学生和教师是否能很快就体会到使用电脑的好处；(4)是否真正节省时间,方便使用;(5)所做的练习工作是否能完全融入课程。

在用电脑做练习的过程中,学生最喜爱做听力的练习。Zhang(2004)报道过加州伯克利大学使用 WebCT 来做听力练习。过去,学生得去实验室借录音带,做完功课后再还。Zhang 改进了这种麻烦的办法。学生可以在自己舒服的家里上网听录音,做功课。作业的目标以及步骤都十分明确,学生反映非常好,结果也令人满意。71%的学生认为这种做法方便,78%的学生认为采用 WebCT 学习语言比较有效率。

毫无疑问,这个计划的成功,是因为有特定而明确的目标,而且方便有效。所以学生的兴趣很高。[①]

当然,Zhang 也注意到学生通常是在最后一分钟才做功课的情况,以至于有时无法按时完成作业。可见,不管科技怎么发达,如果学生不很好配合,效果总是有限的。

上面所介绍的是学生用电脑辅助方法完成课外练习,以及减轻教师工作强度的情况。另外,还有一点需要特别注意,这就是多媒体设计问题。下面就举一个例子说明。

四 多媒体设计

一般认为,学生如果能多方面地接触语言,他们的学习效果一定会很好。所以,若以多媒体形式设计语言资讯,便可以使学习者同时接触到音、义、形等方面的语言信息,从而提高学习效果。现在,很多课件都充分利用声、光、平面、立体等各种不同层面来设计。然而,多媒体教学的实际效果如何呢？Yu Zhu 和 Wei Hong

曾做了一个很有意义的研究。他们探讨了在电脑多媒体辅助教学环境下不同的媒体(如发音和笔画顺序动画)对学生汉字字体记忆的影响。美国中西部一所大型公立大学的92名汉语学习者参与实验。以班级为单位并根据所使用的生词卡种类(电脑显示),将这些学生分为四个组:无发音无笔顺动画、有发音无笔顺动画、无发音有笔顺动画、有发音有笔顺动画。实验结果显示,有发音无笔顺动画组别的学生对所测汉字的字体记忆得最理想,有发音有笔顺动画组别的学生对所测汉字的字体反而记忆得最差。他们使用双重信息码解递理论(Dual Coding Theory,参见 Paivio,1986;Clark & Paivio,1991)分散注意效应(Split-Attention Effect)来解释实验结果。

这个实验的结果和一般人的直觉恰恰相反。可见用多媒体教学并不是多就好,而是要用得恰当好处。

五 结论

近几年来,随着科技的发展、电脑和网络的普及,汉语教学科技化的浪涛以无法阻挡的气势冲进各个校园,以致许多学校都对语言教学的电脑化投入了巨大的人力和财力。为了满足这种教学的需要,各种产品也不断涌现。面对这种浪潮,我们必须要冷静思考,沉着应付,要多做一些实验,看哪些新科技方法可行,哪些不可行。这里,我们必须明白"人"的重要性,即老师的引领作用和学生对新技术的态度是成功实施电脑辅助教学计划的关键。同时,我们还必须清楚地认识到,在语言教学方面,新科技并非灵丹妙药。只有考虑周到,运用恰当,它才会在"教""学"中发挥作用。此外,只有电脑技术真正地与语言习得理论、语言处理、认知理论、神经语言学等结合和沟通,它在语言教学上的应用前景才广大。为这个前景的实现,我们应该多花点时间研究讨论,以大量的客观的实验来说明,科技与教学在哪些地方可以融合,哪些不可以融合。只有这样,才不会感到我们好像只是追着科技发展的步伐跑,累得喘不过气来,才会稍微享受一下科技带来的益处和乐趣。

附注:

① 本文主要从美国大学汉语教学的角度讨论,难免以偏概全,祈请见谅。

② 一些代表性的对当代成果以及重要资源的评估有 Yao 1996, Zhang 1998, Bourgerie 2003, Xie1999, 2000, 2001, 2002a, 2002b, 2004 等。随时更新反映出现时发展的有俄亥俄州立大学陈洁雯教授的 ChinaLinks 网站 http://chinalinks.osu.edu/,以及她所负责的美国中文教师学会网站 http://clta.osu.edu/CLTAlinks/links.htm。加州州立大学长堤分校谢天蔚教授的 www.csulb.edu/~txie/等。网络资源的丰富,无法言喻。

③ 谢 2004 详细地把网络资源分成这几大类:

- 综合类分类资源:即将有关学习中文的所有相关网页网站收集起来,并按某种原则进行分类。例如,按照语音词汇语法等将网站网页分门别类。好处是一网打尽,对于中文老师提供了大量的资源供选择。缺点是从"大海捞针"变成"湖里捞针"。学生还是有点望而生畏,不知如何下手。

- 课本类聚合资源:将与某一课本有关的网页网站资源汇合在一起。这样分类对使用某一课本的学生很有帮助。其缺点是对于不使用该课本的学习者来说,作用就比较有限。

- 任务类聚合资源:教师将学习任务跟网上资源联系起来,提出学习任务,提供资源,要求学生完成学习任务。这种做法必须跟教学紧密结合起来,通过电子邮件或者课程网络将学习任务和网上资源提供给学生。这种资源组合的优点是结合任务提供学习资源,困难在于教师必须熟悉资料来源,找到适合学习任务的网站网页。

・问答类咨询资源：这种分类可根据学生需要而建立。一般有三种形式。一是常见问题问答 FAQ，二是网络讨论组，三是电子邮件问答。

以美国目前大多数的大学汉语教学而言，2 和 3 是最有用的。4 的某些部分（如网络讨论，电子邮件）也有很多爱用者。

④ 谢天蔚（2002a）对网上教学的不同模式做了详细的分类、介绍。他所根据的是美国伊利诺大学在 1999 年的一个报告，研究和分析网上教学的问题。报告指出了目前网上课程大致有三种模式。

第一个模式是用作传统课堂的辅助和补充手段，提高学生学习兴趣，扩大学生视野增加接触中文的机会，提供多媒体的学习资料，加强师生间以及学生之间的交流。主要有三类：

一是全面介绍学习中文的资源＜http://www.csulb.edu/~txie/online.htm＞，包括语音、词汇、语法等方面的资源，学生可以从中找到有关的内容。二是根据使用的教材建立一个与课本有关的网页＜http//www.csulb.edu/~txie/pcr.html＞，包括课文、生词及阅读的录音，动画汉字，语法练习，学习指导和课外作业。三是将这些内容综合在学校提供的课程管理软体 Blackboard 中，注册学生随时可以通过这一系统看到上课的内容，即便有人缺课也知道某一天教了什么，作业是什么。学生可以通过电子邮件跟教师沟通，交作业。

第二个模式是部分网上教学，与传统教学手段混合使用（减少传统课堂教学时间，将减少的课堂教学时间改用于网上活动。可解决因学生人数急剧增加教室不敷应用的困难）宾州 CMU 一项研究将每周四天的法语和德语课分成两部分，三天在传统的课堂内上课，另一天由学生自己进行网上学习。结果学生的学习成积和传统的四天上课模式没有实质性的差别（Green and Youngs，2001）。

第三个模式是完全网上教学（用于远程教育）。如澳大利亚 La Trobe University 的中文课程＜http://chinese.bendigo.latrobe.edu.au＞），University of Hawaii 高级汉语阅读课程，中国的四个网校（北京语言文大学＜http://www.eblcu.net＞，国家汉办委托华东师大办的汉语远程学院＜http://www.hanyu.com.cn＞，中国上网＜http://www.chineseon.net＞，学中文网 http://www.speakingchinese.com＞)。

⑤ 举例而言，一些近年出现在美国中文教师学会学报的是：蒋冕华（1998），印京华（2003），Chan（2003），Ke（1998）。

⑥ 文章依词分列的例子：http://www.usc.edu/dept/ealc/chinese/new-web/reading_page htm.

⑦ 在同一篇文章中 Zhang 提到在 WebCT 上所列的参考联网（Reference Link）。调查结果发现只有稍多于三分之一的学生知道网页上有参考联网这个项目。没有一个学生常常使用。89.2% 的学生很少使用"seldom used it。这倒是给老师们很大的警讯。

如果不想浪费时间，最好是给学生很明确的任务，让他们知道应该要使用什么网络上的资源。否则不如静下来，喝杯茶！

参考文献

蒋冕华(1998) 由声调记忆、识字和发音的相关性谈改进学生发音。中文教师学会学报。33,1,17-30。

印京华(2003) 美国大学生记忆汉字时使用的方法——问卷调查报告。中文教师学会学报，38,3,69-90.

Bai, Jianhua (2003) Making multimedia an integral part of curricular innovation. Journal of Chinese Language Teachers Association 38,2,1-16.

Bougerie, Dana Scott (2003) Computer assisted language learning for Chinese: a survey and annnotated bibliography. Journal of Chinese Language Teachers Association 38,2,17-48.

Chang, Chih-Ping (2002) Marking text boundaries and learning the Chinese Language. Unpublised Ph.D. Thesis at the University of Southern California.

Chen, Sylvia Shengyun (1997) Intra-lexical Noun-verb Dissociations: Evidence from Chinese Aphasia. Unpublished Ph.D. Thesis at the University of Southern California.

Clark, J. M. & Paivio, A. (1987). A dual coding perspective on encoding processes. In McDaniel, M. A., & Pressley, M. (eds.), Imagery and related mnemonic processes: Theories, individual differences, and applications, pp. 5-33. New York: Springer-Verlag.

Gettys, Serafima, Lorens Imhof and Joseph Kautz (2001) Computer-assisted reading: the effect of glossing format on comprehension and vocabulary retention. Foreign Language Annals 34,2, 91-106.

Green, Anne and Bonnie Earnest Youngs (2001) Using the web in elementary French and German courses: quantitative and qualitative study results. CALICO 19,1, 89-123.

Ke, Chuanren (1998) Effects of strategies on the learning of Chinese characters among foreign language students. Journal of Chinese Language Teachers Association 33,2, 93-112.

Lu, Bingfu (1997) Computer-aided training in reading Chinese. Journal of Chinese Language Teachers Association 32,2,57-74.

Mou, Sherry, J. (2003) Integrating writing into elementary Chinese, Journal of Chinese Language Teachers Association 38,2, 109-136.

Paivio, Allan (1986) *Mental representations: A dual-coding approach*. New York: Oxford University Press.

Xie, Tianwei (1999) Using computers in Chinese language teaching. In Madeline Chu (ed), Mapping the Course of the Chinese Language Field. Chinese Language Teachers Association Monograph Series, Volume III. 255-284.

—— (2000) Pros and Cons of Using Computers in Teaching Chinese. In Modern Education Technology and Chinese Teaching to Foreigners. Guangxi: Guangxi Normal University Press.

—— (2001) e世代的中文教师如何面临挑战, Journal of Chinese Language Teachers Association, 36,3, 2001.

—— (2002a) Three Models of Online Teaching 网上教学的三种模式。各尽所能通力合作共享成果. In E-Learning and Chinese Teaching to Foreigners. Beijing: Tsinghua University Press.

—— (2002b) Using Word Processing Software and the Impact on Pedagogy. In Forum of Teaching Chinese to Foreigners. Vol. 2. Shanghai: Shanghai Foreign Language Press.

—— (2003) 中文输入错误分析. Presentation at the International Forum on Chinese Character Instruction and Computer Technology. Baruch College, New York.

Xie Tianwei (2004) Reorganization and Application of Internet Resources. In Zhang Pu, Xie Tianwei and Xu Juan (eds.) 2004 The Studies on the Theory and Methodology of the Digitalized Chinese Teaching to Foreigners. 数字化对外汉语教学理论与方法研究 Beijing：Tsinghua University Press.

Zhang, Lihua (2004) Stepping carefully into designing computer-assisted listening activities. Journal of Chinese Language Teachers Association 39, 2, 35-48.

Zhang, Zheng-sheng (1998) CALL for Chinese-issues and practice. Journal of Chinese Language Teachers Association 33, 1, 51-82.

Zhu, Yu and Wei Hong (2005) Effects of digital voice and stroke sequence animation on character memorization of CFL learners, to appear in Journal of Chinese Language Teachers Association, October, 2005.

高科技手段与高效率教学
——浅谈高科技手段在对外汉语教学中的有效融入

美国 Kenyon College　白建华

近年来,电脑网络技术的飞速发展推动了教学改革,现代教育技术在对外汉语教学领域中所起的作用也日趋明显。电脑网络技术的发展为改进及丰富各个教学环节创造了有利条件,多媒体的应用也使得我们的对外汉语教材变得有声有色。然而面对潮水般涌来的电脑技术及网络教学资源,有些对外汉语教师感到困惑和束手无策,甚至产生了抵触情绪。也有一些学者过高地估计了电脑及网络技术的作用,甚至将传统教学与多媒体教学对立起来,把多媒体教学说得天花乱坠,把传统教学说得一无是处,以致认为有朝一日多媒体将取代老师。在我看来,这些想法都未免过于偏激。若要真正优化对外汉语教学,必须在研究教与学的基本理论、课程设置、教学法、教学手段上下功夫,在此基础之上再考虑如何将现代科学技术有效地融入到对外汉语教学的各个环节。多媒体技术与任何现代科学技术一样,只能作为一种工具在教学中使用,永远也无法取代优秀老师的课堂教学。

接下来,我们先探讨一下利用高科技提高教学效率的几个原则,然后结合俄亥俄两所大学远程教学的合作经验和体会,从课程设置、课堂教学、学生评估等诸多方面谈谈我们是如何将电脑技术和网络技术有效地融入我们的实际教学之中的。

一 高科技手段与高效率教学

毫无疑问,现代科学技术在改进汉语教学方面有着极大的潜力。作为对外汉语教师我们应该迎接 e 时代的新挑战,与时共进,积极、稳妥地利用高科技手段提高我们的教学效率。下面我谈一谈利用高科技所应遵循的几个原则。

第一个应遵循的原则是现代教育技术再发达,也取代不了优秀的对外汉语教师。

我们要积极地利用高科技在对外汉语教学中的优势,但同时要对其局限性有足够的认识。前面已经提到,现代高科技手段有极大的潜力,使用得当能促进我们的汉语教学,提高我们的教学效率（Bai2003；Xie2001）。但是也不能忽视其局限性,否则,在使用过程中会令人大失所望。电脑只是一种现代工具,它的智商是零,需要人的操作才能发挥作用,没有优秀老师的参与,没有教学前沿的试验,任何学习软件都只是纸上谈兵。因而在我们选择或开发多媒体教学资源的过程中,首先要考虑的一点是我们的制作团队是否有优秀的教师参与。近年来,我们在使用高科技手段提高教学效率方面有过不少尝试。其中有成功的经验,也有失败的教训。然而最大的收获是在实践中发现,高科技使用的成功,离不开教学第一线优秀的对外汉语老师和电脑专家的合作,另外,学习者的及时反馈也至关重要。电脑的另一个局限性是它所提供的教学互动是极有限的。我们都很清楚,成功的外语学习离不开师生之间和学生之间的互动。虽然多媒体学习软件在很多方面为学习者提供了帮助,但终归只能起一些辅助作用。当然,多媒体学习材料比传统教材有很多优势,比如,多媒体材料能做到有声有色,图文并茂,同时给学习者多种有效的刺激,从而提高学习效率。多媒体还能帮助我们做到寓教于乐,提高学习者的学习动力。但是要想达到上述效果,首先得有一批极富教学经验的教师参与制作,同时,也要有一线教师的合理操作方可达到预期的效果。

第二个原则是运用高科技首先必须尊重教学规律,解决对外汉语教学中的实际问题。

在考虑使用什么样的现代教育技术,如何使用这些技术时,不应先考虑技术,而应首先考虑如何利用高科技提高我们的教学效率,解决教学中的实际问题。很多电脑程序(programs)和模板(template)都有很多功能,有的功能有助于提高教学效率,有些功能虽然先进,但与教学没有很紧密的关系,学起来、用起来反而麻烦,事倍功半。如果我们首先考虑如何解决教学中的实际问题,就可以更有效地利用我们宝贵的时间,充分开发现代教育技术的潜力。在这个原则下,我们需要考虑的具体问题是:第一,高科技是否确实比现有教学手段更能有效地解决我们教学中的实际问题?毋庸置疑,同一本教材,多媒体形式要比传统形式更生动、更直观。但是一味追求高科技不一定是最佳选择。比如,尽管网络的传送速度越来越快,streaming video 这种高科技不如录像带或 DVD 这些所谓的"低"科技更实用和适用于课堂教学。Streaming video 图像小,传送慢,影像也不够清晰。而录像带或 DVD 反而没有这些限制,所以"低"科技有时候比高科技更容易使用,更有助于提高教学效率。第二,如果我们能够确定某种高科技手段的确有利于教学效率的提高,接下来的问题是:我们有没有足够的时间、财力和物力?有没有现代教育技术专家的支持?在使用高科技的过程中,有些行政管理人员误以为,高科技的使用能承担老师的一些任务,从而降低整体费用,其实不然。高科技使用得当,能提高教学效率,可是在初始阶段,费用不是减少,而是增加。要想在高科技的有效使用上有所突破,必须得到校方的支持,申请到足够的研究经费,这无论是在中国还是在美国都不是一件很容易的事。第三,如果我们具备了所有的条件,接下来我们就要考虑,把高科技运用到整个教学过程中的哪一个环节才能最大限度地提高教学效率。整个教学过程至少可以分成四个环节(见下图):

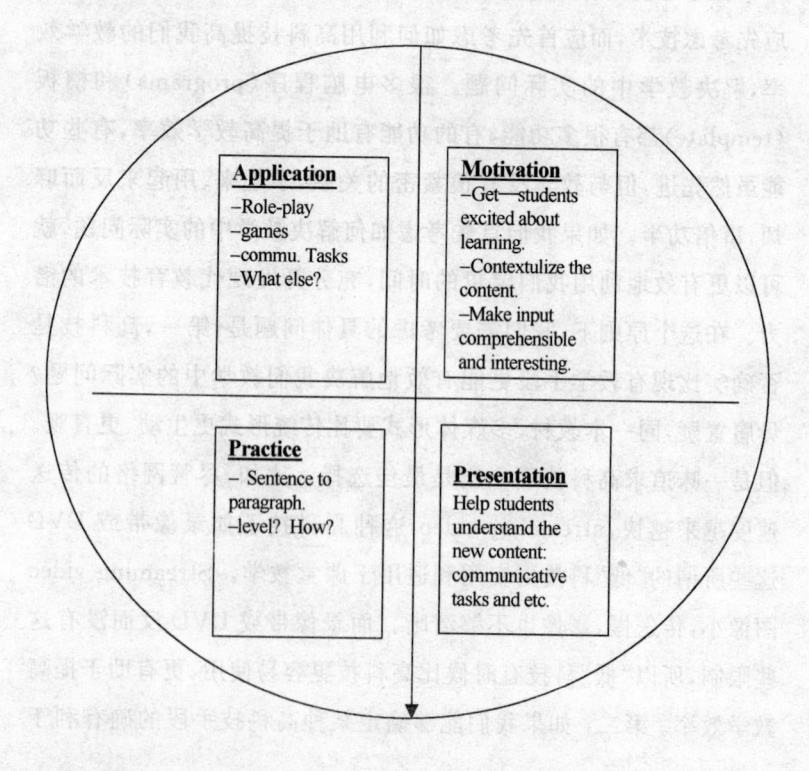

Application
- Role-play
- games
- commu. Tasks
- What else?

Motivation
- Get—students excited about learning.
- Contextulize the content.
- Make input comprehensible and interesting.

Practice
- Sentence to paragraph.
- level? How?

Presentation
Help students understand the new content: communicative tasks and etc.

发掘和提高学生的求知欲和学习动机;将学习内容有效地、准确地传递给学生;通过语言的操练帮助学生掌握语言的规律;最后是运用 task-based 学习活动使学生能够准确地、流利地、得体地进行不同场合的交际活动。

第三个应遵循的原则是不断试验、总结、推广、对反馈信息加以分析。

众所周知,高科技手段是新技术,将其运用到教学中更是新中之新。我们应在实践中不断总结经验,并对实践加以分析,进行有实验基础的研究,然后对有效的经验加以推广,并及时获取反馈信息,在总结中不断提高。多年来,在传统的教学手段方面,我们已积累了一定的经验。但是,现代高科技手段在教学中的使用才刚刚起步,我们还需要在使用高科技来提高教学效率方面做有心人,经过有实验基础的研究来指导我们如何把高科技有效地融入语言教学的整个过程中去(Nagata 1997, 1999; Chun 1996; and Gettys, Imhof and Kautz 2001)。比如,Gettys, Imhof and Kautz (2001) 对多媒体教材中生词的标注方式进行过研究,他们发现,不同的标注方式对学习者的阅读能力的提高和单词的记忆都有不同的效果。实验证明,单个单词的标注比整句的翻译标注法更有助于学习者对词汇的学习和记忆。其他研究结果表明(Kost, Foss and Lezini 1999),同时利用图片和文字解释生词比单独使用文字解释或者图片更有利于提高学生对生词的理解和记忆。另外,有人对利用网络交流(CMC)的教学手段也进行了实验,研究结果表明通过网络交流对语言能力的提高在某些方面胜过口语练习(Ortega 1997; Gonzalez-Brueno 1998)。目前,建立在实验基础上的检验高科技手段的研究正在得到越来越多的学者们的重视。

美国的 Mellon 基金会近些年投巨资赞助多媒体教学。他们现在也重点支持有实验基础的,能对高科技手段进行评估的研究课题。我们在使用高科技提高教学效率的过程中,要不断总结经验,多作些有前沿性的、建立在实验基础上的研究。

二 远程教学与资源共享:利用高科技手段提高教学效率的一个实例

前面我们谈了利用高科技提高教学效率所遵循的几个原则,下面我要举一个利用高科技手段提高教学效率的实例:美国中西部偏远地区两所大学(Kenyon College and Denison University)如何通过开设"远程高级汉语"解决师资不足的问题。

Kenyon 和 Denison 两所大学都面临同样的问题:学校小,学生人数在 1500 到 2000 左右。学中文的学生虽然近年来有所增长,但是到了高年级,学中文的学生人数还不是太多,学生人数还没有增长到校方愿意多雇对外汉语教师的程度,由于师资不足,我们不能开设足够的高年级汉语课程,高年级学生能选的课程很有限。所以经过两校对外汉语教师的几次讨论,我们决定最好的出路是通过远程教学实现资源共享:Kenyon 开设远程高级汉语,Denison 开设远程中国文学。这样两校的学生都有机会多选一门中文课。

为了得到校方的支持和 Mellon 基金会的赞助,我们所做的第一件事就是参加远程教学设备的培训班,充分了解现代技术所具备的优势以及如何利用其优势提高我们的教学效率,然后向校方和 Mellon 基金会说明通过远程教学开设高级汉语的重要性、迫切性和可行性。由于我们的构想和创意合理可行,而且具有前沿性,很快得到了校方和基金会的大力支持。

有了校方和基金会的支持,我们开始着手远程教学的课程设计。为了避免闭门造车,我先考察了美国不同的远程外语教学项目。目前的考察结果是远程教学基本上有两个模式:一是借助电脑网络系统的非共时教学(比如,夏威夷大学的中文远程教学);二是借助闭路电视的共时教学(科罗拉多 Morgan County 社区大学的外语远程教学)。夏威夷大学的远程教学是"高级汉语",他们主要是通过万维网进行非共时语言教学。教师把所教的内容放在网上,然后提供学生所需要的解释,并且设计不同的语言练习活动。师生之间和学生之间通过网上交流达到教授并提高其汉语水平的目的。另外他们也和台湾的一些大学生建立了网上交流。科罗拉多 Morgan County 社区大学是通过 ITV 进行共时教学。教师在主校授课,远端的学生和主校的学生同时上课。另外,主校和远端的学生还可以利用课外看录像带和其他一些辅助材料的方法提高其外语水平。

我们认为,两种模式各有利弊,所以决定吸收各家之长,取长补短。同时借助电脑网络技术,以及闭路电视的技术进行我们的远程教学,试图有效地将电脑网络,闭路电视以及多媒体等技术融入我们整个教学过程中。

远程教学的主要设备是两校的 Teleconferencing 教室,其中包括:
- Tandberg Educator 5000 videoconferencing suites

334　汉语教学:海内外的互动与互补

- Easy-to-use touch screen control（右边）panel that can be moved from a speaker's podium to conference table and document cameras（左边）for display in room as well as video conference exchanges

- Full room microphone coverage
- Two color monitors at the front of the classroom to view incoming and outgoing images
- One color monitor at the rear of the classroom for instructor's view
- Two video cameras capable of automatic tracking and independent control
- Dedicated video network connections between the two campuses
- Four dial-up telephone lines (ISDN) for video connections to facilities worldwide
- Networked microcomputer for projection and video conference exchanges
- Color projection system and screen for computer displays
- Telephone for voice communications with other sites or for support

关于远程教学(Teleconferencing)教室的性能,http://siddall.info/vc/网站有更详细的介绍。除了远程教学教室的各种技术手段,我们也尝试使用了 Blackboard 和其他 LMS (Learner Management System) 系统。

远程高级汉语课程的主要部分是每星期在远程教学教室上的三次"共时教学"课,每次一小时。除此之外,还有利用电脑网络和 LMS 系统进行的课前准备、课后作业、操练课和单班课。下面我具体描述一下每个部分的操作步骤:

课前准备:学生上课之前需要熟读课文,所用的课本是"乐在沟通"和"两岸对话"。预习方法有传统式的看课文、背单词,也有比较新式的利用网络工具的学习方式。比如,教学生用 Annotator (http://www-rohan.sdsu.edu/~chinese/annotate.html) 自己制作生词表(见下图)。学生可以将任何 GB 码的中文材料贴入 Annotator,然后点击"annotate",电脑可以在几秒钟之内自动作出每个词的中文拼音及英文解释供学生参考。另外,Annotator 还有断词或者把整篇文章转换成拼音等功能。

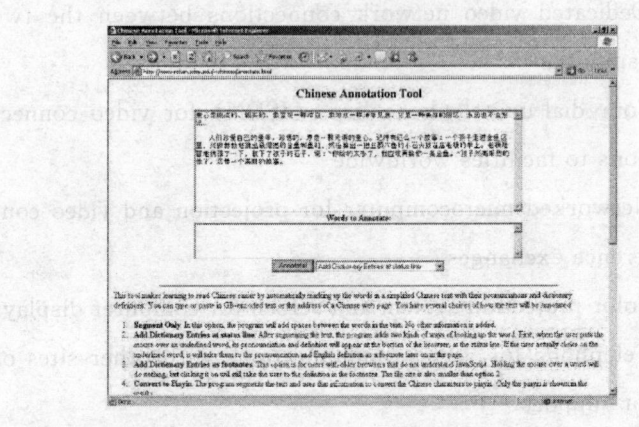

再有,我们也采用了"文林"、"释文解字"或者其他类似的网络辅助工具,比如 http://www.popjisyo.com/(见下图)帮助学生学习。这些工具使用方便,操作简单,可以提供线上词典,各种解释,以及课文的声音材料等等。学生可以用这些工具对任何中文材料进行处理,然后将鼠标移到不认识的字、词,电脑可以提供英文解释和声音。下面是 Popjisyo 的一个例子。另外,学生也可以将他们自己喜欢的网页网址键入 Popjisyo,然后可以点击网页上的任何中文词来得到英文注释。

另外,老师也可以通过 ITV 值班时间帮助学生预习。这些课前活动一方面是帮助学生课前预习,更重要的是培养他们独立学习的能力。

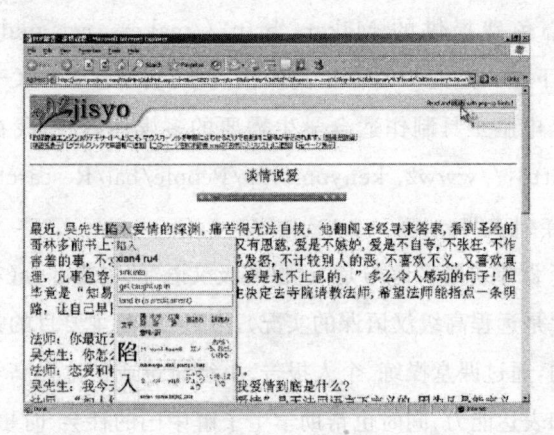

为了更好地提高教与学的效率,我们为所使用的课本制作了一套多媒体辅助教材:"Real People on Real Topics."有 CD 版也有网络版。网络版的网址是:www2. kenyon. edu/ depts/mll/ chinese/bbvideo/bbvideo. htm. 。这套多媒体辅助教材包含不同年龄的中国人谈论有关文化和社会问题的录像,所谈论的内容都是课本练习部分中涉及的题目。除了录像,学生还可以点击看"脚本"、生词注释,也可以通过点击做听力理解题。跟上面提到的电脑网络工具相比,我们这套材料的生词解释准确度高得多,因为我们提供的不是线上词典,而是根据文章的上下文提供的恰当的词汇注释。

另外,这套教材为学生的讨论课增加了更多的素材,他们可以听到、看到中国人对同样问题的看法和态度。他们可以通过对有意义的话题的讨论扩展词汇,提高对中文的理解和表达能力。

这套多媒体教材的制作是一次成功的尝试,制作小组有经验丰富的对外汉语教师,也有懂多媒体技术的人员,还有使用本套教材的学生代表。制作这套多媒体辅助教材所使用的电脑软件有两个：一个是 Macromedia Dreamweaver，一个是美国明德大学教育技术中心免费提供的 Makers http://makers.cet.middlebury.edu/（见下图），这两个制作工具操作简单，实用性强。关于如何利用这两个电脑工具制作适合学生需要的多媒体教材，我在本人的网站（http://www2.kenyon.edu/People/bai/Research/Index.htm)有详细说明。

ITV课堂讲解及练习是"远程高级汉语"的主要部分（本文的第一张图片是远程高级汉语课的实况）。ITV课的主要目的是解答学生的问题，通过课堂操练、个人报告、小组讨论或辩论提高学生的理解能力和表达能力，同时也帮助学生了解中国的社会、时事、文化等方面的知识。除了口语练习，我们也作一些写作练习。例如，老师

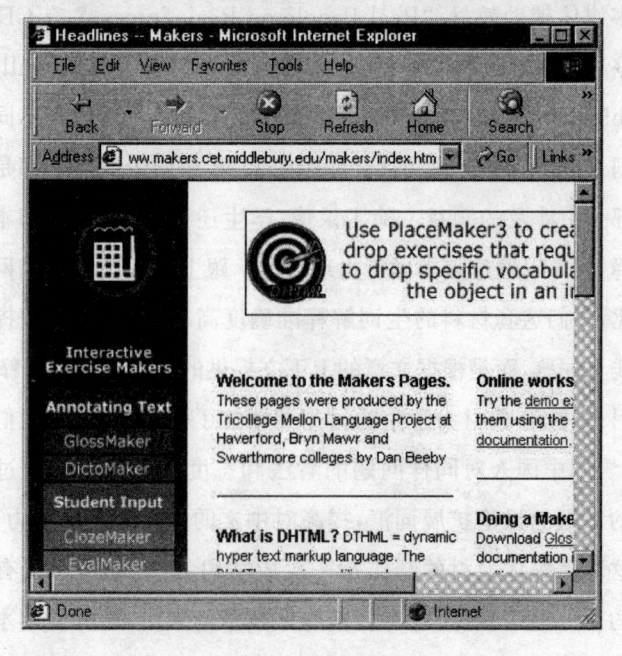

可以提出一个问题,然后给 5 分钟让学生写出他们的回答;他们的"作文"可以用 ELMO 投影仪投到大银幕,这样两端的同学都可以看,然后根据他们的写作对谈论的话题进行更深刻的讨论。

　　Teleconferencing 教室是新式的教学环境,前面我们说过,新式的教学环境需要新式的教学手段,比方说,怎么样安排教师和学生的排列?如何更好的使用远程教室的预设(pre-set)?如何准备远程教学的教案,如何更有效地利用 Teleconferencing 教室提高我们的教学效率,这些都是我们仍在继续尝试,并需要进一步改进的方面。在座的诸位如果有什么好的建议或意见,欢迎大家"互动",提供给我们。

　　"远程高级汉语"的最后部分是课后作业及其他学习活动。其主要目的是强化学生所学的内容,测试他们的学习效果。我们采用了传统的笔头作业,远端的同学可以将笔头作业用传真机传给老师。我们也使用了比较新式的手段。例如,利用 Blackboard 的 CourseInfo 还有 Eres 的功能进行了分题讨论(web-based threaded discussion):我们要求学生每星期 2—3 次根据他们所听到或者读到的重大事件进行报告并发表自己的看法。其他的学生至少有 2—3 次的跟帖。通过电脑网络完成以上学习任务不需要很多的技术训练。随着中文信息处理技术的发展,跟五年前相比,汉字的输入和传送更便捷。这就为我们利用高科技手段达到教学目的提供了技术依据。

　　对修改作业的方法我们也作了些改革,为培养学生独立学习,独立思考的能力,我们采用不同的颜色标出学生作文中不同的错误类别的方法,鼓励学生自己找出具体的问题并加以修改。比方说,红色是语法错误,蓝色是词汇使用的问题,粉色是"老师不知所云"等等。除了正常上课,两校的学生每学期有 2—3 次面对面的聚会。费用由校方支付。另外远程教学的两端都设有助教,帮助学生解答问题和练习会话。

前面我谈到了运用高科技手段提高教学效率的原则之一是不断验证我们的实践。所以,为了检验"远程高级汉语"课的效果,我们在学生中作了一些调查。总体来说,学生的反应是积极的。如果学生认为这门课的效果跟其他语言课"差不多",那就证明我们的远程教学尝试还是成功的。

调查问卷的第一个问题是"跟其他的课相比,你觉得这门远程高级汉语怎么样?"学生的回答包括:"没什么差别","开始的时候不太习惯,远程交流比较难。"有些远端的学生指出教室的音效有问题。根据学生的反馈,校方对远程教室的设备做了更新,比方说,增加了质量更好的麦克风。

调查问卷的第二个问题是"跟其他外语课相比,这门远程高级汉语课更费时吗?"大部分回答是"没什么不同"。有两个学生提出用电脑写作比较费时。现在的中文输入方法越来越科学、越来越方便,比如现在我们可以用 NetMeeting 的 Whiteboard 手写输入中文。我想以后的学生会更好更快地掌握电脑中文输入的方法。

调查问卷还问及学生对"远程高级汉语的"网页(www2.kenyon.edu/People/bai/ CHNS321/)的看法。调查结果表明,学生们对"远程高级汉语"的网页很满意,他们觉得网页给他们提供了方便,网站上的内容有助于他们的学习。

调查问卷的第四个问题是询问学生对电脑软件"南极星"和中文输入的看法。有的学生喜欢用电脑写作业,有的学生担心长期用电脑会影响他们对汉字的记忆。

调查问卷的第五个问题是"你对用颜色标出你们作业中的问题有什么看法?"差不多所有的学生都表示喜欢老师用颜色标出问题然后自己动脑动手改正自己的问题。

因为学生没有很多地使用"讨论园地"(the discussion board)我们设计了以下的问题:"在你看来,为什么同学们不喜欢使用'讨论园地'?"学生的回答是:在"讨论园地"栏目上输入中文太慢,而且网络上的辅助工具常常不能用。

调查问卷表明,学生们最喜爱的是"单班课",无论是面对面,还是通过ITV老师和学生的个别谈话,学生们都一致认为:"非常好!是练习中文不可多得的好机会……好极了!通过这些个别谈话我的中文水平有了明显的提高……这些一对一的个别谈话非常有用。"可见,优秀的老师还是胜过高科技!但是,在老师资源不足的情况下,合理、充分地利用高科技手段可以有效地弥补一些缺陷。

三 结论

利用高科技手段进行远程教学具有很大的潜力,这种模式有利于资源共享,可以有效地解决师资缺乏的难题。美国的学术杂志《Language Learning and Technology》2003年出版了专辑,本专辑就不同的远程教学模式以及远程教学中的其他具体问题进行了讨论。可见,远程教学正在受到越来越多的重视。

我们开设的"远程高级汉语"这门课还算是行之有效的。校方已经决定把"远程高级汉语"作为两校长期合作的课程。但是我们还面临许多亟待解决的问题。例如,远程教学作为一个新的教学模式应该具有哪些特点,与传统的教学在具体的课堂操作上应该做哪些调整和改进?如何解决合作方课程设置方面的兼容问题?远程教学的教材和练习方法应该有什么特色?如何培养学生的独立学习能力,独立使用网上的学习材料及辅助学习的工具的能力?如何提高学生,特别是远端学生的自觉学习动力?如何保证远程教学"课堂"之间的有效互动?这些问题还有待进一步探讨。

总而言之,我们应该在实践中不断总结经验,对我们的实践加以分析,然后对有效的经验加以推广,在总结中不断提高。我们需要迎接 e 时代新的挑战,要充分利用已有的科技成果,将现代高科技手段有效地融入我们的对外汉语教学之中,我们需要多做些有前沿性、有实验基础的研究,积极、稳妥地使用高科技提高我们的教学效率。

参考文献

Bai, J. (2002) Real People on Real Topics: Web and CD versions. (Funded by the Andrew Mellon Foundations).

—— (2003) Making multimedia an Integral Part of Curricular innovation. Journal of Chinese Language Teachers Association 38, 2:1-16.

Chun, D. M. and J. L. Plass (1996) Effects of multimedia annotations on vocabulary acquisition. The Modern Language Journal 80, 2:183-198.

Gettys, S. L. A. Imhof and J. O. Kautz (2001) Computer-assisted Reading: the effect of glossing format on comprehension and vocabulary retention. Foreign Language Annals 34, 2: 91-106.

Gonzalez-Brueno, M. (1998) The effects of electronic mail on Spanish L2 discourse. Language Learning and Technology 2: 50-65.

Kost, C. R., P. Foss and J. Lenzini (1999) Textual and pictorial glosses:

effects on incidental vocabulary growth when reading in a foreign language. Foreign Language Annuals 32:89-113. Language Learning and Technology, September, 2003.

Nagata, N. (1997) The effectiveness of computer-assisted metalinguistic instruction: a case study in Japanese. Foreign Language Annals 30, 2:187-200.

—— (1999) The effectiveness of computer-assisted interactive glosses. Foreign Language Annuals 32, 4:469-479.

Ortega, L. (1997) Processes and outcomes in networked classroom interaction: defining the research agenda for L2 computer-assisted classroom discussion. Language Learning and Technology 2:50-65.

Xie, Tianwei (2001) e-Generation's Chinese Language Teachers: Meet the New Challenges. Journal of the Chinese Language Teachers Association 36, 3:75-80.

汉语热的沉思：在学者与匠人之间

美国普林斯顿大学　周质平

最近十年来，世界各地学习汉语的学生快速增加，形成了所谓"汉语热"。这诚然是极可喜的。但在这个大好的形势之下，也别让"热浪"冲昏了头，心平气和地回顾过去，展望未来，依旧有不能令人释怀的隐忧。

一　中国大陆的情况

对外汉语教学在国内外成为一个学科，并授予学位是晚近二三十年的事，和中文系或语言学系的历史相比，对外汉语教学是一门历史较短的学科。二三十年来，大半时间都是摸索和探路的过程。套句中国的老话，对外汉语教学在高校中的地位有很长一段时间是"妾身未分明"的。从二十世纪 70 年代到 80 年代，对外汉语教学在中国大陆大多隶属"外事"或"国际交流"，只是许多"对外服务"项目中的一项，与旅游参观、接待外宾在功能上和意义上没有太大的不同。与其把"对外汉语教学"界定在"学术研究"，不如把它归类为"涉外服务"。换句话说，许多高校成立对外汉语专业，其着眼往往是"创收"或"创汇"，与学术挂不上什么钩。这一情况直到今天仍不同程度的存在。

至于学科的建立,在最近几年来,有了显著的改善。许多高校成立对外汉语学院,除了培训外国学生汉语之外,也培训对外汉语师资。对外汉语教学在文学院里,有渐"由附庸蔚为大国"的趋势。

二 中国台湾的情况

台湾,在中国大陆开放之前,曾经是对外汉语教学的重镇。坐落于台湾大学校园里的"全美各大学中文研习所"(由史丹佛大学主持,故又名"史丹佛中心"),以精英式的小班授课著称,曾为美国的汉学界培养了一批又一批的中国文史学者。台湾师大的"国语中心"也曾是海外学子学习中文的首选基地。但这一盛况,随着大陆的开放,和岛内政局的变迁,已经不复当年。"全美各大学中文研习所"在1997年迁到了北京清华大学校园,美国中国文史研究生去台湾学习的已寥寥无几了。

台湾对外汉语教学目前情况是:既缺乏统筹的领导机构,又没有明确的发展方向,在繁简字和拼音系统的使用上,始终举棋不定。在举世汉语热的浪潮里,台湾,这个在中国最早普及国语的地区,却出现了汉语"外热内冷"的奇怪现象。

对外汉语(在台湾称作"华语")老师在台湾许多高校,至今没有"纳编",还是临时聘雇人员,按时计酬,工作重,而工资低,是许多退休或无业人员再就业的岗位。授课的单位,表面上看来,为数不少,但无论人事结构,课程规划都还相当程度地停留在"补习班"的阶段。

台湾的华语文教学的地位,过去四十年来的转变是由"重镇"

渐渐地成了"散兵游勇",这是非常值得惋惜的事。大陆的开放固然是引起这一改变最直接的原因,但当局在语文政策上的错误,也难辞其咎。几十年来,台湾在华语文教学上始终坚持走"同中求异"的道路,突出"台湾国语"与"规范现代汉语"的不同——无论在字形上,还是语音上,都企图保持"地方特色",而不知学习中文的外国人,想学的是规范的现代汉语,而不是台湾国语。试想要是夏威夷人用的是有夏威夷特色的英语,无论音标、拼法、发音都不同于美国大陆。试问有几个中国人会愿意到夏威夷去学夏威夷英语呢?换句话说,要是台湾的华语文教学,不能在"书同文"、"语同音"这两点上向大陆靠拢,那么台湾的华语文就只有日益边缘化了。

三　美国的情况

对外汉语教学在美国高校的情形,也有值得令人忧心的议题:就教材的编选和教法的更新而言,美国的对外汉语教学,过去二十几年来,一直在迎合西方语言教学的理论,而无视汉语的内在特征。最显著的例子莫过于从二十世纪 80 年代开始,横扫美国语言教学界的能力语言教学法(Proficiency Approach)。在这一理论的主导下,语言教学只重视语言的功能,而无视于语言的结构,结果则是语言教学中的"准确"向"流利"妥协,甚至弃守。汉语是个有声调的语言,发音准确的要求,远在欧洲语言之上。没有准确的发音,汉语的水平很难达到令人满意的境界。美国对外汉语教学界在"洋理论"的冲击下,最需要的是建立起判断和选择的能力。

早年,在美国学习中文只是极少数传教士的工作,中文受到美国政府的重视是二战以后的事。上世纪六七十年代汉语与俄语、日语、阿拉伯语并列为"关键语"(critical languages),到了八九十年代改"关键语"为"不常教的语言"(less-commonly taught languages)。美国政府注意到中文教学是从政治、军事和外交上着眼的,与学术研究也扯不上太大关系。

中文教学在美国高校的发展是70年代以后的事,而选读中文的学生,除了少数是有志于中国文史或其他方面的研究者以外,许多都怀着"猎奇"的心理,对中国功夫的兴趣远远超过孔孟老庄。

中文课在美国高校大多隶属东亚系(East Asian Studies),也是东亚系主要的"生源"。但中文教师在系中的地位并不高。这与中文教学缺少学术性是不可分的。中文课在美国高校的东亚系中,就选课的学生人数而言,往往是重心,但就学术的分量而言,依旧是边缘。换句话说,中文教学,在美国高校多少也有些"妾身未分明"的尴尬处境,中文教学游走在"学术"(scholarship)与"技能"(technique)之间。从事教学工作者大多被视为"匠人"而非"学者"。

晚近二十年来,由于"语言能力教学法"和"交际法"(communicative)盛行一时,从事汉语教学工作的人,不再在中国文史或语言学上做专精的研究而只在方法(methodology)或教学法(pedagogy)上摆弄些看似深刻而实无深意的时髦名词(jargon),把对外汉语教学的内容完全局限在问好、购物、问方向等功能上。这又如何不让其他同事将从事对外汉语教学的老师视为"匠人"呢?试看早年从事中文教学的前辈学者如赵元任、李芳桂、杨联陞,他们何尝只是将"口语能力测验"(oral proficiency test)或"课堂活动"(classroom activities)等作为终身事业呢?如果我们始终只能在方法、技能和教学法上兜圈子、玩花样,这又如何有可能提升我们这一界的学术地位呢?

四 师资培训的问题

近十年来,大陆台湾许多高校都成立了以对外汉语教学为专业的研究所。如北京大学、北京语言大学、北京师范大学、台湾师范大学每年都培训出为数可观的对外汉语老师。这支新的师资队伍,比之早年来自三教九流的"边缘分子",在专业训练上有很大的改进。但只要稍稍留意各高校对外汉语教学研究所的课程,就不难发现,训练的重点依旧是在语言的结构和教学的技能上。对中国文史知识的要求,往往居于次要。在这样情况下训练出来的老师,大多只是称职的"操练手"(drill instructor),而非"学者"。"学者"可以兼为"操练手",但"操练手"则无法兼为"学者"。操练手往往只能在一、二年级的课上有效地进行领说对话,到了高年级的讨论课则不免捉襟见肘。

尤其令人忧心的一个发展是时下对外汉语教学界往往视中国文史出身的学生为非科班出身,唯有"应用语言学"、"课程设计"、"教学法"或"第二语言习得"等专业训练出来的学生为"正途出身"。这样的发展使对外汉语教学只重视"技巧"(technique)和"功能"(function)而忽略"内容"(content)与"结构"(structure)。换言之,在这一潮流和趋势下所训练出来的学生,恐怕是离学者日远,而离"匠人"日近了。

对外汉语教学界的师资培训就长远来看,绝不应该是"匠人化"的过程。我们应该是在学者的基础上,让教师学得一点教学的技巧。套句张之洞《劝学篇》中的老话,是"内容为体,技巧为用"。而此处所谓内容则不外是中国文史和语言学的一般知识,而"技巧"则是课堂中的教具使用和课堂活动等等。

"体用"的分法当然意味着"本末"。时下所作的师资培训工作往往成了本末倒置,这一现象尤其以短期培训班体现得最为明显。三四天或一星期的培训受限于时间,当然只能讲些课堂规则等最粗浅的"教师须知"。这只是入门的基本功夫,绝非对外汉语教学的精髓和堂奥。

随着中国改革开放的深化和扩大,选读汉语学生人数的增加是可以预期的。最让我们感到安慰的是外国人学习中文的动机,已经由猎奇而转向实用。然而,美好的远景意味着更重大的挑战和责任,我们必须在师资培训,教材编写和教法改进上做出更大的努力。

试论对外汉语教师的知识和能力

北京语言大学　崔希亮

对外汉语专业是一个新建专业,与传统的人文科学学科相比,这个专业具有以下几个特点:

第一,这是一个培养应用型人才的专业;

第二,这是一个杂交专业,它的主干是语言学及应用语言学、汉语言文字学、教育学,同时又以第二语言教学理论、中国文学与文化、心理学、外语、现代教育技术作为枝叶,专业特色比较突出,但是专业的边界并不十分清楚;

第三,由于是一个新生的专业,所以作为一个专业应该具备的基础理论研究基础还比较薄弱,课程体系也还处在探索过程中;

第四,对外汉语教学涉及三个基本问题:对外汉语教什么、怎么教、怎么学(赵金铭 1994,1996;陆俭明 2000)。教什么的问题是本体论的问题,怎么教的问题是方法论的问题,怎么学的问题是认识论的问题。第一个问题的生长点是汉语言文字学,因为教什么的问题是首先应该搞清楚的问题;第二个问题的生长点是教育学,教学法的理论是教育学的分支学科;第三个问题的生长点是认知科学的问题,因为怎么学涉及学习者的学习过程研究(崔希亮 2001)。因此对外汉语教师的知识和能力离不开上面提到的三个基本问题。

对外汉语教师应该具备哪些知识和能力？这是对外汉语教学学科建设的重要内容。针对这个问题，我们对在校的对外汉语专业方向的研究生、本科生和已经毕业的本专业校友进行了调查。这个调查有以下几个组成部分：第一部分是培养目标，第二部分是知识结构，第三部分是综合素质，第四部分是课程设置。本文讨论知识和能力两个重要方面，同时兼及如何实现培养目标的问题。知识结构可以在课程设置中体现，能力则以综合素质为外部表现形式，而培养目标的实现有赖于我们对这个问题的认识。

对外汉语专业是培养对外汉语教师的，从某种意义上说带有师范性质。对外汉语教师应该具备的知识结构就是对外汉语专业建设应该考虑的重要内容。根据我们的经验和初步调查，以下几个方面的知识是对外汉语教师所必不可少的：语言学知识、汉语言文字学知识、外语知识、中国文学和文化知识、教育学和心理学知识。

能力表现为综合素质。综合素质是对对外汉语教师培养质量的综合要求，它包括学生的知识结构、知识面、语言表达能力、外语运用能力、计算机运用能力、人际交往能力、课堂组织能力、应变能力、表演能力以及科研能力和教学方法等方面的素质。当然也包括一些更加个性化的素质，如国际视野、开阔的胸襟、对异质文化的包容和适应能力等等。这些能力有些是先天的，有些是可以通过训练获得的。

一 被试的基本情况描述

我们共发放问卷 200 份,回收有效问卷 126 份。我们的调查对象包括在校对外汉语专业的本科生、研究生和已经毕业、目前在各个行业工作的对外汉语专业毕业生(包括本科生、二学位生和研究生)。其中在校生 59 人,毕业生 67 人;被调查对象年龄最大者 42 岁,年龄最小者 20 岁;男性被试 27 人,女性被试 99 人,男女比例约为 1∶3。返回问卷的被调查者都很认真地填写了问卷,有的还附信说明。由于这些调查对象所受到的教育和训练都与北京语言大学对外汉语专业的培养模式有直接的渊源,我们可以推断他们的教育背景具有相当大的同质性和可比性。虽然覆盖面可能小一些,但是典型性比较好。具体情况见表一和表二。

表一 被调查对象一般情况描述

被试性质	年龄	性别
在校生 59 人	最大 42	男性 27 人
毕业生 67 人	最小 20	女性 99 人
共计 126 人	平均 24.9	男∶女=0.27

表二 毕业生基本情况描述

专业技术职称	工作单位性质	专业领域
初级 46 人	机关企业 14 人	对外汉语教学 42 人
中级 20 人	高校 47 人	新闻出版 5 人
高级 1 人	其他 6 人	管理工作 20 人

二 关于知识结构的调查和分析

这一部分的调查结果所反映的是调查对象对本专业知识结构的认识。这个认识不可能很一致,多数人的意见也不一定就绝对有道理。我们的统计数据所反映出来的只是一个客观结果。首先我们涉及的问题是有关外语知识和技能的。这个问题对于已经毕业的调查对象来说已经有了实践的答案,而对于尚在学习中的调查对象来说则只能是对未来的推测。下面是我们的问题和调查结果。

1. 在您的实际工作中,您认为外语知识和技能的重要程度如何?

A. 非常重要	B. 重要	C. 一般	D. 不重要	E. 不好说
55.6	33.3	7.9	0.8	2.4

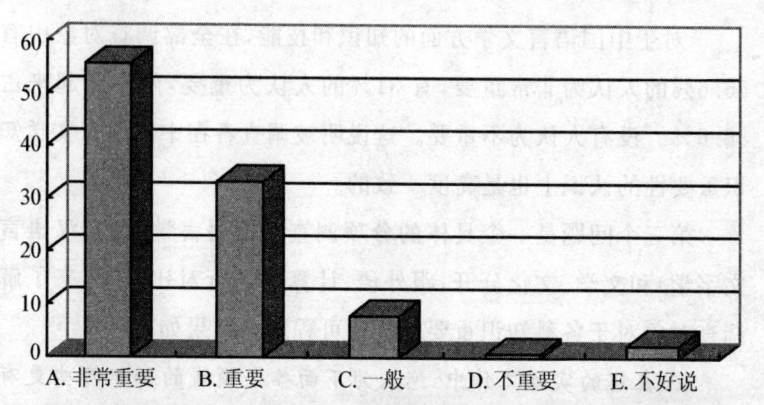

在全部调查对象中,认为外语知识和技能非常重要的占55.6%,认为重要的占33.3%,两者加起来为88.9%;而认为外语知识和技能不重要的只占0.8%。由此可见,被调查者对外语知

识和技能重要性的认识高度一致。

2. 在您的实际工作中,您认为中国语言文学知识和技能的重要程度如何?

A.非常重要	B.重要	C.一般	D.不重要	E.不好说
55.6	31.0	11.9	0	1.6

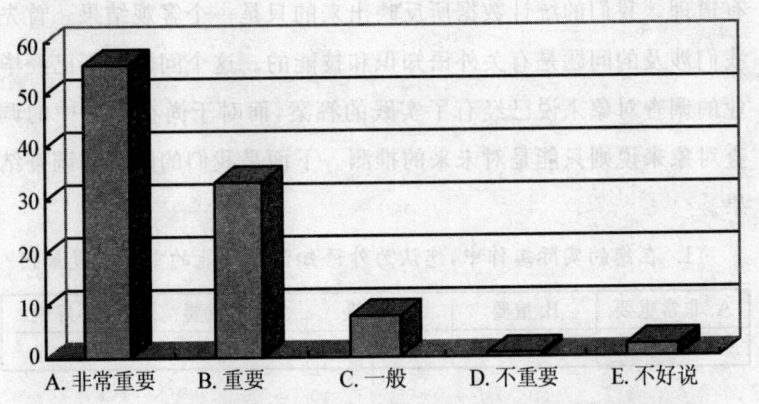

对于中国语言文学方面的知识和技能,在全部调查对象中有55.6%的人认为非常重要,有31%的人认为重要,两项加起来占86.6%。没有人认为不重要。这说明被调查者在中国语言文学知识重要性的认识上也是高度一致的。

第三个问题是一个具体的分项调查。把语言学(包括汉语言文字学)和文学、文化分开,跟外语、计算机进行对比,以此来了解调查对象对于各科知识重要性的认可程度。结果如下:

3. 在您的实际工作中,您认为下面各个领域的知识哪些更有用?

1) 语言学　　　　2) 中国文学

3) 中国文化　　　4) 外语　　　　5)计算机

表三 各科知识分配比重统计结果

课程名称	一位(5分)	二位(4分)	三位(3分)	四位(2分)	五位(1分)	总分	排位
A 语言	72	9	17	10	15	482	1
B 外语	35	56	13	16	2	472	2
C 文学	3	7	18	44	48	237	5
D 文化	5	23	39	35	19	323	3
E 计算机	8	26	35	16	37	318	4

根据问卷反馈回来的意见,我们计算出每个方面的综合分数,排序的结果如下:语言学＞外语＞文化＞计算机＞文学。这个结果有点出乎我们的意料。因为在我们设计课程的时候,总是按照外语＞语言学＞文学＞文化＞计算机这样的顺序来考虑的。在教学实践中,最有用处的课不一定总是最受欢迎的课;反之,最受欢迎的课程也不一定是最有用的课程。对于对外汉语专业的学生来说,语言学和外语都是专业训练必不可少的部分,是这个专业的基础,而文学和文化是对外汉语教师素质要求的组成部分,从比重上看不应该重于专业基础课。

4. 您认为以下各方面哪些是本专业学生必备的知识?

1) 中国语言文学以及中国文化方面的基础知识

2) 对外汉语教学和中外文化交流所需要的专门知识和技能

3) 汉语写作能力和口头表达能力

4) 我国外事与外交方面的方针政策

5) 计算机操作能力

我们的第四个问题是一个综合评分的问题。问卷中所列出的五项内容有些是我们课程设计中包含的内容,有些目前还没有纳入我们的课程体系。我们按照调查对象认为是否重要进行排序,结果如下:

表四　各科知识分项调查统计结果

重要性顺序	1位	2位	3位	4位	5位	6位	总分	排位
加权分	6分	5分	4分	3分	2分	1分		
中国语言文学及中国文化方面的基础知识	93	25	0	0	1	0	685	1
对外汉语教学和中外文化交流的专门知识和技能	5	90	25	1	0	0	583	2
汉语写作能力和口头表达能力	2	2	81	25	0	0	421	3
我国外事与外交方面的方针政策	0	2	3	39	24	0	187	4
计算机操作能力	0	2	3	39	24	0	187	4

排在第一位的是中国语言文学及中国文化方面的基础知识，排在第二位的是对外汉语教学和中外文化交流的专门知识和技能（包括外语能力），排在第三位的是汉语写作能力和口头表达能力，并列第四位的是我国外事与外交方面的方针政策和计算机操作能力（包括现代教育技术）。

5. 您认为对外汉语专业的专业训练应该增加以下哪一部分的比重？

  1）语言学　　　　2）中国文学

  3）中国文化　　　4）外语　　　　5）计算机

在专业训练应该加强的分项调查中，我们把语言学、中国文学、中国文化、外语、计算机放在一起，请被试者把他认为应该增加课程比重的项目选出来。调查结果如下：

表五　各科知识分项调查统计结果

重要性顺序	1位	2位	3位	4位	5位	总分	排位
加权分	5分	4分	3分	2分	1分		
语言学	60	1	0	0	1	305	1
中国文学	8	3	1	1	0	57	5
中国文化	29	21	2	0	0	235	2
外语	11	17	3	0	0	132	4
计算机	15	23	15	3	0	218	3

排在第一位的是语言学,排在第二位的是中国文化,第三位是计算机,第四位是外语,第五位是中国文学。从这里可以看出来,被调查者认为对外汉语专业训练的项目最应该增加比重的是语言学,而我们的课程设计比重最大的是外语。如果考虑到下面一个问题,这个结果就很耐人寻味了。

6. 您对对外汉语专业学生毕业后的专业对口状况

| 满意 | 4.0 | 比较满意 | 27.8 |
| 比较不满意 | 40.5 | 很不满意 | 27.8 |

也就是说,有近七成的被调查者对自己专业对口的情况不满意。很多对外汉语专业的学生毕业后就业的情况说明,外语能力是他们找到满意工作的重要砝码,也是他们在工作岗位上发挥作用最多的一种能力。这里就引申出来一个矛盾:在我们的专业训练中,语言学的基础课比重不够,多数人认为应该增加。而从学生毕业后工作的情况看,真正专业对口的并不是很多。我们在理论上很清楚应该设计什么样的课程来更好地实现我们的培养目标,而结合毕业生就业的实际情况考虑,我们不得不牺牲专业性,增强适应性。国内一些开办对外汉语专业的学校在专业课程的调整方面已经走得很远了。

7. 您认为在对外汉语专业学生的专业训练中亟待加强的是(选项不限)

  1)理论素养 2)技能训练
  3)知识面   4)专业基础知识

外语类院校在专业训练中一个最突出的特点就是技能训练多于理论思维推理能力的训练。我们这个问题针对的是专业训练方面的问题。在理论素养、技能训练、知识面和专业基础知识四个方面,排在第一位的是技能训练,排在第二位的是知识面,第三位是理论素养,第四位是专业基础知识。对外汉语专业与文科其他长线专业不同之处就在于它的技能培训比理论培养要来的实际。如果说哲学、历史、文学、语言学等学科培养的是科学家的话,那么对外汉语专业培养的就是工程师。对外汉语专业应用的特性十分明显。所以被调查对象多数人都认为技能训练在对外汉语专业训练中亟待加强,而专业基础知识的学习反而排在最后。下面是调查结果。

表六　专业训练中亟待加强的板块排序

重要性排位	1	2	3	4	总分	排位
权重	4	3	2	1		
1 理论素养	35	0	0	1	141	3
2 技能训练	64	18	1	0	312	1
3 知识面	20	29	15	0	197	2
4 专业基础知识	6	31	0	11	128	4

三　关于对外汉语教师的能力培养

素质教育是我们教育体制改革的重要内容,如何提高我们的素质教育的质量是应该好好研究的事情。对外汉语专业培养的是应用型人才,素质教育应该考虑哪些方面呢?我们所设计的内容不一定全面,但是作为一个封闭性问卷调查来说,还是能够大致了解各个分项在被试者心目中的地位,从而为我们将来的决策提供参考数据。

1. 您认为素质教育应该体现在哪些方面(请按照重要程度递减排序)?

A. 文化修养　B. 专业知识　C. 综合素养　D. 合作精神
E. 创造能力　F. 科学训练　G. 想象力　　H. 身体素质
I. 心理素质　J. 操作能力

表七　关于素质教育的分项调查

重要性顺序	1位	2位	3位	4位	5位	6位	7位	8位	9位	10位	总分	排位
加权分	10分	9分	8分	7分	6分	5分	4分	3分	2分	1分		
A 文化修养	12	17	15	21	13	11	8	10	10	5	760	4
B 专业知识	23	19	22	10	9	10	6	8	7	5	818	2
C 综合素养	52	18	11	6	8	2	9	6	1	3	929	1
D 合作精神	3	4	15	11	11	9	23	17	13	11	554	7
E 创造能力	13	17	17	16	12	11	8	8	9	1	759	5
F 科学训练	2	10	2	5	9	9	11	22	17	16	443	10
G 想象力	2	3	0	7	9	11	14	15	22	27	377	9
H 身体素质	5	2	11	7	8	12	9	13	12	34	450	8
I 心理素质	10	22	15	21	20	16	6	7	2	1	815	3
J 操作能力	1	10	12	15	19	23	11	8	13	4	628	6

我们共设计了10个分项，从反馈回来的问卷看，综合素养是排在第一位的，我们没有给出关于综合素养的详细描述，所以被调查者的反馈实际上是对一个理念的反应。评价一个专业在人才培养方面是否成功，关键要看是不是培养出了综合素养非常好的学生。排在第二位的是专业知识。任何一个专业都有与其他专业不同的知识结构，所谓专业人士与非专业人士不同之处就在于是否有专业知识。心理素质排在第三位。所谓心理素质也是一个综合的评价指数，具体表现在克服困难的能力、承受压力的能力、独立自主解决问题的能力、人际交往的能力、面对挫折的勇气等等。排在第四位的是文化修养。受过高等教育并不意味着就一定会有良好的文化修养，尤其在专业教育分得很细的教育体制中，文化修养有时成了个人的事情，在我们所设计的教学计划中不一定体现得很好。对于对外汉语教师来说，文化修养是胜任对外汉语教学工

作的基本条件。我们的课程设计中关于中国文学文化的内容主要目的在于提升学习者的文化修养水准,而不是提升学习者的实际操作能力。排在第五位的是创造能力。一个教师在课堂上能不能出色地完成教学任务,关键在于教师的创造力。语言教学的课堂如何设计,如何营造一个轻松活泼的课堂气氛,取决于教师的创造激情和创造能力。排在第六位的是操作能力,包括熟悉教学法和教学环节、对语言点的处理、对教材的处理、对现代教育技术和教学手段的掌握等实际操作的能力。排在第七位的是合作精神。无论做什么工作,能够做到轻松愉快地与人合作都是很重要的。对于对外汉语教师来讲,横向的合作可能不是很多,但是教师与学生实际上也是一种合作关系,平行班同事之间的合作、科研工作的合作都需要教师有开放的性格和良好的合作愿望。排在第八位的是身体素质,第九位的是想象力,最末一位的是科学训练。这也反映了我们教育工作中的一些误区。应该说身体素质和科学训练都是重要的内容,但是在我们的调查结果里,身体素质和科学训练两项都是排在后边的。

综合起来说,我们认为对外汉语教师需要以下能力:

1) 语言表达能力(把话说清楚);
2) 课堂组织能力(当好教练);
3) 表演能力(必要时表情身段语音语调);
4) 理解能力(听得懂学生的问题);
5) 科学研究的能力(抓住问题的实质);
6) 亲和能力(赢得学生的好感);
7) 现代教育技术应用能力(会用计算机);
8) 应变能力(兵来将挡,水来土掩)。

四　如何实现我们的目标

关于对外汉语专业的培养目标,我们二十多年来有一个成形的东西,经过修改,但是基本的培养目标是没有改变的。在教育部《普通高等学校本科专业目录和专业介绍》(1999)中关于业务培养目标的表述是这样的:

> 本专业注重汉英(或另一种外语或少数民族语言,则以下有关用语作相应调整)双语教学,培养具有较扎实的汉语和英语基础、对中国文学、中国文化及中外文化交往有较全面了解,有进一步培养潜能的高层次对外汉语专门人才;以及能在国内外有关部门、各类学校、新闻出版、文化管理和企事业单位从事对外汉语教学及中外文化交流相关工作的实践型语言学高级人才。(第60页)

这样的一个表述是比较全面的,但是重点不是很突出。我们把它简化为下面问题中的一句话。我们的问题是:

1. 对外汉语专业培养"能胜任对外汉语教学与研究及中外文化交流工作的专门人才"。您觉得这个目标:

过于狭隘	12.7	过于宽泛	10.3
基本合适	68.3	非常合适	8.7

这个目标明确地表明对外汉语专业培养的人才应该能够从事下面三个方面的工作:一是对外汉语教学工作,二是对外汉语研究工作,三是中外文化交流工作。这个培养目标的制定一是考虑到目前国内外教育市场对汉语教师的需求,二是考虑到学生的就业。从我们所调查的毕业生就业的情况看,从事对外汉语教学工作的

比例约占 62%,还有约 8% 从事新闻工作,约 30% 从事管理工作。专门从事对外汉语研究的人并不多,因此我们可以说我们培养的不是研究人才。从事管理工作的人中有很多是在做中外文化交流的工作。有 68.3% 的被试认为这个培养目标基本合适,8.7% 的人认为非常合适,只有 23% 的人认为这个培养目标不合适,其中 12.7% 的人认为过于狭窄,10.3% 的人则认为过于宽泛,他们的意见可以互相抵消,我们的结论是这个培养目标基本上是合适的。

2. 对外汉语专业培养"能胜任对外汉语教学与研究及中外文化交流工作的专门人才"。您觉得这个目标:

| 适应社会需要 | 23.8 | 基本适应社会需要 | 64.3 |
| 基本不适应社会需要 | 11.9 | 完全不适应社会需要 | 0 |

关于我们的培养目标是不是适应社会需要,大部分被试者认为是适应社会需要的或基本适应社会需要的,只有 11.9% 的人认为基本不适应社会需要。对外汉语专业是一个新的专业,社会对它的认识还很有限。随着中国改革开放的力度越来越大,目前已经有 300 多所高等学校有成规模的对外汉语教学,国外对高水平的汉语教师的需求量也在日益增大,对外汉语专业的培养目标也越来越明确。目前我们遇到的实际问题是:本科毕业生不能在高校担任教师,所以迫使一些有志于从事对外汉语教学工作的人必须读研究生。这是发展中出现的问题,尽管目前一些高校还在接受本科毕业生从事对外汉语教学工作,用人单位对我们的毕业生也很满意,但是越来越多的单位对接收本科生的限制会影响我们的毕业生就业的方向,也会迫使我们修改培养方案。

3. 您对对外汉语专业所开设的课程,你认为:

满意	1.6	比较满意	40.5
比较不满意	50.8	很不满意	7.1

对于对外汉语专业所开设的课程,满意的比例小于不满意的比例(42.1:57.9),其中很不满意的占7成,这说明我们的课程设置还是存在比较大的问题。

4. 您对攻读与对外汉语专业相关的研究生学位有什么打算?
1) 想读　　　　2) 不想读　　　　3)没想好

如果您准备读研究生学位您准备选择哪个专业方向
1) 汉语言文字　　2) 语言学与应用语言学
3) 中国古典文学　4) 课程与教学论
5) 专门史　　　　6) 世界文学与比较文学

表八　考研究生的意向调查

选项	人数	百分比	报考选择专业	人数	百分比
想	75	59.5%	1 汉语言文字	17	18.9%
不想	31	24.6%	2 语言学与应用语言学	36	40.0%
没想过	15	11.9%	3 中国古典文学	8	8.9%
			4 课程与教学论	20	22.2%
			5 专门史	7	7.8%
			6 世界文学与比较文学	0	0

在我们调查的126份有效问卷中,有121人回答了是否考研的问题,其中近6成的被调查者想考研究生,近三成的人不想考,还有1成多的人没有想过这个问题。可见想继续深造的人数占被调查对象的多数。在问及想报考那些专业时,排在第一位的是语言学与应用语言学(占40%),排在第二位的是课程与教学论(占

22.2%),排在第三位的是汉语言文字学(占18.9%),排在第四位的是中国古典文学(占8.9%),排在第五位的是专门史(占7.8)。世界文学与比较文学没有人考虑。

为了使对外汉语教师具有相应的知识结构和能力结构,必须有相应的课程跟进。关于对外汉语专业的课程设置,每个学校都有自己的特色。例如华东师范大学对外汉语专业对外汉语方向的课程有基础英语、英语口语、英语写作、英汉互译、英美文学史及作品选读(英语讲授)、西方文化(英语讲授)、中国哲学与文化(英语讲授)、英译中国文学作品选、汉英语言对比、商务英语、对外汉语教学通论、对外汉语教学法、现代汉语、语言学概论、古代汉语、中国现当代文学、中国古代文学、世界文学经典、中国文化通论、基础写作等(华东师范大学对外汉语系招生专业介绍)。他们的课程以英、汉双语教学为主要特色。上海外国语大学对外汉语专业的主干课程为基础英语、高级英语、英汉翻译、现代汉语、古代汉语、中国文学、外国文学、中国文化通论、西方文化与礼仪、国外汉学研究、对外汉语教学概论语言学概论等(上海外国语大学国际文化交流学院对外汉语专业介绍)。北京语言大学对外汉语专业的主干课程是语言学概论、现代汉语、古代汉语、第二语言教学概论、中国古代文学史、中国20世纪文学史、中国文化概论、中国文化史纲、英语精读、英语听力、英语口语、英语笔译。比较三所大学对外汉语专业主干课程的设置,可以看出基本的课程差别不大。我们的调查首先集中在主干课程上。

1. 请列举您认为最重要的5门本科生专业基础课程(请按重要性排序)

表九　课程设置调查统计结果

重要性顺序	1	2	3	4	5	总分	排位
权重	5	4	3	2	1		
1 语言学概论	35	22	15	3	7	321	2
2 现代汉语	59	31	11	5	2	464	1
3 古代汉语	3	17	20	3	8	157	5
4 第二语言教学概论	7	12	14	16	12	169	4
5 中国古代文学史	2	8	8	9	10	94	7
6 中国 20 世纪文学史	0	0	4	8	3	31	11
7 中国文化概论	0	0	4	8	3	31	11
8 中国文化史纲	0	0	6	11	8	48	9
9 英语精读	13	8	13	16	12	180	3
10 英语听力	1	4	4	12	5	62	8
11 英语口语	2	5	13	15	18	117	6
12 英语笔译	0	6	3	4	2	43	10

2. 请列举您认为最重要的 8 门本科生专业选修课程（请按重要性降序排列）

表十　38 门选修课程重要性排名

重要性顺序	1	2	3	4	5	6	7	8	总分	排名
课程代号	8分	7分	6分	5分	4分	3分	2分	1分		
对外汉语教学法	27	14	13	9	4	10	3	4	493	1
现代汉语专题	34	18	3	5	8	2	4	3	490	2
社会语言学	14	3	8	8	2	7	10	4	274	3
英语口译	6	7	9	3	6	9	3	9	232	4
词汇语义专题	2	7	9	11	6	3	4	4	219	5
汉字学	1	10	8	2	4	4	4	5	187	6
英语笔译	2	4	4	5	8	5	6	9	161	7
英语视听说	4	3	5	5	7	4	5	2	160	8
社科文献检索	5	6	3	2	2	3	8	7	151	9
国外语言学流派	2	6	6	2	6	4	3	2	148	10
文学概论	6	5	2	1	7	1	0	0	131	11

(续表)

中国古代诗歌专题	0	6	7	1	3	4	6	3	128	12
外国文学史	2	4	3	3	4	4	3	4	115	13
基础写作	3	4	1	3	1	4	0	1	90	14
英语泛读	1	3	1	5	1	1	7	2	83	15
英语报刊	1	3	3	2	1	2	5	4	81	16
英语写作	1	2	3	1	1	6	3	4	77	17
中国民俗学	0	2	0	0	6	6	4	4	68	18
中国历史专题	0	0	2	4	5	1	3	4	65	19
普通心理学	0	2	3	1	3	1	3	1	59	20
比较文学	0	2	3	1	3	1	3	1	59	21
中国20世纪文学专题	1	0	2	4	0	1	5	4	57	22
先秦诸子研究	1	1	1	2	4	1	1	0	52	23
中国古代哲学专题	0	0	1	1	3	7	2	3	51	24
汉语音韵学	0	0	3	2	2	2	0	0	42	25
汉语篇章分析引论	0	0	2	3	0	4	1	0	41	26
汉语词源学	1	0	0	3	3	2	0	0	41	27
心理学专题	0	2	0	1	2	2	3	0	39	28
日语	1	1	0	1	2	1	0	7	38	29
中国宗教	0	0	2	2	0	2	1	4	34	30
宋词艺术研究	0	0	4	0	0	0	1	3	29	31
中国古代小说专题	0	1	1	0	1	0	0	0	21	32
中国古代戏曲专题	0	1	1	1	0	0	1	0	20	33
话剧语言艺术	1	0	0	2	0	0	0	1	19	34
中国古代散文专题	0	0	1	1	1	0	0	0	13	35
中国古代文论	0	0	0	0	2	0	2	1	13	36
《四书》研读	1	0	0	0	0	0	0	0	8	37
教育心理学	0	0	0	0	0	0	0	0	0	38

对外汉语教师的知识和能力还应该包括具体操作艺术的问题,也就是教学方法的问题,限于篇幅,这里不展开讨论。培养目标、课程设置都是相对不变的参数,如何实现培养目标要依靠教

师,因此教学方法、教学方式和教学观念也是重要内容。与此同时,我们对学生的学习过程还知之甚少,这也是对外汉语教师不能忽视的研究课题,这里也不展开讨论了。

参考文献

崔希亮(2001)试论教学语法的基础兼及与理论语法的关系,对外汉语教学语法国际研讨会 2001.8.10-13 北京。
陆俭明(2000)"对外汉语教学"中的语法教学,《语言教学与研究》第 3 期。
赵金铭(1994)教外国人汉语语法的一些原则问题,《语言教学与研究》第 2 期。
——(1996)对外汉语语法教学的三个阶段及其主旨,《世界汉语教学》第 3 期。
教育部(1999)《普通高等学校本科专业目录和专业介绍》,高等教育出版社。

对外汉语教师必备的汉语史知识

美国斯坦福大学　　孙朝奋

一　序言

  本文针对外国学习汉语学生的特点,从文字史和语法史两个方面,讨论对外汉语教师所需要掌握的一些汉语史知识。

  由于种种政治上的原因以及一些偏见,侨生在学习汉语时往往带有一些先入为主、似是而非的看法。有的甚至错误地认为,简体字不是中华文化的一部分而是国际共产主义运动的产物,现在国内使用的简体字是 1949 年解放以后人民政府的创造发明。对外汉语教师需要纠正这种错误的看法,就要有一些文字史的知识。汉语教师除了应该有一些汉字内部结构的知识以外,对唐宋以来汉字变化的历史,也要有一定的认识,不能人云亦云,以为简体字就是解放以后的新鲜事物。中央研究院刘复、李嘉瑞先生早在 1930 年,国民政府首次提出简化汉字时,就在当时的北平出版了《宋元以来俗字谱》,以大量语言事实说明早在宋元之际就有大量俗体字在民间流行,所以 1949 年以后人民政府只是对民间通行的俗体字进行了系统的整理和规范,使其成为现行的标准汉字。例如,国粹京剧里花旦的"旦"字是在宋元之际经过类推,读音发生了变化,成了戏剧中女角的标准字,可见简体字毫无疑问是中华文化的自然产物。

对外汉语教师也需要有汉语句法演变的知识,70年代以来欧美语言学界盛传现代汉语词序经过上千年的飘移,已经成为主宾动语言,偏正结构、把字句和方位词更分别被看作是修饰语在前、主宾动词序和后置词,是汉语演变成主宾动语言的证据。其实修饰语在前、把字句和方位词在古汉语里早就有其相对应的用法古已有之。虽然古代用法和现代用法的语法特点不尽相同,可是这些所谓的证据也绝对不是在近代汉语里才兴起,都不能构成什么证据,现代汉语也绝对不是什么主宾动语言,有了这些汉语史的知识,对外汉语教师,才不会人云亦云,误人子弟,成为具有较高专业水平的对外汉语教师。

二 简体字的历史

自五四新文化运动以来,中国知识界对汉字的改革进行了反思和辩论,还注意到了在民间通行已久的大量俗体字。当时的国民政府为了提升大众文化,于1935年公布了历史上最早的简体字表,共324字,但因为种种原因,政府在半年后取消了该已公布了的字表。

1952年,人民政府在北京成立了中国文字改革委员会。1956年1月28日中国国务院决议公布了汉字简化方案,并宣布在同年2月1日起在大部分报纸杂志上停止使用繁体字,试行515个简化汉字和54个简化偏旁。1964年3月7日中国文字改革委员会、文化部、教育部联合公布简化字总表,正式规范了2236个简体字。1986年国家语言文字工作委员会重新公布了经过略作修改的1964年简化字总表,共计2235个规范简体字。

2000年10月31日第九届全国人民代表大会常务委员会第十八次会议通过了中华人民共和国国家通用语言文字法,其中第二条明确规定,"本法所称的国家通用语言文字是普通话和规范汉字。"第十七条规定"本章有关规定中,有下列情形的,可以保留或使用繁体字、异体字:(1)文物古迹;(2)姓氏中的异体字;(3)书法、篆刻等艺术作品;(4)题词和招牌的手书字;(5)出版、教学、研究中需要使用的;(6)经国务院有关部门批准的特殊情况。"第二十条规定"对外汉语教学应当教授普通话和规范汉字"。

在美国教汉语,经常要面对繁体字与教简体字取舍的问题。在中美1979年外交关系正常化之后不久,我们学校一年级汉语课开始教简体字。十二年前,由于当时形势变化,一年级汉语学生以港台移民子女居多,他们强烈要求学繁体字,对简体字感到不以为然,并且美国汉学界普遍认为先学繁体字,后学简体字较合理,我们一年级汉语课在1993年就又恢复了教繁体字。近年来,学习汉语的学生越来越多,不再是以港台移民子女为主,而且90%以上出国学习汉语的学生都是去中国,其中更不乏只学过一年级汉语的同学。他们没有学过简体字,到中国后,中国学校分班考试用的是简体字,他们就感到无所适从,分班考试结果对他们也很不利。理所当然,在这种情况下,他们对我校在一年级汉语课不教简体字很有意见。所以,从2003年开始我们一年级汉语课重新使用简体字教学,在二年级再介绍繁体字,要求学生经过两年的汉语学习以后,做到写简识繁。

我们发现对简体字持怀疑态度的侨生来说,仅仅告诉他们在

1949年以后,人民政府对简体字的规范做了大量的工作以及现行的中华人民共和国文字法的有关规定,是远远不能说服他们的。要让这些同学深信规范了的简体字也是正宗地道的汉字,也是中华文化的组成部分,他们才愿意去学。所以,汉语教师要推行规范汉字简体字,就需要有一些文字史的有关知识。简体字是中国人在过去一两千年实践中创造出来的。简体字大都源自民间流行的俗体字,并不是民国以后或者解放以后,某些专家学者闭门造车、凭空想象出来的。1949年以后人民政府只是对民间通行了千百年的俗体字进行了系统的整理和规范,使其成为现行的规范汉字。

中国人在千百年的实践中,通过约定俗成,发展出来大量的俗体字,即使是在台湾,大部分人一般都把台湾的"台"字写作简体字,很少有人会写繁体字的"臺"字。俗体字又和行书草书的写法密切相关,例如,西安碑林保存着唐代僧人怀素和尚所刻的《王羲之圣教序》,我们从东晋大书法家王羲之的真迹里就已经可以看到现代规范汉字、也就是简体字的"门"字,虽然这个"门"字不是楷书,标准字是繁体字的"門"字,但是又有什么人能够把书圣王羲之的书法排除在中华文化之外呢?北大哲学家、书法家杨幸教授(1994:79)说:"王羲之是书法的集大成者……王羲之的行书是对章草的折中,对于楷书的升华……"由此可见,简体字"门"字的写法介于草书和楷书之间,已有将近两千年的历史。

汉代文字学家许慎在《说文解字·序》里说:"官狱职务繁初有隶书以趋约易。"虽然许慎说的是隶书取代篆书的原因,但是中古俗体字出现的原因其实和上古隶书出现的原因异曲同工,都是为了图个快捷方便。中央研究院刘复、李嘉瑞先生早在1930年国民政府首次提出简化汉字之际,就在当时的北平出版了《宋元以来俗

唐朝：怀素和尚《圣教序》

刘复、李嘉瑞（1930）：《宋元以来俗字谱》

字谱》,以大量语言事实说明宋元以来,大量俗体字就已经在民间流行。例如,简体字"门"字、"乱"字和"齐"字自宋代以来就已经是屡见不鲜。到了21世纪的今天,规范了的简体字在中国历史上实际上已经用了上千年。

有些俗体字实际上已构成中华文化的重要组成部分。例如,国粹京剧,可以说是五千年中华文化当今最精彩的一部分遗产,京剧里的女角叫"花旦"。"旦"字原义为太阳,在古汉语里也有作早晨解的用法,但却与女角色的意思风马牛不相及。那么,自宋元以来中国戏剧里旦角这一说法又是从何而来的呢?钱南扬先生在1979年出版的《〈永乐大典〉戏文三种校注》里有这么一段关于"旦"字的注释:

> 旦——脚色名,戏文中的女主角。《盐铁论:散不足》第二十九,记民间戏弄,有"胡旦"之目。《通雅》卷三十五"胡妲"即汉饰女伎,今之装旦也"。可见妲的名称,西汉早已出现。其源盖出于胡戏,故叫"胡妲"。(24-25页)

钱先生这一段话其实也表明了一个语言事实,在京剧里作女角解的"旦"字也是个简体字,繁体字就是"妲"字。在中古"妲"字和"旦"字虽然同属山摄,但"妲"字读入声,"旦"字读去声。用"旦"字作声旁的曷韵入声字还有"笪、怛、炟、靻"等等。当女字旁省略以后,古人就把原来的"妲"字类推读作翰韵的"旦"字。虽然古人这么个读法当初不免有读错别字之虞,但是经过约定俗成,现在又有什么人会说"花妲"而不说"花旦"的呢?又有多少人知道"旦"字原先只是个俗体字呢?既然国粹京剧已经给简体字正了名,那么现代中国人使用规范了的简体字就更是无可厚非,古人说得好:

故圣人法与时变,礼与俗化。衣服器械,各便其用;法度制令,各因其宜。故变古未可非,而循俗未足多也。(淮南子:卷十三 氾论)

对外汉语老师只有了解了汉字的这段历史,才能说服那些对简体字持怀疑态度的外国学生,让他们大可心安理得地学习规范了的汉字简体字,简体字绝对不是什么外来文化,绝对是五千年璀璨中华文明的一部分。

三　汉语语法史

具有较高专业水平的对外汉语教师还要有点汉语语法史的知识。中华文明有几千年的历史,世界上没有一个语言像汉语这样从甲骨文到现代汉语,有三千五百年从未中断过的文字记载。不少为中华文化着迷的学生,他们不仅学习现代汉语也学习文言,要教好这些学生,对一位具有较高专业水平的对外汉语教师来说,汉语语法史的知识,也是必不可少的。

70年代以来欧美语言学界盛传现代汉语语序经过上千年的飘移,已经成为主宾动语言(Li and Thompson 1981)。其根据无非是美国语言学家Joseph Greenberg(1963)语序类型学(word order typology)的一些对应关系(correlation)。语序类型学发现,宾语在动词后的语言(主动宾语言)里,名词和动词的修饰语大多在中心词名词和动词之后。反之,宾语在动词前的语言(主宾动语言)里,名词和动词的修饰语大多在中心词之前。除此以外,主动宾语言多用前置词而主宾动语言多用后置词。Li and Thompson (1981)认为现代汉语的语序虽然仍然保持了一些主动宾语言的特征(1—2),但较多的是主宾动语言特征(3—6),所以现代汉语(方言除外)正在变成主宾动语言。

(1) 他喝了汤了　　　　　（主动宾）

(2) 他在家喝汤　　　　　（前置词）

(3) 他把汤喝了　　　　　（主宾动）

(4) 美丽的海岛　　　　　（名词修饰语在前）

(5) 你慢慢地吃　　　　　（动词修饰语在前）

(6) 厨房里　　　　　　　（后置词）

Sun and Givón(1985)通过统计得出的结论认为:现代汉语肯定不是个主宾动语言,在口语和书面语里,平均大约 90% 的受事(patient)/主题(theme)都是在动词之后。二千年来汉语的基本语序并没有发生根本的变化,事实上汉语的基本语序相当稳定,基本上一直保持着主动宾语序。

当然,在过去二千多年里,汉语的语序也不是一成不变的。虽然汉语的主动宾的主要语序没有变,但是修饰语的语序的确发生了变化,而且都是从中心词后移到中心词前。汉语修饰语的语序变化是与 Greenberg 语序类型学的普遍对应关系相悖而行,也就是说汉语语序的变化是与世界上其他主动宾语言的特征反其道而行之。在世界上的主动宾语言里,名词和动词的修饰语大多在中心词名词和动词的后面,但是汉语恰恰相反,原来位于中心词后面的修饰语,在过去的两千年里却都挪到中心词的前面,导致 Li and Thompson 等人误以为汉语的基本词序发生了根本变化。下面我从名词词组和动词词组两个方面来讨论汉语的语序变化。

四　名词词组

汉语的名词修饰语自古就是在名词之前。例如,在甲骨文里,定语形容词都在中心词名词之前:(例 7、8 中的例子均选自张玉金 2001)

(7) 唯舊醴用？（合集 32536）

　　黄小牛（合集 14315）

　　我家舊老臣（合集 3522）

数量结构中的量词在甲骨文里一般都是在中心词之后,如:

(8) 白马五（合集 9177）

　　羌十人用（合集 339）

　　俘人十有六人（合集 137 反）

而数词则可前可后,如:(例 9、10 和例 11 中的例子取自黄载君(1964))

(9) 白豕九（粹 79）

　　三白豕（粹 349）

虽然量词在表示数目为一的时候,在甲骨文里都出现在中心词之后,见例(10),

(10) 贝朋（后下 8.5）

　　壁玨（铁 128.2）

在金文里却开始出现在中心词之前,见例(11):

(11) 王赐乘马（两周:88.103）

　　锡克甸车马乘（两周:93.112）

量词前移的机制极可能就是甲骨文名词修饰语在中心语前的

词序,因为独用量词表示单一的时候,量词的语义与形容词的功能较接近,都是修饰后面的名词,如：

(12) 匹马只轮无返者（左传：僖公）

勺饮不入（左传：定公）

所以通过类推,秦汉以后真正的数量结构作为修饰语才开始出现在中心词之前,并在中古以后成为主要的位置。如：

(13) 为一卷书（史记：司马相如）

出一编书（史记：留侯世家）

著书十五篇（史记：老子、韩非子列传）

从甲骨文（Peyraube 1996,张玉金 2001）到先秦两汉,汉语的词序基本上都是主动宾,并没有发生什么巨变。如果说有什么变化,先秦文献里主宾动的用法和甲骨文相比,只有越来越少,修饰语在前是主宾动语言的特征,数量结构往前移的时候,主宾动的用法却在减少,由此可见,汉语数量结构词序的变化另有原因。我认为这是一种保持结构一致性（structure preserving）的变化,由于名词修饰语都是在中心词之前,所以数量结构也跟着往前移。这种变化始于先秦两汉,一直到宋朝前后才基本完成,历时一千多年。

五　动词词组

现代汉语动词词组的修饰语在本文里指动词之前的介词短语、副词和其他修饰成分,如例(14),宥于篇幅,本文的讨论范围仅限于介词短语。如：

(14) 我在家里看书（修饰语为介词短语）

他天天都喝咖啡（修饰语为副词）

他能说法国话（修饰语为助动词）

自古以来，汉语的介词词组就有动词前或者动词后的两种可能，只是在上古，动词后的多，在现代汉语，动词前的多，其间主动宾的语序基本没有变。可见其语序的改变跟汉语主动宾的基本语序变化无关，而是另有原因。在甲骨文里，大部分作为动词修饰语的介词短语都是在动词后面，除了较多出现在动词前的介词短语可能是表示时间的介词短语（Peyraube1996），也有表示地点的介词短语，这些用法可能和语用功能有关，动词前的大多与强调、对比有关。如：

（15）在十月有二卜（合集 26907）

贞：勿于今夕人（合集 1506）

戊辰卜：及今夕雨？弗及今夕雨（合集 33273）

于上甲祷雨（合集 32344）

其实这些所谓的介词大多与现代汉语的介词相仿，在不同的情况下都可以用作动词。可见这些介词语法特征和英语的介词不尽相同，如 in, at, on, 等英语的介词一般都没有动词的功能。汉语的介词自古以来都是从实词动词语法化以后蜕变成语义较虚的所谓介词。

在先秦两汉的文献里，介词短语用在动词后面的较多（Peyraube 1996, Sun 2001），而且语义广泛，特别是"于/於"等字，其出现率在当时的一些文体里占所有介词的比例接近 80%（Sun 1996），如：

（16）治于人者食人，治人者食于人（孟子：滕文公）（被动）

青出于蓝（庄子：劝学）　　　　　　　　　　（出处）

王坐于堂上（孟子:梁惠王上）　　　　　　　　（处所）

　　移其民于河东（孟子:梁惠王上）　　　　　　　（目的）

　　监于万国（史记:五帝本纪第一）　　　　　　　（受事）

　　苛政猛于虎（礼记:檀弓下）　　　　　　　　　（比较）

　　在现代汉语里,"于"字仅存在于书面语和惯用语里,一般在口语里,上述的用法大部分均为动词前面的介词短语所取代,其中只有表示目的的介词短语仍然留在动词后面,而表示处所的在动词在没有宾语的条件下则可前可后。如:

(17) 伊拉克被美国人统治了一年多了　　（被动）

　　 灯光从蓝色变成绿色　　　　　　　（出处）

　　 他在台上坐着/他坐在台上　　　　　（处所）

　　 搬东西到台上　　　　　　　　　　（目的）

　　 管理国家　　　　　　　　　　　　（受事）

　　 地痞流氓比老虎还要凶　　　　　　（比较）

　　在动词有宾语的时候,作为修饰语的处所介词短语,必须放在动词前面。综上所述,我们可以说:现代汉语作为修饰语的介词短语已经从在上古的中心词后移到中心词前。

(18) 他在台上唱歌

　　 *他唱歌在台上

　　李崇兴(1991)发现,在魏晋南北朝时没有介词"于"字引进的处所宾语大量地在动词后面出现,如:

(19) 与诸婇女,游戏河中　　　　　　　（杂宝藏经 452）

　　 文帝兄弟每造其门,皆独拜床下　　（世说新语 280）

　　Sun(1997)说,在动词后由"于"字引进的受事宾语在中古前期也就很少见了,张赪(2002)认为处所标记"于"字的式微,使得介词短语受到其他动词前的介词吸引,促使介词短语和动词词组重新排列,最终导致介词短语的词序发生了前移的变化。虽然作修饰语用的介词短语前移的原因,比较复杂,一时还很难有一个明确的了断,但是似乎每一个介词短语的前移,都各有各的原因,都是在特定的语义环境里发生的,语义不同的每一个介词短语都有一个不同的故事。下面我重点讨论一下"把"字句和"被"字句的历史变化。

六 "把"字句

现代汉语"把"字句中的"把"字,作介词用时,只能出现在动词前面,而且它后面的名词一般都是受事。正是因为这种用法是在近代汉语才兴起的,所以欧美有些语言学家就把它的兴起当作是汉语变成主宾动语言的重要依据。但是统计表明现代汉语90%的受事都在动词后面,现代汉语肯定还是一个很不错的主动宾语言,所谓的主动宾词序变化就不能成为解释"把"字句兴起的理由了。

虽然要揭示"把"字句出现的原因也不太容易,但是从上世纪40年代王力、吕叔湘等先生的相关论文算起,经过几十年、几代人的努力,我们现在对"把"字句的认识已经有了相当的深度。"把"字句的出现与上下文特定的语境紧密相关。我先简单地说一下现代汉语口语中"把"字句的特点,然后再讨论它的历史变化。首先,现代汉语"把"字句的动词不能是单音节、不能没有表示状态发生了变化的语言成分。

(20) ＊弟弟把球踢

弟弟把球踢了。

除了完成体助词以外,"把"字句后的动词也可以带表示状态改变了的补语。

(21) 他把话说得很清楚。

你把话说清楚

＊你把话说

另外,与相应的没有"把"字句的句子相比,有的有"把"字句的句子蕴含完成的意思。

(22) 他喝了汤,可是没喝完。

他把汤喝了,＊可是没喝完。

"把"字句后面的动词也有不和"把"字共享一个论元的,如

(24) 他把橘子剥了皮。

他把一头黑发染成了一头金发。

以上也就是我们常说的处置式。我不用处置式而用"把"字句这个说法的原因是世界上没有一个语言不能表示处置,说它是处置式,外国人就会感到处置没有什么特别;叫它"把"字句,外国人马上就感到是耳目一新,大有研究的必要,注意到它的有关特点。而且,要说例(23)中的"把"字句都和处置有关,也有点牵强,我感到所谓处置式就是指处所状态的改变,不改变处所而只表示一种心理状态时,无所谓处所状态的改变。

(23) 他把钱看得很重。

我把他当作是好人。

所以,我认为现代汉语"把"字句也可以分成两大类,一类表示处所状态发生了变化,另一类表示一种心理状态。前者的"把"字是 Hopper and Thompson (1980)所说的高及物性标记,后者则表

示一种心理状态。

"把"字句并不是在近代汉语为了满足主宾动词序变化的需要而出现的。相关的用法在古汉语里早就有了。例如,把例(23)的例句翻译成文言,可以用"以"字句,如

(24) 以钱为重

以之为善者

"以"字在古汉语里就开始虚化了。最早的虚化形式有工具语,如例(25)(Sun 1997):

(25) 以大夫之招招虞人(孟子:万章下)(工具语)

吾非爱其财而易之以羊也(孟子:梁惠王上)(动词后工具语)

若无罪而就死地故以羊易之(孟子:梁惠王上)(动词前工具语)

祝敏彻(1957)认为在古汉语里就已经有所谓的处置式了,如例(26)中的处置给、处置到和处置作三种,为受事宾语标记:

(26) 要以天下与舜(孟子:万章上)(处置给)

复以弟子一人投河中(史记:滑稽列传)(处置到)

文王以民力为台(孟子:梁惠王上)(处置作)

当然所谓处置作,有时实际上并没有作什么处置,仅仅是表示一种态度。但重要的是处置作的"以"字也可以作工具语解。可见工具语与处置作在语义上是相通的,是"把"字从表工具语变成表受事宾语的语义连接点。这些句子还表明现代汉语的"把"字句与上古汉语的"以"字句是一脉相承的。把例(26)的句子翻译成现代汉语,就应该是例(27)中的"把"字句。

(27) 要把国家交给他

再把一个学生扔到河里

他把人民的力量当作自己的依靠力量

由此可见上古汉语虽然没有"把"字句,与其相对应的以字句早已存在。"把"字句在近代汉语里的出现和发展,在汉语史本身,绝对不是代表什么新的语序。我们只能说近代汉语出现的"把"字句是从"以"字句为代表的结构里发展出来的一个新的用法,也就是说,现代汉语的"把"字句和以字句虽然不完全是一回事,但是后者是前者出现的结构基础。例(27)中的"把"字句基本上与古汉语中的"以"字句相仿就印证了这一点。

我们还必须认识到,现代汉语中很多"把"字句是超越了古汉语"以"字句的范围的。如例(28)中的"把"字句动词后面都没有宾语,而类似的"以"字句在上古汉语里是找不到的。

(28) 把房子卖了

把汤喝了

把钱花光了

把我笑得肚子痛死了

除了现代"把"字句中的动词和"把"字有共同宾语之外,现代"把"字句的动词在语义上还必须是有界限的、蕴含状态的改变。下面我再分别讨论这两个差异。Peyraube(1986)认为这些"把"字句源自类似例(29)的句子,其中"茱萸"是"把"字和动词"看"的共同宾语。

(29) 醉把茱萸仔细看　　（杜甫:九日宴蓝田崔氏庄）

类似的例子在唐代开始比较普遍,尽管在中古"将"字比"把"字用得多一些,如例(30):

(30) 孙子将一鸭私用（朝野佥载）

心将塘底测（皮日休）

莫把杭州刺史欺（白居易）

曹广顺、龙国富（2004）说,在中古,"以"字句中与"以"字的同义词还有"取"、"持"、"将"等等,都有"拿/执持"的意思。他们称类似例（30）中的句子为狭义处置式,而在魏晋南北朝时期的二元配价动词"将"和"取"才是狭义处置式的源头,原因是在历史文献里当连动式里的两个动词有共同宾语时,后续动词没有省略宾语的用法。

(31) 又取我父母杀之（增壹阿含经：卷二十六）

是时目连即前捉手将至门外还取门闭（增壹阿含经：卷四十四）

遂将后杀之（三国志魏书,裴注引《曹瞒传》）

通过类推,例（30）之类的早期"把"字句,才在唐代文献里出现。国内学者一般认为例（30）中的"把/将"都已经语法化了,不再是动词。但是,例（31）中的句子,与现代汉语的"把"字句还有一点不同,翻译成现代"把"字句,没有表示时相界限的语言成分时,例（32）的句子还是不符合语法。

(32) *他把一只鸭子杀

*不张声地把池塘深浅猜

*不要把杭州市长欺负

在唐朝,现代汉语的时相结构还处于萌芽状态,不能和现代汉语同日而语。但是,Sun（1997）认为这和"把/将"的语法成分发生变化有关。正如曹广顺、龙国富所说,"把"字句的出现是跟动词"拿"字的语义有关。现代汉语作为动词的"拿"字对后面的动词是没有这种界限限制的。如例（33）：

(33) 拿点东西去
　　　拿本书看

而且"拿"字是可以跟表示目的的来字句一起用的,但是现代汉语的非动词"把"字则不可以,如:

(34) 拿本书来看
　　　*把本书来看
　　　不拿出血心来提补老爷（儿女英雄传）
　　　取了题目来作了（儿女英雄传）

在早期官话(近代汉语)里,"将/把"还都是动词,跟"拿/取"字一样,可以和"来"字句一起用,如:

(35) 将心来与汝安心（祖堂集 1/73/6）
　　　把圣贤说话将来学（朱子语类 114/2760）
　　　将签筒来摇动（老乞大谚解）
　　　你怎的不将钱来使（朱有燉）
　　　老爷将帖请人谁敢不去（儒林外史）

由此可见,所谓狭义处置式是在现代汉语里才真正成熟,其标记是"将/把"字在连动式里失去作动词的功能。从先秦的以字句说起,把字句反映了汉语近 2500 年的历史,所谓狭义处置式也经历了近 1500 年的历史才成形。

七　被动句

唐钰明(1985,1987,1988)对汉语的被动句的发展作了大量的研究。在甲骨文里,动词后面的"于"字就已有被动的用法,如:

(36) 若于上下（合集:808）

在先秦,又有动词前面的"为"字和"见"字,表示被动。其中也有和"于"字一起表达被动的句式,如:
(37) 失礼违命,宜其为禽也(左传:宣公二年)
随之见伐,不自量力也(左传:僖公二十年)
卒见弑于其臣(韩非子:十过)
其中"为"字还可在动词之前表明施事和代词"所"连用,如:
(38) 吾恐其为天下笑(庄子:徐无鬼)
楚遂削弱,为秦所轻(战国策:秦策四)
在上古,"被"字虽然较少见,但是在先秦文献里也已经存在:
(39) 今兄弟被侵……知友被辱(韩非子:五蠹)
万乘之国被围于赵(战国策:齐策)
在中古汉魏六朝之际,为……所……式逐渐成为被动句的主流。
(40) 赵军为秦所坑于长平之下(论衡:辨祟)
已不为一切烦恼所害(说无垢称经:观有情品)
现世为人所见憎嫉(竺佛念译《出曜经:无放逸品第四》)
"被"字句在"为"字句等的影响之下,逐步在唐代以后的口语里完全取代了为字句。
(41) 若非侠客怀冤定被平王捕逐……今被平王见寻讨(敦煌:伍子胥)
今若不取为他人所取……今日不取被他人取耳(三国演义:第六十回)

作为动词的修饰语,被动句在先秦文献里动词后的"于"字占多数(58%,唐钰明 1987),在东汉就降到 27%,到六朝就剩下

1.1％,在中古前期就基本被动词前面的其他介词短语所取代,前后大概花了不到一千年的时间。

纵观汉语句法三千年的历史,我们可以看到作为动词修饰语的介词短语,的确是从中心词后向中心词前挪了。在上古介词短语以中心词后的位置为主,动词前为辅。介词"于/於"的式微,导致中古以后介词短语以动词前的位置为主,动词后为辅。在不同的语义系统里,动词前后相关的介词相互影响,在不同的时间里在动词后的介词纷纷退出历史舞台。那么,是不是有一个属于更高语法层次的原因导致这种变法呢? 根据目前已知的材料来看,我们还没有一个明确的答案。种种迹象都只是显示和介词"于"字的式微可能有关系。

在现代汉语里,作为修饰语的介词都在动词前,动词后的介词短语大都是和动词匹配(subcategorized)在一起的成分,如例(41)里的动词"放"后面没有一个表示地点的介词短语是不符合语法的,但是在动词"跳"前表示地点的介词短语是可有可无的。修饰语的特点是可有可无,有与没有都不会影响句子的语法性,由此可见,在动词后的不是修饰语。

(42) *我放了本书
　　　我放了本书在哪儿
　　　他在楼下跳了一夜的舞
　　　他跳了一夜的舞

八　总结

本文的宗旨是讨论具有较高专业水平的对外汉语教师所必

备的汉语史知识。欧美各地对汉语的种种看法和理论在不同的程度上对我们的学生有这样和那样的影响,即使没有这些影响,我们老师的汉语史的知识越多越好。有了有关文字史的知识,才能跟学生说清楚汉字的结构、简体字的来龙去脉。有了语法史的知识,才知道在讲解语法时,有的放矢,不会说错话,永远立于不败之地。

参考文献

曹广顺、龙国富(2004)再谈中古汉语处置式,台湾国际古汉语语法研讨会论文。
黄载君(1964)从甲骨文金文量词的应用考察汉语量词的起源和发展,《中国语文》第6期,442-443。
刘复、李嘉瑞(1930)宋元以来俗字谱,国立中央研究院历史语言研究所单刊之三。
吕叔湘(1984)《汉语语法论文集》,商务印书馆。
梅祖麟(1990)唐宋处置式的来源,《中国语文》第3期,191-216。
贝罗贝(1989)早期把字句的几个问题,《语文研究》第1期,1-9。
钱南扬(1979)《永乐大典戏文三种校注》,中华书局。
裘锡圭(1988)《文字学概要》,商务印书馆。
唐钰明(1985)论上古汉语被动式的起源,唐钰明卷,安徽教育出版社(2002),251-255。
——(1985)论先秦汉语被动式的发展,唐钰明卷,安徽教育出版社(2002),256-266。
——(1987)汉魏六朝被动式略论,唐钰明卷,安徽教育出版社(2002),267-282。
——(1988)唐至清的"被"字句,唐钰明卷,安徽教育出版社(2002),283-304。
王力(1958)《汉语史稿(中)》,科学出版社。
杨辛(1994)《艺术赏析概要》,中央广播电视大学出版社。

通过回答那些问题表现出来的。这种辩论语篇的结构也可以出现在协商、谈判或说服语篇中：

(16) 甲：黄瓜怎么卖？

乙：一块五。

甲：太贵了，便宜点儿卖了。

乙：要多少？

甲：两三斤。

乙：买五斤，要你五块，反正该收摊儿了。

甲：行，来五斤。

（笔者在北京的早市上听到的一段对话）

(17) "你现在快做母亲了，要成大人了，为什么想不要孩子呢？有了孩子，他就会慢慢待你好的。顺着他点儿，他还是个小孩子呢。"（选自曹禺《北京人》第57页）

例(16)中的对话是笔者在菜市场听到的。两个说话人都有自己对话的主观目的，也就是他们的论点，甲要买一块钱一斤的黄瓜；乙则一斤卖一块五，除非甲要多买，两个人都试图给出事实论据（即："太贵了。""该收摊儿了。"）来达到他们的协商目的。显然，这段协商对话的结构跟上面谈到的辩论语篇的结构一样，也是：[事实＋说话人的态度/观点]或者[论据＋论点]。相比较，例(17)中只有一个说话人，听话的人没有表示意见，但是从说话人的口气可以听出来两人对"生孩子"这件事儿的意见不同。说话人说话的目的是想说服听话的人要一个孩子，而听说人则对此事不以为然。为了说服听话的人，说话人先说出它的论点（即：为什么想不要孩子呢？），然后再给出一些论据，说明她的论点。我们看到这段说服语篇同样采用的是辩论语篇的篇章结构:论点＋论据,唯一跟例(15)-(16)不同的地方是这段话先给出论点,再给出论据。

从上面几段话的结构看,辩论语篇涉及几个认知方面的概念:论据,说话人的主张、建议或意图(论点)。这些概念构成辩论语篇的框架。试想一下,如果没有事实作依据,就很难说服听话人;如果没有说话人的观点,建议、主张,就失去了辩论的意义。从例(15)-(17),我们看到有的事实依据和说话人的意图/建议是通过"问答"的形式表现出来。虽然这种形式不一定代表所有辩论语篇的结构,我们发现汉语的辩论语篇最常见的结构形式有两种:1)问答结构,2)事实＋说话人的意图/建议/主张。也就是说在辩论语篇中,应该先提出一个问题或者给出事实,然后回答这个问题或者表达说话人对此问题/观点的看法/建议。通过这样一个回答问题,协商问题,辩论问题的方法,说话人的主张,建议,意见,观点就表现出来了。此外,我们看到论点和论据在语篇中的出现顺序不固定,两者既可在前,也可在后。

跟其他语篇模式比,辩论语篇的结构既不跟叙述语篇一样遵循时间顺序,也不跟描叙语篇一样遵循空间的逻辑方位安排。在表达论据时,辩论语篇似乎混合使用叙述语篇和描叙语篇的结构,而在表达论点时,辩论语篇多使用简明扼要陈述句。下面我们总结一下辩论语篇的特点:

- 辩论语篇必须提出一个论点;
- 辩论语篇必须有事实依据说明所提出的论点;
- 论据可以用疑问句的形式表现;
- 论点应该简明扼要,跟论据相辅相成;
- 论点在篇章中出现的顺序不固定;

由于上面讨论的这几项内容都是辩论语篇的主要内容,教师,特别是高年级的教师有必要跟学生一起讨论学习每一项在交际中的实际应用。

6. 语篇结尾

语篇结尾应该是每一个语篇最重要的一部分。大家都知道,当没有时间读完整篇文章时,读者一般会看看语篇的开头和语篇的结尾。虽然不是所有的读者都这么做,这也至少说明语篇结尾在篇章中的重要性。我们先看一下三种篇章的结尾:

(18)"我们在网上说'我爱你',每次都说,每次都知道说了也没有实际用处。我觉得这就是我认识的互联网。它也许无所不能,但他永远不是我们需要的那个世界。"(选自安顿《情证今生》第108页)

(19)"'讲真话,掏出自己的心。'这就是我的座右铭,希望读者根据它来判断我写出的一切,当然也包括所有的佚文。"(选自巴金《再思录》第89页)

(20)"……女人就可以不受孩子的拖累,可以与男人一样在社会上做事,而得到真正平等的地位。在这种情况下,夫妻在一块儿共同生活,谁也不是谁的附属品,妇女问题就自然解决了。(选自冯友兰《谈儿女》第112页)

上面三例中,例(18)选自作者对"网恋"这个主题一段评论的结尾;例(19)是作者在《巴金全集》后记结尾的一段话;例(20)选自冯友兰讨论妇女问题的一篇论文的结尾。这三段结尾,虽然用在不同的语体中,但是他们采用的则都是同样的篇章结构,即:使用具体的事例说明作者的对篇章主体的观点。例(18)选了电子邮件中对恋人常说的话"我爱你",说明作者认为这样的话是如何虚无缥缈。同样的,例(19)的作者选了他自己的座右铭引出他对读者的期望。例(20)从语体的角度看,属于论说文,可能比前两例更正式一点,但是他的语篇结构跟前两例仍然相同,就是先给出具体的事例,然后导出作者对所讨论问题的意见或结论。我们看到语篇结尾有两个问题要考虑:一个是语篇结尾的结构,一个是语篇结尾的篇章功能。从上面的三个例子看,结尾的功能就是总结作者的观点或看法;结尾的结构是:具体事例+抽象的结语。这种结构似乎很像隐喻的过程,即:从"谈恋爱"到"读/写恋爱",从"讲真话"到"读/写真话",从"夫妻关系"到"依附关系"。当然,这并不是说所有的语篇结尾都是用这种结构。

(21)"忘了告诉你,我马上就要39岁了,这月初三是我的生日。我应该是比你大很多吧。我请你吃饭,你有空吗?"(选自安顿《情证今生》第204页)

(22)"玉家菜园改称玉家花园是主人儿子死去三年的事儿。这妇人沉默寂寞的活了三年,到儿子生日那一天,天落大雪,想这样活下去日子已够了,春天同秋天不用再来了,把一点家产全分派给几个工人,忽然用一根丝绦套在颈子上,便缢死了。"(选自《沈从文名作欣赏》第122页)

例(21)是作者写给一位记者的信,结尾部分表达了作者急于想跟记者分享他的故事;例(22)是一篇题为《菜园》的散文结尾。显然,这两段结尾采用了不同的语篇结构和手段。信的结尾给读者提出了一个问题,问读者是否有时间跟她一起吃饭;而散文的结尾则描写菜园的主人如何死去的情景。此外,信用的是口语语体

（比如采用主语省略，语气词等），散文用的是书面语（比如使用书面语的词汇）。虽然两种结尾都在某种程度上让读者思考，信的结尾引发的可能是比较简单的一种思考过程，即：要不要接受作者邀请；而散文的结尾可能引发读者比较深刻地对生与死的问题的思考。上面两段结尾另一个共同点是他们都包含了作者最想表达的意念：即："邀请读者吃饭"和"生与死的关系"。要是不把这些重要意念放在语篇的结尾，读者可能没有时间或者不会花时间考虑作者提出的问题。我们看到语篇结尾没有一个统一的结构形式，但是大部分语篇结尾的功能是一样的，就是告诉读者作者最想说的和最重要的话。由于结尾是读者看到的最后的话语，自然给读者的印象比较深，影响比较大。

如果把上面谈到的这些有关语篇结尾的特点，适当地应用在教学中，无疑对学生学习语篇结尾有帮助。当学生认识到语篇结尾可以有不同的语体，不同的结构，但是都具有同样的语篇功能时，他们可以侧重学习各种不同语篇语体、结构的差异。学习英语的人或者英语是母语的人都知道要写一篇英文文章，其中最花时间的是如何写结尾，因为巧妙的结尾是衡量一篇文章好与坏一个主要因素。汉语的结尾似乎有同样的倾向。

我们一共讨论了六种语篇的模式，语篇开头、叙述语篇，描叙语篇，说明语篇，辩论语篇和语篇结尾。其中语篇开头和语篇结尾两种跟其他四种语篇的性质不太一样。前两种出现在各种语文、语体中，但是有自己的功能特点，后四种虽然功能特点不突出，但是各有各的结构特点。叙述语篇常按照故事发生的时间安排语篇结构；描叙语篇常常使用表示静态的句式描写静态的情景；说明语篇一般都是先给出一个主题，然后解释、说明这个主题的内容；辩论语篇总是有论点和论据两部分组成,作者可以先说论点,也可以先说论据。

在教学这六种语篇模式的过程中,我们建议教师先介绍不同语篇的结构和功能,然后引导学生使用不同的句式和结构组织不同的语篇模式。学生可以先从一种模式开始学,等掌握了几种模式以后,再把他们慢慢地交叉起来使用。只有这样循序渐进、有系统地学习篇章的结构和功能,才能不断提高篇章的语言的交际能力。

四 结语

本文先介绍了篇章教学的内容,然后着重探讨了六种语篇的模式。虽然语篇的模式是篇章最大的组成单位,我们并没有包括所有语篇模式所含的内容,比如:各种不同语体(口语和书面语)的异同和特点(Halliday 1987),以及如何正确理解各种篇章所需要的各种实用语言的常识。如果没有这方面的知识,仍然会影响交际的效果。参阅下面一段话:

(23) 有一个主人请客,同时请了两位客人。到吃饭的时候,只来了一个,另一个没来,主人着急,就跟来了的客人说:怎么该来的还没来呢?客人听了,很不高兴,没吃饭就走了。后来第二个客人来了,主人便对这位客人说:怎么不该走的走了呢?客人听了,也很不高兴,没吃饭也走了。主人不知道为什么,便对太太说:怎么该吃饭的都走了?太太听了非常生气地说:"你的意思是说我和你都不应该吃饭吗?"

对太太最后问的话,主人一定会说"我不是那个意思"或者"那不是我的意思"。但是为什么两位客人都误解了主人的意思?是说话人没有把话说清楚?还是听话人"多心"?听话人如何准确地理解说话人的用意,说话人如何避免误解,都是篇章教学的内容。由于篇幅的关系,我们不在此详细探讨这些问题,有兴趣的读者可参阅 Xing(2005)。应该说明的一点是,对学生来说,实用语言的能力比篇章结构本身还要难学,需要熟悉各种不同的语境,了解语言、交流对象的文化背景,反之会导致交流的失误。

我们在文章开始的时候谈到篇章教学涵盖的内容很广,学生不可能在短时间内掌握篇章交际的能力。因此,我们建议把篇章教学分成三个等级:篇章的初级教学,篇章的中级教学,篇章的高级教学。在篇章教学的初级阶段,学生应该着重学习篇章连贯的基本手段。这里所说的基本手段包括简单的省略、替代、基本语序和个别特殊语序的使用等等。在这个阶段,学生也应该明确掌握口语语体的结构形式以及简单的几种语体的模式,比如:如何做简单的叙述和描叙。

在语篇教学的中级阶段,学生需要继续学习篇章连贯的手段,但是重点则应该放在复句的连接和比较复杂的连贯手段。课堂教学的内容可以围绕着如何把不同的句子连起来表达一个同样的主题,也就是如何使篇章形成表现流畅主题的"话题链";如何使用不同的结构表达说话的人想要表达的意念,同时回避不想提及的意念等等诸如此类的问题进行教学。在这个阶段,口语语体仍然是篇章教学的主要内容,不过学生也应该适当地学习一些书写体的结构和功能,比如,如何写语篇的开头和结尾,如何写简单的叙述语篇和描叙语篇。

　　语篇教学的高级阶段需要培养学生组织各种语篇的能力。这不仅包括创作和连接不同的语段(比如：连接几段话的主题或者跟人交谈的技巧——什么时候可以插话,怎么插话等)而且包括正确辨认、区分和使用不同语体的能力。在这个阶段,学生应该学习、掌握如何表达他们的思想和观点,如何说服他人,如何跟他人商讨,甚至如何跟他人辩论。高级阶段的篇章教学跟初级和中级阶段最大的不同在于强调口语和书写两种语体的不同特点和功能。

　　通过这三个阶段的培训,学生应该对不同层次的篇章结构有一个总体的了解。当然经过这三个阶段学生是否就具备了篇章交际的能力,还不能完全肯定,要看他们如何把课堂上学的内容应用到实际的交流中。但是课堂上讲授的篇章结构、手段以及语用的知识,对把汉语当作第二语言的学生来说,是他们篇章能力的基础,有了这个基础才能在实践中提高他们的篇章交际能力。

参考文献

安顿(2000)《情证今生》,海南出版公司。
巴金(1995)《再思录》,远东出版社。
曹禺(1994)《原野》,人民文学出版社。
——(1994)《北京人》,人民文学出版社。
冯胜利(2005)论汉语书面语法的形成与模式,北京语言大学长江学者讲座。
冯友兰(1940)"谈女儿",《新事论》,商务印书馆。
刘珣(2002)《汉语作为第二语言教学简论》,北京语言文化大学出版社。
刘月华等(2000)《实用现代汉语语法》,商务印书馆。
邢志群(2004)高年级汉语篇章连贯教学法,高级汉语教学研讨会,哈佛大学。
赵园主编(1993)《沈从文名作欣赏》,中国和平出版社。
周质平等(1993)《现代汉语高级读本》,Princeton：Princeton University

Press.

Berger, A. A. (1997) *Narratives in Popular Culture, Media, and Everyday Life*. Thousands Oaks: Sage Publications.

Bolinger, D. (1989) *Intonation and its Uses: Melody in Grammar and Discourse*. Stanford: Stanford University Press.

Brown, G. and G. Yule (1983) *Discourse Analysis*. New York: Cambridge University Press.

Celce-Murcia, M. & E. Olshtain (2000) *Discourse and Context in Language Teaching*. New York: Cambridge University Press.

Chu, C. (1998) *Discourse Grammar of Mandarin Chinese*. New York: Peter Lang.

Chun, D. (2002) *Discourse Intonation in L2: From Theory and Research to Practice*. Amsterdam/Philadelphia: John Benjamins.

Coady, J. and T. Huckin (eds.). (1997) *Second Language Vocabulary Acquisition*. New York: Cambridge University Press.

Halliday, M. (1987) Spoken and written modes of meaning. In R. Horowitz and S Samuels, (eds.), *Comprehending oral and written language*. San Diego: Academic Press.

Hatch, E. and C. Brown (1995) *Vocabulary, Semantics, and Language Education*. New York: Cambridge University Press.

Li, C. N. and S. A. Thompson (1981) *Mandarin Chinese: A Functional Reference Grammar*. Berkeley: University of California Press.

Linde, C. (1993) *Life Stories: The Creation of Coherence*. New York: Oxford University Press.

Mey, J. L. (1999) *When Voice Clash: A Study in Literary Pragmatics*. Berlin: Mounton de Gruyter.

Riggenbach, H. (1999) *Discourse Analysis in the Language Classroom*. Ann Arbor: University of Michigan Press.

Smith, C. S. (2003) *Modes of Discourse: The Logical Structure of Texts*. Cambridge: Cambridge University Press.

Xing, J. Z. (2005) *Teaching and Learning Chinese as a Second Language*. Hong Kong: Hong Kong University Press.

简论对外汉语教师的基本素质

北京师范大学汉语文化学院　张和生

一

　　对外汉语教学历来受到国家高度重视。把汉语作为第二语言的教学在中国不仅只是一种教学行为,更是一项"国家与民族的事业"。近年来,随着国家综合国力的提高,"汉语热"持续升温。来华学习汉语的留学生人数呈跨越式增长趋势。据统计,我国大陆地区 2002 年接收来自 175 个国家的各类外国留学人员共计 85 000 多人,其中 6 万以上是来华学习汉语。2003 年虽然有"非典"疫情的冲击,来华留学生人数仍近 8 万人。[1]另据北京市政府最新统计,2004 年来京留学生已达到 4 万人,而北京市预计在 2008 年接收 8 万留学生。

　　面对海内外汉语教学规模跨越式的增长,我们业内人士在振奋之余必须保持清醒的头脑。对外汉语教育能否健康发展,关键在于有没有一支合格的师资队伍。与国外以语言学校为主开展把母语作为第二语言的教学不同,中国的对外汉语教学集中在高等院校进行。层次高、学术性强是中国对外汉语教学的一大特色,而正是这个特色,对从业教师的素质提出了严格的要求。我们有必要为当前的和未来的师资队伍状况未雨绸缪。

以北京为例,如果 2008 年北京的留学生规模达到 8 万人,其中 6 万人为语言生,按现时大约 10∶1 这个并不理想的师生比例计,我们至少需要 6000 名专业对外汉语教师,师资队伍的巨大缺口是显而易见的,届时我们的师资队伍中将有半数以上是新人。我们现有的教师和即将从事对外汉语教学的教师需要怎样的基本素质,需要在哪些方面提高素养,如何开展教师培训是迫切需要我们研究、解决的问题。

从理论上说,中国大陆的对外汉语教师必须持有三个证书才被认为是具有执教资格,即高等学校教师资格证书、普通话水平测试等级证书(2级甲等以上)、对外汉语教师资格证书。根据教育部 2004 年 19 号令,对外汉语教师资格证书改成分为初、中、高三级的"汉语作为外语教学能力证书"(以下简称"能力证书"),原"对外汉语教师资格证书"转为"能力证书"(高级)。这一改革的实质在于,通过证书的层级化,促进师资队伍的专业化,推动世界范围内的教师培训。"汉语作为外语教学能力证书"制度的推行,将为对外汉语教学师资队伍建设提供制度保证。

尽管证书层级化制度在某种程度上降低了获取证书的难度,但我们始终认为,对外汉语教学的大本营在中国大陆,对外汉语教学与科研的核心基地在中国大陆。因此,对于在高校专职从事对外汉语教学的老师,取得"能力证书"(高级)是对教师素质的基本要求。

对具备什么样的条件才能获得特定级别的"汉语作为外语教学能力证书",国家汉办最近组织北京语言大学专家拟定教师能力认定标准(以下简称"认定标准")。"认定标准"将是制订"汉语作为外语教学能力证书"考试大纲的依据,也是我们开展教师培训的依据。笔者曾参与了"汉语作为外语教学能力证书"制度研制的部分工作。从获得的资料看,专家组对各级证书都做了总体描述与具体说明。我们这里仅摘录涉及"能力证书"(高级)的要点,并就其中的部分问题进行分析。

"认定标准"对"能力证书"(高级)的总体描述是:证书获得者应具备完备的汉语作为外语教学的知识结构和教学能力,能够对学习者进行系统性、专业性的汉语教学并能进行相关的科学研究。我们从这一"总体描述"可以看到,对对外汉语教师基本素质的要求涉及知识和能力两方面。"认定标准"对各级证书作具体说明正是将知识结构和能力结构分别加以细化的。对外汉语教师的知识结构应当包括现代汉语及古代汉语知识、语言学与汉语作为外语教学理论知识和中国文化知识;对外汉语教师的能力结构应当包括汉语言处理能力、教学实施能力和评价与测试能力。

应该说,"认定标准"为我们提出的是一个较高的要求,是已经获得证书和将要获得证书的教师不断完善自己的知识结构和能力结构的方向。我们知道,知识是一个快变量,可以在相对短的时间内主要通过读书获得。知识需补充、更新,有可能增加,也可能因遗忘而减少。而能力是一个慢变量,需要经过较长时间学习、训练而形成,而一旦形成,就轻易不会失去。对外汉语教师的教学能力是建立在汉语知识、语言学与汉语作为外语教学理论知识,以及跨文化交际知识的基础上的,当然在一定程度上也与天赋有关。知识、能力,二者相辅相成,既有联系,又有区别。就教师这个职业而言,有知识不一定有能力,但知识不足能力必定欠缺。就获得"能力证书"(高级)而言,文科专业背景,特别是中文专业背景的教师,做好参加能力认定考试的准备工作并不需要太多的时间,而不断完善自己的知识结构和能力结构,不断提高自己作为对外汉语教师的素质,则是一个终身的过程。

一个优秀的对外汉语教师所具备的素质应当是多方面的。限于篇幅,我们不可能展开全面讨论。根据笔者对"认定标准"精神的理解并结合自己的经验,我们把对外汉语教师基本素质中的重中之重概括为掌握汉语本体知识、掌握中华文化知识及跨文化交际能力和把握第二语言教学技巧三个方面。

二

就全世界范围的把汉语作为第二语言的教学而言,掌握汉语本体知识,应当是也必须是中国大陆对外汉语教师的强项,是我们开展对外汉语教学的立足之本。

"认定标准"对"能力证书"(高级)获得者的汉语本体知识水平的描述是:应熟练掌握汉语语音、词汇、语法、修辞、汉字等现代汉语知识;掌握常见虚词、句式的意义和用法等古代汉语基本知识,掌握汉语发展的一般规律;应当形成完整的知识结构体系并能够在教学实践中综合运用。

我们在当前的对外汉语课堂教学中经常可以看到两种极端。一种是在课上大讲汉语知识,而把语言技能训练放到了从属的位置,且全然不顾学生是否理解,以及理解和会说之间的关系;另一种是轻视汉语本体知识,认为只要掌握了语言技能操练的技巧,凭着自己母语的语感便能应付教学,凭着"中国人习惯这么说"即可搪塞学生。

对外汉语教学说到底教的是汉语,目的是培养学生使用汉语进行交际的能力。毫无疑问,汉语技能训练是课堂教学的中心。然而有效的汉语技能训练是以教师的汉语本体知识为依托的,课堂教学要求教师对所教的语言内容有深刻的认识。课上不能清楚地回答学生提出的问题,不能从学生的语病中找到规律、发现原因,进而给出明确的解释,或许是因为学界的基础研究不足,但更大的可能性是因为自己对现有的研究成果掌握得不够。掌握汉语本体知识无疑会帮助我们提高对外汉语教学的效率。我们在语音、语法、词汇三方面各举一例,来说明这个问题。

例1.把"老师"读作 lǎoxī,是日本学生群体性发音问题。了解发音部位和发音方法有助于纠正。比较:

x,舌面音(舌面与硬腭构成气流阻碍发出的音,与此发音部位相同的还有 j、q),清音(声带不颤动),擦音(构成气流阻碍的两部分之间留一条窄缝,气流从中挤出,摩擦成音)。

sh,舌尖后音(舌尖与齿龈后、硬腭前的交接点构成的气流阻碍发出的音,与此发音部位相同的还有 zh、ch、r)清音,擦音。

x、sh 的区别在发音部位,可以据此安排针对性训练。

例2.病句分析:我明年快要结婚了。

"快要"表示"即将发生"是客观的,因此前边不能有时间词语;"就要"表示"即将发生"是主观的,前边可以有时间词语。原句中"快要"应改为"就要"。

例3.同义词辨析

"逐步"与"逐渐",从词义细微差距入手辨析:前者强调计划性,后者突出客观、自然性。

"相互"与"互相",从词的组合功能入手辨析:前者可以做定语,后者只能做状语。

"聪明"与"精明",从词的感情色彩入手辨析:后者间或含贬义。

很难设想,一个对汉语知识不甚了了的教师,如何能发现教学的重点,解决学习的难点。在对外汉语教师的知识结构中,汉语知识占首要地位,这是毋庸置疑的。即便是汉语专业的毕业生,由于第二语言教学不同于母语教学,因此也需要不断完善、调整自己的知识结构,以适应对外汉语教学的需要。

三

语言与文化有着共生、相属、相依的密切关系。在第二语言学习中,语言的理解包含着文化的理解,语言的理解需要文化的理解。学习外国语言,了解、包容异文化,进而吸收异文化中的先进成分,对推进人类文明、维护世界和平有着重大的意义。从这个意义上说,第二语言教学所从事的不仅是外语教育,更是一项为持不同语言、有不同文化背景的人群架设相互沟通桥梁的工程。

对外汉语教师的工作本身就是一种跨文化交际,教师需要知道如何在对外汉语教学中传播中国文化,帮助学习者通过了解中国文化的方式来开掘提高汉语水平的潜能;需要知道怎样寓文化价值观于语言教学;需要知道如何应对异文化的碰撞。因此,掌握中华文化知识及跨文化交际能力是对外汉语教师必备的素质。

"认定标准"对"能力证书"(高级)获得者中国文化知识水平的描述是:证书获得者应系统掌握跨文化交际知识,深入理解中国人的思维特点和行为方式;掌握中国文化及文学发展概况、主要内容及其特点;比较全面地掌握中国国情知识。

学界较为通行的观点认为,对外汉语教学中的文化传播可以包括两方面内容:一是中国文化知识,二是汉语言中包含的文化因素。中国文化知识包罗万象,中国的哲学、文学、历史、风俗无不映射出中国人的思维特点、价值观念和审美品位。对外汉语教师需要中国文化知识,需要不断提高自己的文化素养,这是确定无疑的。但笔者担心的是,"认定标准"用了"系统"、"深入"、"全面"这样的限定性词语,也许因失之于过严而无法落到实处。至于对汉语语言中文化因素的认识,对于中文专业背景的教师而言,倒是应当提出较高的要求。

语言中的文化因素主要体现在词汇中。汉语词语"富于修辞色彩和象征性质,以表现说者的情感和心态。这些都是历史长期发展的结果,显示了汉民族传统文化的特征。"[②]然而有相当数量的词语具有特定的文化特征,却难以从字面上或通用语文工具书中得到确解。例如"发福"、"方便"、"同房"等词语所表示的委婉义;"四"、"钟"、"煤气"等词语因谐音而产生的禁忌义;"厨子"、"邮差"、"戏子"等词语所包含的贬义;"夫妻"、"父母"、"男女"等男前女后结构词语反映出的男尊女卑观念;"胡言乱语"、"野蛮"、"鬼子"、"异己"等词语反映出的正统排异观念等等。

四

"不是会说汉语的人就能从事对外汉语教学",这个观点已经被人们所接受。"精通汉语的人不一定能胜任对外汉语教学",人们对这样的观点还认识不足。我们常常可以发现这样的现象,国内一些高校派到海外从事对外汉语教学的老师,在面向中国学生的课堂上,他们可能是专家,但在对外汉语教学课堂上却往往叫好不叫座。我们也常常能听到这些教师对此由衷的感叹。应当承认,汉语专家未必是一名好的汉语教师;好的汉语教师未必把握汉语作为第二语言教学的技巧。胜任对外汉语教学,需要专门的能力。

"认定标准"对"能力证书"(高级)获得者教学实施能力的描述是:应具备较强的教学设计能力,能够参与制定教学大纲,独立设计教学计划;能够承担学历教育课程,能够完成各级别的汉语专项技能训练课和汉语综合课,至少胜任一门汉语专业课的教学。应具备娴熟的管理课堂和组织教学活动的能力。掌握已有的外语教学法,能够根据教学目的和教学对象设计出合理的教学方法和手段;掌握丰富的教学技巧用以提高学习者综合汉语交际能力。应具备充分使用课堂教学资源的能力。能够根据教学对象评价、筛选和编写教材;能够根据教学目标充分利用或独立开发各种教学辅助资料。应具备完备的评估学习者语言发展的能力,能够在教学过程中根据学习者的语言表现全面评定学习者的语言发展能力并且指导学习者制订合理的学习计划。应具备根据不同测试方法测定学习者学习成绩和语言水平的能力。能够参与制定测试标准、拟定测试题目,指导学习者自我测评。

"认定标准"的要求相当高,其中的"娴熟"、"丰富"、"完备"是相对而言的。就"能力证书"(高级)的考核而言,通过笔试的形式考查知识易,考查能力难。"认定标准"对教师能力的描述应当是每一个业内人员追求的目标。

那么我们怎样评价对外汉语教师的教学能力呢?对外汉教

师和任何专业的教师一样,要用自己的知识和人格魅力去吸引学生,用自己的对工作的投入和对学生的关心去感动学生。作为一名对外汉语教师,还必须具备第二语言教学的基本功,而基本功的考核在某种程度上是可以通过笔试实现的。

教学基本功包括对教学内容与教学对象的熟悉、语言点的把握、教学环节的设计、课堂教学技巧、普通话水平、应变能力、教态、板书等几个方面。我们以对外汉语口语课为例进行说明。

第一,教师要建立一种意识,或一种观念,即口语课不是教授知识而是训练能力。口语能力是练出来的,而不是教出来的,合格的口语课教师课上说话一般不应超过课堂教学时间的 1/4。

第二,教师应具有良好的语文素养和教学经验,以便备课时能够预先准确估计到学生的难点加以准备,设计有效的教学环节,在学生口语训练中进行指导。教师应适时适度地鼓励学生的进步,指出存在的问题,纠正学生的语病,从而让学生产生信任感、安全感。教师应懂得课堂上相互沟通的艺术,恰当地表现自己对学生的关心、鼓励、期待、失望,适时提示、启发,为学生开口创造条件,营造气氛。

第三,优秀的口语课教师应掌握表演的技巧,可以借助形体语言解释教学中的重点、难点;应具有乐队指挥、影视导演才能,组织教学方式多样,包括领读、独唱、合唱、师生问答、学生互问、复述、小组会话、角色表演、演讲、采访、辩论等等;应掌握提问的技巧,给每一个学生开口的机会,并因人而异地调整问题难度。

第四,教师应以饱满的热情感染学生,使学生处于兴奋状态;应将幽默、轻松与严肃、严格有机结合;应控制课堂节奏,口语课提倡在学生有一定压力感的前提下的张弛有序。

五

　　除了掌握汉语本体知识、掌握中华文化知识及跨文化交际能力,把握第二语言教学技巧三个方面外,一个优秀的对外汉语教师还应具备的素质有:他应当具备较高的外语水平,惟其如此,才能较方便地与学习者进行深入沟通,从而做到拉近师生距离,才能理解学生母语对目的语的迁移作用,从而使教学有的放矢;才能拓展自己的科研视野,使国外文献为我所用。他应当熟悉现代化教育手段,惟其如此,才有可能利用多媒体材料介绍中国文化;利用电脑制作汉语教学多媒体课件;利用网络搜集科研信息与教学资料。他应当具有一定的科研能力,惟其如此,才有可能对汉语进行本体研究,对第二语言教学法进行研究,对跨文化交际进行研究,通过科研促进教学。一个优秀的对外汉语教师显然不应当仅仅是一名教书匠。

　　本文最后还要提及的是对外汉语教师的普通话水平问题。"认定标准"对此提出了具体要求:证书获得者的普通话水平应达到二级甲等以上,具备高级的汉语听、说、读、写能力,语言流畅标准,能够运用汉语从事教学和研究,教学中能够起到全面的示范作用。与"认定标准"对对外汉语教师在知识结构与能力结构的要求相比,普通话二级甲等水平绝对是一个宽松的入门条件。严格地说,没有一级乙等以上的普通话水平,教师在教学中将会遇到来自学生的质疑,在北京地区教学尤其如此。我们的学生判断教师普通话是否标准的能力远远超出他们自己的汉语发音水平。学习标准的汉语普通话几乎是每一个外国学生的目标,因此,用标准的普通话执教,也是对外汉语教师不可忽视的基本素质之一。

附注

① 统计数字来源于教育部留学基金管理委员会。
② 参见周祖谟为常敬宇《汉语词汇与文化》一书所作的序。

参考文献

常敬宇(1995)《汉语词汇与文化》,北京大学出版社。
国家教委对外汉语教师资格审查委员会(1998)《国家对外汉语教师资格考试大纲》,外语教学与研究出版社。
教育部对外汉语教师资格审查委员会办公室(2003)《对外汉语教学课堂教案设计》,华语教学出版社。
刘珣(2002)《汉语作为第二语言教学简论》,北京语言文化大学出版社。
盛炎(1990)《语言教学原理》,重庆出版社。
许嘉璐(2002)《未了集》,贵州人民出版社。
张和生(1997)试论第二语言学习中口语交际能力的培养,《北京师范大学学报》第6期。

对外汉语教材浅谈

College of the Holy Cross   何宝璋

中国国内对外汉语教学师资队伍强大，教学经验丰富，对外汉语教学各方面的科学研究硕果累累。随着对外汉语教学学科的发展和成熟，随着对教学效果的要求日益提高，本着因人施教、有的放矢的原则，近年来中国大陆编写了很多很好的不同程度、不同课型、以不同教学理论为指导的对外汉语教材。虽然这些教材的出版在中国如雨后春笋，但是在国外，特别是在美国，被采用的几乎寥寥无几。这一现象的原因并不在于美国的汉语教师不了解中国汉语教材的出版情况。实际上很多美国的汉语教师很了解中国汉语教材的出版情况，因为他们每年都要来中国，有的每年都要在国内住上几个月，与国内大学合办汉语速成班。不使用国内的新编教材是因为这些教材有相当一部分并不适于在美国使用。不适合的主要原因是这些教材不是专门为美国学中文的学生编写的。这些教材在编写过程中没有考虑到美国学生在美国学习汉语特殊性。因此，本文旨在与国内同行共同探讨美国学生在美国学习汉语对汉语教材要求的特殊性。

本文大致分为两个部分。前一部分简述美国学生在美国学习汉语的特殊性，后一部分利用实例讨论我个人认为适用于美国学生的初级汉语教材的编写中的几个问题。我们把重点放在初级教材是因为学初级汉语的学生最多,对教材的需求量最大。初级教材是用来打基础的,所以教师对它的要求也最高。另一方面很多在美的汉语教师希望美国学生能够在美国打下一个坚实的语言基础,以后来中国充分利用国内的语言文化环境提高语言能力。

一

美国学生在美国学习汉语对汉语教材的要求有其特殊性。这个特殊性表现在课文涉及的内容和表达法在学生生活中的实用性,汉语与英语在语言结构和认知概念方面的异同,以及教学形式及课程安排等诸方面。

就以教学形式而言,美国学生在美国学汉语与在中国学汉语,有很多截然不同的地方。在学的方面,美国学生在美国学汉语最缺乏的就是语言环境,而在中国,除了学生主动地学习吸收以外,丰富的语言环境给学生创造了很多学习的机会。学过的词汇和表达法马上可以在生活中应用。在实际应用中既可以巩固学过的,又可以学到一些新的。这样的语言环境当然会影响到教材的编写,如进度和词汇重复等方面的安排。

在教的方面,在中国教外国人学中文统称为"对外汉语教学"。只要不是中国人,都称作"外"。不同国籍,操不同语言的学生混在一个班里上课,课堂教学语言是汉语。这样作至少有如下两个问题。首先,在初级阶段,课堂教学语言完全使用目的语,并非是一个好办法,因为没有充分利用学习者已有的语言的和非语言的认知能力。另外,针对性不强或基本没有。这个针对性指的是"汉"

"外"语言对比,帮助学生掌握吸收。所以本人认为,初级阶段完全使用目的语有时会不必要地延长学生的学习过程。

在汉语课的性质和课时方面,中美汉语教学也有相当的不同。美国的中文课都是选修性的公共外语,每周四到六学时,学时因校而异。外国学生在中国学汉语,往往是同时选几门不同的中文课,如听说课、读写课、汉字课等等。虽然学生以后可能会有不同的专业,但是在初中级汉语阶段,汉语是强化的专业课,全部精力都是在语言方面。在国内由于课时多,可以根据学生的要求及语言习得的规律设置不同类型的汉语课,使用有不同侧重点的汉语教材。教材可以编得比较精细,而且学生同时使用的不同教材之间可以互补。适合在美国使用的教材则应一本教材包罗万象。

在这里顺便提一下所谓"初级"、"中级"、"高级"的定义问题。美国大学一般采取学期制(semester)或学季制(quarter)。平均每学年三十周。初级阶段汉语,也就是一年级的汉语,以每天一节课,每周五个学时来计算,一学年只有 150 个学时(其中还包括复习考试、不同的节假日等等),仅相当于在国内学习汉语两个月左右的时间。在美国的汉语教学课时少对教材的编写和安排也提出了一些特殊的要求。例如初级汉语教材,由于课时有限,听说读写几项语言技能都要包括,并且要在这有限的课时内涵盖现代汉语口语中常见的主要的语法现象。

初级汉语教材的基本教学目的在于为学生中、高级后续学习做铺垫工作,为其今后的学习深造打下良好的基础;基于语言交际的最终目标和启发学生学习兴趣的考虑,我们认为在初级教材中应以听说入手,以学生生活最直接的环境为话语背景,从单句交际开始,逐渐深入接触话语段落片断,由浅及深,并在教材的后半部为后续中级教材向简单书面语过渡做前期准备。基础阶段的教材,应以语言结构为主线,涵盖现代汉语口语中常见主要大语法现象;同时以培养学生的语言交际能力为重点,涉及广泛的话语交际情景。

在语言内容方面,从意义和实用功能入手,强调语言的实用性,以期达到立竿见影的效果。以美国大学生在中国学习汉语为背景,学后容易使用。课文涉及中国文化和中美异同的对比,让学生在学习语言的同时,了解中国文化,在使用时不但追求语言形式的正确,同时强调语言使用的得体、恰当。课文尽量有意思、有趣味,使学生不把学习当成包袱,当作负担。

在语法系统方面,涵括现代汉语的主要语法点,为继续学习的学生打下一个坚实的基础。不马上继续学习的学生对汉语的语法系统也能够有一个全貌的了解。

在选题方面,我们认为应该以美国学生的生活为背景"中""美"兼顾。内容主要包括日常生活和学校生活两个方面。在日常生活方面,学生初到中国需要吃饭、问路、坐车、买东西等等。在学生的校园生活方面包括选课、爱好、专业等等。这些主题,学习时容易模拟操练,便于上口;学生学了以后,容易使用,在使用中加强理解,巩固所学内容。另外,以美国学生在中国生活为背景的好处是学生在学习语言的同时,可以了解中国的现状,了解中国和美国在生活方式、人文环境等方面的不同。

考虑到美国学生学习汉语的特点,英语和汉语在语法方面的异同,我们认为语法解释以少为宜。"少"既表现在语法点的选择上,也反映在语法点的解释上。遇到与英语相同和近似的现象尽量不讲。以"连动式"和"兼语式"为例,一般的汉语语法和对外汉语课本中都有所及,但因为类似的语法现象在英文中也有,学生在学习上没有任何困难,也没有必要了解过于细微的差别。另外有的问题是怎么讲也讲不清楚的。以"唱得很高兴"和"很高兴地唱"为例。只是讲清"程度补语"或"情态补语"跟"形容词作状语修饰谓语动词"这两个结构组成的方式和句子成分的不同,对我们的学生来说,并没有解决任何问题,学生还是不明白,还是用不对。因为这两个不同的句式在英语里常常是用同一个句子来翻译的。也就是说我们要让学生用他们母语里的一个概念来区分汉语里的两个不同的结构在语法和语用方面的异同,这只能是事倍功半或徒劳无功。"唱得很高兴"和"很高兴地唱"及类似相对的句子,有的时候语义上的差别是很细微的。对一个初学者来说,不是很难体会和理解,而是根本就无从体会和理解。因为学生对汉语的了解甚少,基本上还没有任何语感,所以不可能领会到细微的语义差别。

既然从结构和语义上都不能帮助学生掌握好这个语法点,我们只有告诉学生在什么情况下应该用哪个,不应该用哪个,进而设计不同的练习。让学生通过练习掌握二者的区别,达到会用的地步。

在具体语法点的解释上,则是少而精,点到为止。某一语法点的某些方面留到以后再讲,重复循环,不断提高。同时适当的英汉对比对学生理解两种语言的不同之处是有益的。

二

本人前几年同国内同事合作,合编了一本初级汉语教材。下面通过对初稿和修改稿的对比,提出具体问题或实例,加以讨论。讨论不但会讲到美国学生学习中文的具体问题,也会涉及到母语为英语的人学习中文的一般性问题;既会提及合作编写教材中的经验和教训,也会提出教材编写中的一些基本原则,牵涉到一定的理论问题。意在抛砖引玉,引起更多的关注,为编出更多更好的国别对外汉语教材铺路。

例一

初稿	定稿
老师:这是谁的照片? 大卫:这是我们全家的照片,我今天刚刚收到。 老师:这是你妈妈吧? 大卫:对。这是我妈妈。她是英国人。 老师:这是谁? 大卫:这是我弟弟。他是中学生。 老师:他今年多大? 大卫:15岁。	老师:这是谁的照片? 大卫:这是我们全家的照片,我今天刚刚收到。 老师:这是你妈妈吧? 大卫:对,这是我妈妈。这是我爸爸,他是英国人。 老师:这是谁? 大卫:这是我弟弟,他是中学生。 老师:他今年多大? 大卫:十五岁。 老师:这位小姐是谁?这么漂亮。 大卫:她是我妹妹。
	我家有五口人,爸爸、妈妈、弟弟、妹妹和我。爸爸教大学,妈妈教小学。弟弟读中学,妹妹工作,我在大学学习。

1. 意义相关或相近的词汇,在负担不过重的前提下,最好同时给出。这样做的目的是便于练习,便于掌握,便于运用。词汇太少,课堂活动不易开展。加入了新词汇以后,由于词汇之间是有关联的,不但没有给学生记忆增加负担,反而由于便于课堂活动和运用,便于学生谈到真实的家庭情况,帮助学生掌握。

初稿中的词汇	定稿后的词汇
爸爸,妈妈,弟弟	爸爸,妈妈,哥哥,弟弟,姐姐,妹妹
中学	大学,中学,小学,工作,学习

从上面的表格中可以看出,初稿中只出现了三个家庭成员名词,修改后重要的家庭成员的名词都出现了。

2. 在初级阶段,刚开始的时候就要注意文体的不同,给学生创造更多的说话机会。为了做到这一点,除了课文原有的对话外,我们增加了一小段叙述文,给出典范,介绍家人,同时也强迫学生在开始的时候就要多说几句。

例二

走进邮局,你可以办的事包括:寄书、信、包裹、汇款、取款、买邮票、信封、明信片、订报纸、杂志、打电话等等。 　　寄书和包裹当然需要包装。别忘记,包装以前要让邮局进行检查。检查的目的一是看是否有违禁品,二是看是否印刷品。印刷品的邮费比较便宜。	在中国第一次走进邮局的时候,你会发现中国的邮局跟美国的邮局很不一样。不但可以寄书、寄信、寄包裹,也可以买邮票、信封和明信片,而且还可以订报纸、杂志、打电话等等。 　　邮局虽然方便,但是现在电脑这么发达,很多以前只有到邮局才能做的事情,现在在家里就可以做了。人人都用电子邮件和传真。真不知道以后是否还会有邮局。

3. 初级教材的语体问题。我们认为初级阶段的课文要尽量口语化,不要书面语的成分太强。书面语的在初级阶段过早出现有以下几个问题:

A. 词汇。有的书面语的词汇在日常生活中很少用到。当时学生虽然可能能够记住,但不常用,很快就会忘掉,并没有真正学到东西。如初稿中出现的:"包括汇款、包装、进行、违禁品、印刷品"等词汇。

B. 书面语的语法问题。现代汉语书面语的语法跟口语的语法很不同,不同之处不是不可以介绍,但在初级阶段,基本语法和句型还没有学完以前,最好不要介绍。

4. 口语的文体问题。初级汉语教学要重口语,轻书面。但是口语也有不同的文体,有正式的、非正式的和二者之间的等等。课文的语言要通俗但不追求"地道",通过课文引出"句型"和"语法点"给学生一个语言的全貌。

5. 控制适当的生词量。考虑到汉语只是学生在一个学期内所选的四门或五门课之一的选修课,每课的生词量要控制到学生可以掌握的范围。如果每周上一课书,那么一课书的生词应该控制到 30 至 40 为宜。以《邮局》一课为例,尽管修改后课文长了,但由于口语成分强了,生词量从原来的 51 减少到 35。

6. 初级汉语教材既要考虑功能,又要考虑句型和语法。在功能的定位下,强化句型教学。仍以《邮局》一课为例,原来的语法点只有两个,修改后列出的有 7 个。除了一个是前边课文里出现过的以外,都是新的。

语法	Grammar
1. "以前" 2. "是否"	1. ……的时候…… 2. A 跟 B(不)一样 3. 不但……而且…… 4. 虽然……但是…… 5. 只有……才…… 6. Embedded yes-no questions use 是否: 7. 人人都

7. 语法注释问题。我们在语法注释方面的基本原则是尽量

少讲,避免术语:

A. 有的时候不一定每一个新的语法点出现的时候都讲。有的语法点先作为词汇处理,等出现的次数多了,学生有了一定的感性基础后再讲。以本课出现的结果补语"寄到"为例,因为是第一次出现,只给了一个注释,并不作为一个主要的语法点处理。

B. 注释中国人不认为是问题,而外国学生有问题的地方。以本课的"再买五张八毛的邮票"一句中的"再"的一字多义为例。这里的"再"不是"again"的意思,是"in addition or then"的意思,而且说的时候不需要重读。这些都是我们应该跟学生解释的。

C. 在注释有的新语法点的时候,不但要解释新的,而且最好把以前学过的,而学生又容易混淆的拿出来对比,在学生还没有犯错误以前,把可能出现的错误堵死。如:"等等"is a formal expression, which can be used in both daily speech and formal writings, while "什么的" is an informal spoken expression.

例三

《谈谈对中国的印象》	《谈谈对中国的印象》
小王:大卫,最近怎么样?	小王:大卫,最近怎么样?
大卫:挺好的,我已经适应这里的生活了。刚来中国的时候,我对一切都感到惊奇。	大卫:挺好的,我已经适应这里的生活了。刚来中国的时候,我对一切都很不习惯。
小王:是吗?	小王:是吗?
大卫:是的。公园里锻炼身体的人这么多,公共汽车和地铁这么拥挤,这些都跟美国很不一样。	大卫:是的。公园里锻炼身体的人这么多,公共汽车和地铁这么拥挤,这些都跟美国很不一样。
小王:中国的青年人怎么样?	小王:中国的青年人怎么样?

大卫:我接触的青年人不多,都是学生,他们学习很努力,对人、国家政治、社会问题非常关心。跟美国青年人一样,他们也喜欢听流行音乐,穿牛仔裤。 小王:你常常吃中国菜吗? 大卫:我很喜欢吃中国菜。学校附近有不少小餐馆,有上海风味的,有四川风味的,还有东北风味的,品种丰富。 小王:你喜欢吃哪种风味的? 大卫:四川菜最好吃,因为我喜欢吃辣的。上海菜有点甜,也不错。上海菜比四川菜贵。	大卫:我认识的青年人不多,都是学生,他们学习很努力,对人、国家政治、社会问题非常关心。跟美国青年人一样,他们也喜欢听流行音乐,穿牛仔裤。 小王:给你印象最深的是什么? 大卫:给我印象最深的就是中国因特网发展得很快,也发展得很好。很多人在家里就可以上网。我们在学校就更方便了。我常常给我在美国的朋友和家人发电子邮件。

8. 不落俗套,表现当今的中国。例三的课文是《谈对中国的印象》。文字上作了两点小的改动。

我对一切都感到惊奇	对一切都很不习惯
我接触的青年人不多	我认识的青年人不多

"感到惊奇"换成"不习惯","接触"换成"认识",原因是尽量使用适合学生程度的常用词。但是我们主要的改动在于如何让课文反映当今的中国。所以我们把"中国菜"换成了"因特网"。

9. 在课文中表现或体现出世界的发展变化,和中国的发展变化。在这些变化中,语言当然也会随着发展变化。以前根本没有的词汇,最近几年已经变成了日常用语。这些新的词汇大概可以分为两种,一种是由于某种政治、经济形势造成的,一种是人们生活方式的变化而造成的。前者由于形势还会不断地变化,所造成的新词语属于"昙花一现"的,很快就会过时。这些词并不适合出现在初级汉语教材中。后者由于生活方式的改变而产生的新词语是涉及到日常生活的。我们认为这些词语可以出现在初级汉语教材中。一是因为这些词语的生命力较强，是人们日常生活中不可缺少的一部分，一是因为学生们需要这些词语，以适应现代生活的需要。由于如上这些原因，我们在例二《邮局》这一课的后一部分加上了这样一段话，既介绍了新的词语，又反映了当今世界的变化。

> 邮局虽然方便，但是现在电脑这么发达，很多以前只有到邮局才能做的事情，现在在家里就可以做了。人人都用电子邮件和传真。真不知道以后是否还会有邮局。

10. "语言"与"文化"的问题。学习一种语言必定要涉及到使用这种语言的民族的文化。"文化"、"通俗习惯"、"陈规戒律"、"迷信色彩"似乎不易分开，所以有的汉语教材在文化的名目下无奇不有，我们认为这种做法是很不严肃的。语言课就是语言课。语言与文化分不开，语言水平的高低与文化内容也有相应的关系。既不应该以文化压语言，也不应该为文化而文化。

本文简要地讨论了美国学生在美学习汉语的特殊性，及美国学生在美学习汉语对汉语教材的特殊要求，目的在于促进中美汉语教学方面的相互了解与沟通，并为编写国别教材提出了一些必须应当考虑的问题。只有了解学生的需求、学生的学习环境、教和学具体情况，才能为他们编写有实用价值的教材。关于对"实例"的讨论，只是我们在摸索中的尝试，欢迎批评指教。

图书在版编目(CIP)数据

汉语教学:海内外的互动与互补 / 崔希亮主编—北京:
商务印书馆,2007
ISBN 978-7-100-05419-5

I.汉… II.崔… III.对外汉语教学－研究 IV.H195

中国版本图书馆 CIP 数据核字(2007)第 031356 号

所有权利保留。
未经许可,不得以任何方式使用。

HÀNYǓ JIÀOXUÉ:HǍINÈIWÀI DE HÙDÒNG YǓ HÙBǓ
汉语教学:海内外的互动与互补
崔希亮 主编

商 务 印 书 馆 出 版
(北京王府井大街36号 邮政编码100710)
商 务 印 书 馆 发 行
北 京 龙 兴 印 刷 厂 印 刷
ISBN 978-7-100-05419-5

2007年8月第1版 开本 850×1168 1/32
2007年8月北京第1次印刷 印张 13 3/4
定价:25.00元